日本監査研究学会リサーチ・シリーズ XV

中小企業の
会計監査制度の探究
──特別目的の財務諸表に対する保証業務──

■浦崎直浩［編著］

Japan Auditing Association

同文舘出版

まえがき

　本書は，日本監査研究学会・課題別研究部会「特別目的の財務諸表の保証業務に関する研究」（平成26年9月〜平成28年8月）による研究成果をまとめたものである。

　中間報告書（研究期間：平成26年9月〜平成27年8月，報告日：平成27年9月11日，会場：青山学院大学）では，非公開の中小会社を対象とした会計監査制度に焦点を絞り，特別目的の財務報告という観点から当該制度が成立する理論的基盤について整理することを課題とした。そこで，中間報告書は次の3部構成とした。

　第1部　特別目的の財務報告の枠組みに関する基礎理論
　第2部　米国における特別目的の財務諸表に対する保証業務
　第3部　その他諸外国における特別目的の財務諸表に対する監査

　本書は，日本をはじめ諸外国で観察される会計監査制度の改廃の底流には何が存在しているのかを理論的かつ実証的に探究するものであり，その学術的成果を将来の制度設計に活かそうとするものである。会計実務における中小企業向け会計基準および中小企業の監査制度の有効性に関する学術的検証は日本においては緒に就いた研究領域であり，主要諸外国の当該制度の国際比較を通じた本研究の成果は，日本の既存の中小企業向け会計基準および監査制度の妥当性の検証に寄与するものである。

　また，これまで等閑視されてきた特別目的の財務報告という観点から，企業規模・資金調達・事業内容等の企業属性に合わせた段階的かつ重層的な会計監査制度を構築する試みは，日本においては特色ある視点であり，不特定多数の現在および潜在的な投資家向けの一般目的財務報告を補完する財務報告モデルを導出することが期待される。最終報告書（研究期間：平成27年9月〜平成28年8月，報告日：平成28年9月9日，会場：西南学院大学）では，そのような視点から次のような課題に取り組んだ。

　①　主要諸外国における特別目的の財務報告の制度についての調査の拡充
　②　特別目的の財務諸表に対する保証関連業務に関する理論的検討

③　日本における特別目的の財務諸表に対する監査の有効性についての検証

　最終報告書の構成は中間報告書と同様に下の3部構成とした。本論は，序章と終章および付録を除き，19章からなっている。章の論題の末尾にアスタリスク（＊）が付されたものが第2年度の研究成果である。本書は，それらの章のうち，第17章，第18章，付録を除いた19章（序章と終章を含む）で構成されている。

《最終報告書の体系》
序　章　研究対象と中小企業に対する規制緩和＊
第1部　特別目的の財務報告の枠組みに関する基礎理論
第1章　特別目的の財務諸表に対する保証業務に関する研究の視座
第2章　日本における中小企業の財務諸表に対する保証の現状と課題－「経営者保証に関するガイドライン」を題材として－
第3章　融資判断における特別目的の財務諸表の利用と監査
第4章　金融機関の融資判断等における特別目的の財務諸表等の利用と監査人による保証業務　－現状と課題－＊
第5章　キャッシュ・フロー計算書のニーズ分析
第6章　わが国中小企業のキャッシュ・フロー計算書に関するアンケート調査分析＊
第7章　中小企業の内部統制の特質
第8章　日本における中小企業の監査の質：実証的分析による証拠＊
第9章　中小企業におけるサステナビリティ情報の必要性－ステークホルダーのための経営の視点から－＊
第2部　米国における特別目的の財務諸表に対する保証業務
第10章　中小企業に関する特別目的の財務報告の枠組み－AICPAのFRF for SMEsを中心として－
第11章　特別目的の財務諸表の表示
第12章　特別目的の財務諸表に係るその他の包括的会計基準
第13章　特別目的の財務諸表に対する保証業務の構図
第14章　米国における中小企業の財務諸表に対する信頼性付与─SSARS21を題材として─＊
第3部　その他諸外国における中小企業の会計監査制度
第15章　英国の中小企業の会計・監査制度＊
第16章　北欧諸国の小企業監査＊
第17章　オーストラリア小企業の財務諸表に対する監査の基礎理論
第18章　オーストラリア非営利小規模組織に対するサンプル監査プログラム
第19章　カナダ小企業の財務諸表に対する監査の基礎理論
終　章　研究の総括＊
付　録　抄訳ICAEWの研究会報告書『中小企業の会計制度：証拠に基づいた政策立案』＊

本書は，多くの方々のご協力やご助言によって完成したものである。まず，本研究の趣旨にご賛同いただき，関連する分野の研究に傾注いただいた7名の先生方に感謝申し上げたい。2年の研究期間に8回の研究会を開催し，各々の専門分野からの真摯な議論が本書の研究成果を導いたものである。とりわけ，中間報告書と最終報告書をまとめるにあたって高松で開催した研究会では討論が深夜にまで及び同志としての絆が深まった。

　次に，日本監査研究学会，前会長の高田敏文先生，現会長の伊豫田隆俊先生，部会設置時の研究担当理事・町田祥弘先生には，課題別研究部会を採択いただき，資金面でのサポートを含め，研究を推進する環境を整えていただいた。さらに，リサーチ・シリーズとして出版を認めていただいたことにも重ねてお礼を申し上げる次第である。

　また，課題別研究部会の研究のプロセスにおいて，東海学園大学教授・古賀智敏先生の主催する合同財務会計研究会において，本書の終章に相当する部分について研究報告を行い，貴重なご教示を賜った。甲南大学教授・河﨑照行先生からは，中小企業会計制度ならびに監査制度について，そのご著書・論文から，そして折に触れて，多くのご教示を賜った。ここに記して感謝申し上げるものである。

　中小企業会計監査制度に関する編者の研究は，オーストラリア・メルボルン大学での在外研究を終えた1996年頃に始まった。当時，故武田隆二先生が主催した中小会社監査研究会に参画する機会を賜り，オーストラリアの中小会社監査制度について研究を担当した。それから20年を超えて，中小企業会計監査制度のあり方に関する総合的な研究が結実したのは，武田先生のご指導によるものである。

　最後に，本書の編集にあたっては，同文舘出版株式会社・専門書編集部の青柳裕之氏，大関温子氏の献身的なご助力を賜った。とりわけ，大関様からは入稿から出版に至るまで細部にわたる入念なご指摘をいただいた。著者一同，本書が日本における中小企業会計監査制度の発展に寄与することを願うものである。

平成29年7月

浦崎直浩（近畿大学）

略語	原文	事項名
AASB	Australian Accounting Standards Board	オーストラリア会計基準審議会
AASB	Auditing and Assurance Standards Board	〔カナダ〕監査・保証基準審議会
AICPA	American Institute of Certified Public Accountants	米国公認会計士協会
ARSC	Accounting and Review Services Committee	会計及びレビュー業務基準委員会
ASB	Auditing Standards Board	〔米国〕監査基準審議会
CICA	Canadian Institute of Chartered Accountants	カナダ勅許会計士協会
COSO	Committee of Sponsoring Organizations of the Treadway Commission	トレッドウェイ委員会支援組織委員会
FASB	Financial Accounting Standards Board	財務会計基準審議会
FRC	Financial Reporting Council	〔英国〕財務報告評議会
FRF for SMEs	Financial Reporting Framework for SMEs	『中小企業の財務報告フレームワーク』
FRS	Financial Reporting Standards	財務報告基準書
FRSSE	Financial Reporting Standard for Smaller Entities	小規模企業に対する財務報告基準書
GAAS	Generally Accepted Auditing Standards	一般に認められた監査基準
IAASB	International Auditing and Assurance Standards Board	国際監督・保証基準審議会
IASB	International Accounting Standards Board	国際会計基準審議会
ICAEW	The Institute of Chartered Accountants in England and Wales	イングランド・ウェールズ勅許会計士協会
IFAC	International Federation of Accountants	国際会計士連盟
IFRS	International Financial Reporting Standards	国際財務報告基準
IFRS for SMEs	International Financial Reporting Standards for Small and Medium-sized Entities	中小企業向け国際財務報告基準
IIRC	International Integrated Reporting Council	国際統合報告評議会
ISA/ISAs	International Standards on Auditing	国際監査基準
NRF	Nordic Federation of Public Accountants	北欧会計士連盟
OCBOA	Other Comprehensive Basis Of Accounting	その他の包括的会計基準
SBA	Small Business Administration	〔米国〕中小企業庁
SSAP/SSAPs	Statement of Standards Accounting Practice	標準会計実務書
SSARS	Statements on Standards for Accounting and Review Services	会計及びレビュー業務基準書
UITS	Urgent Issues Task Force	〔英国〕緊急問題処理委員会

目次

序章　研究対象と中小企業に対する規制緩和

Ⅰ　本書の目的 ……………………………………………………………… 3

Ⅱ　中小企業の意義 ………………………………………………………… 5

Ⅲ　会計監査制度における規制緩和 …………………………………… 8
　1　日本の会社法にみる会計監査制度　8
　2　日本および米国の中小会社における会計監査の比較　11

Ⅳ　オーストラリアにおける中小会社に対する会計規制 …………… 14

Ⅴ　規制緩和の類型 ………………………………………………………… 17

第1部
特別目的の財務報告の枠組みに関する基礎理論

第1章　特別目的の財務諸表に対する保証業務に関する研究の視座

Ⅰ　本章の目的 ……………………………………………………………… 23

Ⅱ　日本における特別目的の財務諸表に対する監査の特徴 ………… 24
　1　2014年「監査基準の改訂に関する意見書」　24
　2　監査基準における関連規定と監査基準委員会報告書の性格　28
　3　特別目的の財務諸表にかかる監査意見の枠組み　31
　4　適用される財務報告の枠組みと適正表示または準拠性の枠組みの関係　34

Ⅲ　研究の視座と各章の関係 ……………………………………………… 38

v

| 第2章 | 日本における中小企業の財務諸表に対する保証の現状と課題―「経営者保証に関するガイドライン」を題材として― |

Ⅰ 本章の目的 ……………………………………………………… 43

Ⅱ 経営者保証に関するガイドライン制定の背景 …………………… 43

Ⅲ 経営者保証に関するガイドラインにみられる会計専門家の保証
業務 ……………………………………………………………… 44

Ⅳ わが国における中小企業の財務諸表に対する保証の類型 …… 49

Ⅴ 制度設計に対する示唆 …………………………………………… 50

| 第3章 | 融資判断における特別目的の財務諸表等の利用と監査 |

Ⅰ 本章の目的 ……………………………………………………… 55

Ⅱ 融資判断における特別目的の財務諸表等の利用および特別目
的の財務諸表等に対する監査の利用ニーズに関する金融機関等
への実態ヒアリング …………………………………………… 56

　1 ヒアリングの概要　56

　2 第一次ヒアリング時における特別目的の財務諸表等の利用および特別目的の財
　務諸表等に対する監査のニーズの要約　56

　3 「特別目的の財務諸表等に対する監査」導入の説明に伴い金融機関等が認識し
　たメリット　59

　4 「特別目的の財務諸表等に対する監査」導入の説明に伴い金融機関等が認識し
　たデメリット（課題）　63

Ⅲ 本章のまとめ …………………………………………………… 66

| 第4章 | 金融機関等の融資判断等における特別目的の財務諸表等の利用と監査人による保証業務―現状と課題― |

Ⅰ 本章の目的 ……………………………………………………… 69

Ⅱ 中小指針・中小会計要領と金融機関等による活用 ……………… 71

　1 中小企業を巡る会計制度　71

　2 中小指針・中小会計要領と金融機関等の融資判断等による活用の状況　73

Ⅲ　中小企業の特別目的の財務諸表等を巡る新たな保証制度（レビュー）と課題 ………………………………………………………… 78

Ⅳ　合意された手続業務に関する実務指針と中小指針・中小会計要領のチェックリストによるチェック業務等の関係と課題 ……… 80

　1　専門業務実務指針4400「合意された手続業務に関する実務指針」　80

　2　「保証業務」の概念の確認と本章で検討した中小企業金融関連諸制度との関係について　80

第5章　キャッシュ・フロー計算書のニーズ分析

Ⅰ　本章の目的と背景 ……………………………………………………… 85

Ⅱ　会計基準の現状 ………………………………………………………… 85

　1　会計基準の多様化　85

　2　日米の相違点　87

Ⅲ　リサーチデザイン ……………………………………………………… 89

Ⅳ　分析結果 ………………………………………………………………… 90

　1　キャッシュ・フローの受容状況　90

　2　キャッシュ・フロー計算書の重要度　91

　3　キャッシュ・フロー計算書の作成担当者と利用目的　91

　4　キャッシュ・フロー計算書に関する直接法・間接法の表示　92

　5　資金繰表の受容状況　93

　6　中小会計要領とFRF for SMEsの認知率　94

　7　経営意思決定にあたって重視する会計情報　94

Ⅴ　結論と残された課題 …………………………………………………… 95

第6章　わが国中小企業のキャッシュ・フロー計算書に関するアンケート調査分析

Ⅰ　本章の目的と背景 ……………………………………………………… 101

Ⅱ　先行研究 ………………………………………………………………… 101

Ⅲ　仮説の設定とリサーチデザイン ……………………………………… 102

　1　仮説の設定　102

　2　リサーチデザイン　103

vii

Ⅳ　分析 ·· *110*

   1　母比率の差の検定　*110*

   2　ロジスティック回帰分析　*119*

Ⅴ　分析結果 ·· *122*

Ⅵ　結論と今後の課題 ·· *123*

第7章　中小企業の内部統制の特質

Ⅰ　本章の目的 ··· *125*

Ⅱ　「中小企業」の範囲 ··· *125*

   1　会社法　*126*

   2　中小企業基本法　*126*

   3　中小指針および中小会計要領の対象となる企業　*126*

Ⅲ　中小企業における内部統制の特徴 ······································ *127*

   1　新COSO報告書における中小企業の内部統制の考え方　*127*

   2　人員不足による不十分な相互牽制機能および職務分掌　*128*

   3　所有と経営の非分離に伴う経営者の権限および影響力の大きさ　*131*

   4　会計専門家の利用実態　*131*

   5　監査役監査の実態　*135*

Ⅳ　考察の結果 ··· *136*

第8章　日本における中小企業の監査の質
　─実証的分析による証拠

Ⅰ　研究の背景と目的 ·· *141*

Ⅱ　研究方法 ··· *142*

   1　サンプル選択　*142*

   2　監査の質の測定方法─裁量的発生高およびその絶対値の計算　*142*

   3　セレクション・バイアスの低減措置─リスク（CAPMのβ）が類似する大企業と中小企業をペアさせる措置　*143*

Ⅲ　実証結果 ··· *144*

   1　基本統計量（大企業 vs. 中小企業）　*144*

   2　重回帰分析の結果　*147*

viii

3 ロジスティック回帰分析の結果－どのような中小企業がよりよい監査の質を享受しているか？　*150*

Ⅳ　結論と今後の課題 ………………………………………………………………… *151*

| 第9章 | 中小企業におけるサステナビリティ情報の必要性－ステークホルダーの視点から－ |

Ⅰ　問題の所在 ………………………………………………………………………… *155*

Ⅱ　サステナビリティ情報の意義 ………………………………………………… *155*

Ⅲ　ステークホルダーの特定 ……………………………………………………… *158*

Ⅳ　事業性評価とローカルベンチマーク ………………………………………… *160*

Ⅴ　経営力向上計画 …………………………………………………………………… *163*

Ⅵ　知的資産経営報告書 ……………………………………………………………… *164*

Ⅶ　中小企業におけるサステナビリティ情報開示の仕組み ……… *167*

第2部
米国における特別目的の財務諸表に対する保証業務

| 第10章 | 中小企業に関する特別目的の財務報告の枠組み－AICPAのFRF for SMEsを中心として－ |

Ⅰ　FRF for SMEsの意義と特徴 ………………………………………………… *173*

Ⅱ　FRF for SMEsの体系 …………………………………………………………… *174*

Ⅲ　財務諸表の諸概念 ………………………………………………………………… *176*

　1　財務諸表の目的　*176*

　2　質的特性　*177*

　3　財務諸表の構成要素　*178*

Ⅳ　財務諸表の構成要素の認識と測定 ………………………………………… *178*

　1　財務諸表の構成要素の認識　*178*

　2　財務諸表の構成要素の測定　*180*

ix

第11章 特別目的の財務諸表の表示

Ⅰ 財務諸表の表示に関する一般原則 ································· 183
　1 FRF for SMEsの特質 *183*
　2 FRF for SMEsに準拠した適正表示 *184*
　3 継続企業の前提 *185*
　4 財務諸表の範囲と表示形式 *186*
　5 会計方針の開示 *186*

Ⅱ 財務諸表の雛型 ·· 187
　1 中小企業の財務報告の構成 *187*
　2 財務諸表の作成基準と監査報告 *188*
　3 財務諸表の雛型 *189*
　4 財務諸表の注記 *192*

Ⅲ FRF for SMEsによる外部報告の意義 ························ 193

第12章 特別目的の財務諸表にかかるその他の包括的会計基準

Ⅰ OCBOAの意義と概要 ··· 197
　1 OCBOAの意義 *197*
　2 OCBOAの概要 *198*

Ⅱ OCBOA財務諸表を作成するときの論点 ···················· 203
　1 財務諸表における認識と測定 *203*
　2 財務諸表の表示・開示・報告 *204*

Ⅲ OCBOAとFRF for SMEsの関係 ······························· 205

第13章 特別目的の財務諸表に対する保証業務の構図

Ⅰ 特別目的の財務諸表に関する監査手続 ····················· 209
　1 特別目的の財務諸表の意義 *209*
　2 監査における特別考慮事項 *211*

Ⅱ 財務諸表の信頼性の保証に関する報告様式 ··············· 214

Ⅳ 特別目的の財務諸表に対する保証業務の図式 ············ 218

第14章 米国における中小企業の財務諸表に対する信頼性付与－SSARS第21号を題材として－

Ⅰ 本章の目的 ·· 223

Ⅱ 米国における保証業務と非保証業務の区分 ······················ 224

Ⅲ 米国における会計及びレビュー業務基準書の構造 ··············· 228

Ⅳ 会計及びレビュー業務基準書第21号（SSARS21）の全容 ·· 230

Ⅴ 保証関連業務の実務上の意義 ······································· 235

第3部
その他諸外国における中小企業の会計監査制度

第15章 英国の中小企業の会計・監査制度

Ⅰ 本章の目的 ·· 241

Ⅱ 英国の会社分類 ·· 242

Ⅲ 英国の中小企業の会計制度 ·· 243

  1 FRS第100号 *243*

  2 FRS第101号 *244*

  3 FRS第102号 *244*

  4 FRSSE（FRS105号） *245*

Ⅳ 英国における会社法上の監査制度 ····································· 246

  1 会計監査の強制 *246*

  2 職業会計人の存在 *247*

  3 監査免除規定の嚆矢 *248*

  4 非公開会社の中小企業の現在の監査制度 *249*

  5 小規模会社の監査免除について *250*

Ⅴ 英国制度の特徴の検討 ·· 252

第16章 北欧諸国の小企業監査

Ⅰ 本章の目的と背景 ··· 257

Ⅱ　北欧諸国の小企業監査基準の適用範囲とその構成 ················ *258*

Ⅲ　北欧諸国の小企業監査基準の内容 ································ *260*

　　1　監査全般にわたる基本的事項　*260*

　　2　監査契約の締結または継続および監査計画　*262*

　　3　リスク評価　*263*

　　4　リスク評価における監査人の責任　*265*

　　5　結論と報告　*267*

Ⅳ　北欧の小企業監査の特徴 ··· *267*

　　1　職業的専門職としての判断への依存　*267*

　　2　実証手続を中心とするリスク対応手続の実施　*268*

第17章　カナダ小企業の財務諸表に対する監査の基礎理論

Ⅰ　本章の目的と背景 ·· *271*

　　1　カナダの監査制度　*271*

　　2　小企業の特徴と監査可能性　*272*

Ⅱ　企業に対する理解および監査計画 ······························· *275*

Ⅲ　リスク評価および重要性の判断 ································· *276*

　　1　リスクの種類　*276*

　　2　監査リスクレベルおよび監査リスクモデル　*277*

　　3　重要性　*278*

Ⅳ　内部統制 ··· *278*

　　1　内部統制の構成要素　*278*

　　2　統制テスト　*280*

Ⅴ　監査証拠と文書化 ·· *281*

　　1　監査証拠の主要な源泉　*281*

　　2　網羅性と監査証拠　*282*

　　3　文書化　*282*

Ⅵ　カナダ小企業監査の特徴 ·· *283*

終　章　研究の総括

中小企業の会計監査制度の探究

―特別目的の財務諸表に対する保証業務―

序章

研究対象と中小企業に対する規制緩和

I 本書の目的

　本書の目的は，会計基準の複線化（企業会計基準，米国基準，国際財務報告基準，修正国際基準）や「中小企業の会計に関する指針」（以下，「中小指針」という）・「中小企業の会計に関する基本要領」（以下，「中小会計要領」という）など目的や特徴を異にする会計慣行の多様化が進行する中で，金融資本市場における企業開示制度の最適設計（古賀 2011）という観点から，不特定多数の現在および潜在的な株主・債権者を想定した一般目的の財務報告とは異なる特別目的の財務報告の制度設計とその会計監査実務の有効性を検証することにある。かかる研究の目的に関連した研究の課題は大きく次の4点に分かれる。

① 日本における特別目的の財務報告に対する監査制度の特徴を明らかにすること。

② 米国を中心とした主要諸外国における当該制度の現状を調査し，特別目的の財務報告の枠組みを明らかにすること。

③ ローカルな経済環境下での特別目的の財務諸表に対する保証業務の効果を実証的に究明すること。

④ 企業規模・資金調達・事業内容等の企業属性に合わせた段階的かつ重層的な会計監査制度を構築する意義とその会計実務および保証業務の実行可能性を検討すること。

　本書にいう特別目的の財務諸表とは，一般に公正妥当と認められる企業会計の基準（いわゆるGAAP）に基づいた財務諸表の作成が自国の法律や規制によって要求されていない場合に（Madray 2006；IAASB 2009），特別の利用目的に適合した会計の基準ないし特別目的の財務報告の枠組みに準拠して作成され

た財務諸表を意味する。また，特別目的の財務諸表をその情報利用者（経営者，債権者，従業員，規制当局等）に伝達する行為を含めその全体系を特別目的の財務報告と称するものである（ASB 2012, AICPA 2013a, 浦崎 2013）。それは，個々の情報利用者のニーズに応じたテーラーメードの財務情報を提供することで個別の経済的意思決定に資することを目的としている。

　これまで，特別の利用目的に適合した会計の基準に基づいた非公開会社の会計実務は，その存在が広く認められていたにもかかわらず，その実務実態の解明がこれまで不十分であったことが本書における研究の動機となっている。その事実関係を前提として，本書を着想するに至った学術的背景は次の3点にある。

① 単一セットのグローバルに統一された会計基準（IFRS）の会計実務への適用には限界があり，上場大企業向けの会計基準と非公開の中小企業向けの会計基準の二分化ないし複線化の現象が日本のみならず主要諸外国においても観察されること（国際会計研究学会 2011；日本会計研究学会特別委員会 2012）。

② 非公開の中小企業向けの会計基準の策定が米国においても進められており，その他の包括的会計基準（Madray 2006）と呼称される従来の会計実務に一定の権威付けを行い，さらに信頼性の保証（監査）を含めた中小企業に対する会計監査制度の整備がなされていること（浦崎 2013）。

③ 日本においては中小指針および中小会計要領が公表されているが，会計実務における当該制度の有効性に関する学術的な検証はこれからであり，また改訂監査基準（2014）により特別目的の財務諸表に対する監査基準は公表されたが中小企業に固有の保証業務が十分に整備されていない部分があり（日本公認会計士協会 2013），特別目的の財務諸表の作成とその保証業務の有効性に関する学術的な検証が喫緊の課題であること。

　企業会計は企業の経済活動を適時かつ正確に記録し企業の経営管理に貢献することに本来の機能があり，企業の成長発展に即した経営者のニーズ（資金調達の方法等）に適った会計基準が会計実務において受容されるものである。本書は，そのような学術的背景から，これまで未開拓であった特別目的の財務報告の制度およびそこにおいて作成される財務諸表の保証業務の有効性を検証し

ようとするものである。

　そこで，以下においては，本書で対象としている中小企業とは何か，その範囲や定義について管見し，それに基づいて中小企業に対する会計監査の規制緩和の状況について検討するものである。

Ⅱ　中小企業の意義

　図表序-1は，2012（平成24）年3月29日に開催された企業会計審議会・企画調整部会合同会議における資料1-2に基づいてまとめたものである。本書で対象となる中小企業は，**図表序-1**の④その他の株式会社であり，会社数としてはおおよそ258万社となる。それらの会社は，連結財務諸表の作成義務がなく，会計実務においてはコスト負担を削減する目的から中小指針や中小会計要領を採用することが可能であることが示されている。また，公認会計士による監査義務はないこととされている。

図表序-1　日本企業のカテゴリーと会計監査規定

種別	会社数	連結	単体	会計士の監査義務
①上場企業	約3,600社	日本基準等	日本基準	有
②金商法開示企業[*1]	約600社			
③会社法大会社[*2]	約12,000社	作成義務なし	中小会計指針 中小会計要領	無
④その他の株式会社[*3]	約258万社[*4]			

[*1]　①の上場企業を除く
[*2]　①と②を除く有価証券報告書提出会社（資本金5億円以上または負債総額200億円以上）
[*3]　①から③を除く株式会社
[*4]　元のデータは約260万社と表記されていたが，その実数は260万社から①から③に含まれるものの数を除くと注記されていたため，本表では約258万社としている。
出所：企業会計審議会・企画調整部会合同会議資料1-2（平成24年3月29日開催）
　　　http://www.fsa.go.jp/singi/singi_kigyou/siryou/soukai/20120329.html（アクセス日：2017年5月21日），同資料における「我が国企業のカテゴリー」の図表を一部修正して作成したものである。

　次に，**図表序-2**は，中小企業基本法による中小企業者の範囲と小規模企業者の定義を示したものである。**図表序-2**では，業種が①製造業，建設業，運輸業その他の業種，②卸売業，③サービス業，④小売業の4分類となっている。ま

図表序-2　中小企業基本法による中小企業者の範囲と小規模企業者の定義

業種	中小企業者 （下記のいずれかを満たすこと）		小規模企業者
	資本金の額又は 出資の総額	常時使用する 従業員の数	常時使用する 従業員の数
①製造業，建設業，運輸業その他の 業種（②～④を除く）	3億円以下	300人以下	20人以下
②卸売業	1億円以下	100人以下	5人以下
③サービス業	5000万円以下	100人以下	5人以下
④小売業	5000万円以下	50人以下	5人以下
企業者数（2014年7月時点）	55.7万者		325.2万者

出所：http://www.chusho.meti.go.jp/faq/faq/faq01_teigi.htm（アクセス日：2016年7月23日）。（参考）中小企業基本法第2条第1項。企業者数は図表序-3からの引用である。中小企業庁編（2016a）の第1-1-1図「小規模企業の定義」も参照した。当該図では，小規模企業振興基本法の定義を用いて，図表序-2の①の業種の企業のうち，常時使用する従業員の数が5人以下の企業は小企業者と定義されている。②から④の業種については，同じ基準値（5人）で小企業者としても定義されている。

た，それら4分類の業種に属する企業者が，「資本金等の額」および「常時使用する従業員の数」という基準に従って「中小企業者」と「小規模企業者」に分類されている。

　中小企業庁は，総務省が2014（平成26）年11月30日に公表した，「平成26年経済センサス－基礎調査」のデータを分析し，中小企業・小規模事業者数の集計作業を行い，その概要を示したものが**図表序-3**である。**図表序-3**では，2012年と2014年について，大企業と中小企業・小規模事業者のデータが示されている。**図表序-1**のデータと比較すると，**図表序-1**では株式会社の全数が約260万社とされ，中小会社数が約258万社である。それに対して，**図表序-3**では，全規模の企業者数が382万者であり，それから大企業の1万1,110者を差し引くと380万8,890者となる。それから上記の258万社を差し引くと，122万8,890者という数値が計算される。この数値が株式会社の形態をとっていない事業者の数値であると推定される。

　さらに，法人税法によれば，資本金1億円未満（租税特別措置法第66条の13等）の法人が中小法人とされる。国税庁による公表データを整理したものが，**図表序-4**となっている。2014（平成26）年度の申告法人数は，262万8,476社で

図表序-3　大企業および中小企業・小規模事業者の統計

	2012年（企業全体に占める割合）	2014年（企業全体に占める割合）	増減数（率）
①中小企業・小規模事業者	385.3万者(99.7%)	380.9万者(99.7%)	▲4.4万者(-1.1%)
②小規模事業者（①の内訳）	334.3万者(86.5%)	325.2万者(85.1%)	▲9.1万者(-2.7%)
③大企業	1万600者	1万1,110者	514者(+4.9%)
④全規模（①と③の合計）	386.4万者	382.0万者	▲4.3万者(-1.1%)

注：中小企業・小規模事業者の区分には，中小企業基本法以外の中小企業関連法令において中小企業または小規模企業として扱われる企業が反映されている。また，2014年のデータは，同年7月時点のものである。
出所：http://www.chusho.meti.go.jp/koukai/chousa/chu_kigyocnt/2016/160129chukigyocnt.html
（アクセス日：2014年7月25日）

ある。そのうち資本金1億円未満の中小法人数は，259万7,578社となっている。また，**図表序-4**には内訳を示していないが，資本金額5億円超の会社法大会社に相当する法人数は7,062社となっている。

　以上，関連する法規に基づき，本書の対象となり得る各種の統計を示してきたが，原則として研究の対象となるのは，銀行等からの資金調達目的で特別目的の財務諸表を作成するという観点からすれば，**図表序-1**から知られる約258万社の株式会社である。

図表序-4　法人税法に基づく中小法人の統計

年度区分	申告法人数	資本金階級別法人数						
		100万円以下	100万円超	500万円超	1000万円超	5000万円超	1億円未満（合計）	1億円以上（合計）
23	2,598,077	187,314	1,250,107	774,477	314,824	46,975	2,564,777	33,300
24	2,600,606	214,569	1,240,258	764,250	311,103	47,403	2,568,482	32,124
25	2,609,368	242,748	1,233,180	755,817	307,821	47,886	2,578,122	31,246
26	2,628,476	274,610	1,229,448	748,932	305,685	48,465	2,597,578	30,898

出所：https://www.nta.go.jp/kohyo/tokei/kokuzeicho/hojin2014/hojin.ht（アクセス日：2016年7月25日）

Ⅲ　会計監査制度における規制緩和

1　日本の会社法にみる会計監査制度

　会社法（第3条第6項イロ）によれば，日本の会社法における大会社は次のいずれかに該当する会社をいう。

　①　最終事業年度に係る貸借対照表に計上した資本金の額が5億円以上であること

　②　最終事業年度に係る貸借対照表の負債の部に計上した額の合計額が200億円以上であること

　当該規準をもとに，株式会社の種類と機関設計をまとめたものが**図表序-5**である。すでに述べたように本書の研究対象となるものは，非公開の中小会社である。

図表序-5　株式会社の種類と機関設計

	大会社 （資本金5億円以上または 負債200億円以上）	中小会社 （資本金5億円未満かつ 負債200億円未満）
公開会社	①取締役会＋監査役会＋会計監査人 ②取締役会＋委員会＋会計監査人	②取締役会＋委員会＋会計監査人 ③取締役会＋監査役 ④取締役会＋監査役会
非公開会社 （株式譲渡 制限会社）	①取締役会＋監査役会＋会計監査人 ②取締役会＋委員会＋会計監査人 ⑤取締役＋監査役＋会計監査人 ⑥取締役会＋監査役＋会計監査人	②取締役会＋委員会＋会計監査人 ③取締役会＋監査役 ④取締役会＋監査役会 ⑦取締役 ⑧取締役＋監査役 ⑨取締役会＋会計参与

注：②の委員会には，（a）氏名・報酬・監査の3つの委員会すべてを設置する方式と，（b）監査に関する委員会だけを設置する方式がある。いずれの機関設計でも，会計参与と会計監査人は任意で設置できるが，⑦と⑨で会計監査人を設置するには，監査役の設置も必要になる。会計参与は，取締役と協同して計算書類の作成を担う機関であり，公認会計士や税理士が就任する。なお，大会社と中小企業会社の区分は，会社法第3条6項イロによる。

出所：桜井（2016）の「図表1-4 株式会社の種類と機関設計」（14頁）の表記を一部変更して転載したものである。

図表序-6に示すように，会社法によれば，株式会社の会計は，一般に公正妥当と認められる企業会計の慣行に従ってそれを行い（会社法第431条），法務省令で定めるところより，適時に，正確な会計帳簿を作成しなければならない（会社法第432条）。さらに，法務省令で定めるところより，各事業年度にかかる計算書類（貸借対照表，損益計算書その他の株式会社の財産および損益の状況を示すために必要かつ適当なものとして法務省令で定めるもの）および事業報告

図表序-6　会社法における会計監査の義務

株式会社	摘要	条文
会計の義務	一般に公正妥当と認められる企業会計の慣行への準拠	431条
会計帳簿作成の義務	法務省令で定めるところにより，適時に，正確な会計帳簿を作成	432条
計算書類作成の義務	法務省令で定めるところにより，各事業年度に係る計算書類および事業報告ならびにこれらの附属明細書を作成	435条2
監査の義務	監査対象：計算書類Aおよび事業報告Bならびにこれらの附属明細書C 監査役設置会社： 　法務省令で定めるところにより，監査役の監査(A+B+C) 会計監査人設置会社： 　A+C　監査役および会計監査人 　B+C　監査役	436条1 436条2一 436条2二
計算書類の承認	取締役会設置会社： 　計算書類および事業報告ならびにこれらの附属明細書	436条3
計算書類等の株主への提供	取締役会設置会社： 　取締役は，定時株主総会の招集の通知に際して，法務省令で定めるところにより，株主に対し，前条第三項の承認を受けた計算書類および事業報告(同条第一項または第二項の規定の適用がある場合にあっては，監査報告または会計監査報告を含む。)を提供しなければならない。	437条
計算書類等の定時株主総会への提出等	監査役設置会社(取締役会設置会社を除く)： 　監査済計算書類および事業報告 会計監査人設置会社(取締役会設置会社を除く)： 　監査済計算書類および事業報告 取締役会設置会社： 　承認済計算書類および事業報告 上記以外の株式会社： 　453条2の計算書類，事業報告，附属明細書 定時総会による計算書類の承認(会計監査人設置会社を除く) 取締役による計算書類の報告	438条 438条1二 438条1三 438条1三 438条2 438条3
公告の義務	株式会社は，法務省令で定めるところにより，定時株主総会の終結後遅滞なく，貸借対照表(大会社にあっては，貸借対照表および損益計算書)を公告しなければならない。	440条

注：計算書類＝貸借対照表，損益計算書その他株式会社の財産および損益の状況を示すために必要かつ適当なものとして法務省令で定めるものをいう。以下この章において同じ。
　　監査役＝監査等委員会設置会社にあっては監査等委員会，指名委員会等設置会社にあっては監査委員会。

ならびにこれらの附属明細書を作成しなければならない（会社法第435条2）。これらの規定は，先に掲げた非公開の中小会社にも適用されることとなる。

　また，それらの規定から知られるように，会社法上計算書類の作成にかかる用語として信頼性という用語は法律上みられない。虚偽の記録，虚偽の記載，虚偽の公告等の法文上の表記を除けば，信頼性にかかる用語としては上記の「正確な会計帳簿」の正確性のみである。また，会計慣行への準拠という点から，すでに述べたように計算書類で提供される情報には真実性の与件があるといえる。情報に虚偽がないか，情報が正確であるかについては，株主は直接確認することができないため，現実的には独立の第三者による情報の検証に依拠せざるをえない。

　この点については，次のような規定が見られる。それら計算書類および附属明細書は，監査役および会計監査人の監査を受けなければならない（会社法第436条2一）。この場合の，監査とは，公認会計士法第2条第1項に規定する監査のほか，計算関係書類に表示された情報と計算関係書類に表示すべき情報との合致の程度を確かめ，かつ，その結果を利害関係者に伝達するための手続を含んでいる（会社計算規則第149条2）。周知のように，監査基準において，財務諸表の監査は財務諸表の信頼性を担保するための制度として位置付けられているところから（監査基準一1），会計情報の信頼性は制度的には監査によって得られる質的特性であると考えられる。

　監査基準（第一　監査の目的）によれば，財務諸表の監査の目的は，経営者の作成した財務諸表が，一般に公正妥当と認められる企業会計の基準に準拠して，企業の財政状態，経営成績およびキャッシュ・フローの状況をすべての重要な点において適正に表示しているかどうかについて，監査人が自ら入手した監査証拠に基づいて判断した結果を意見として表明することにある。財務諸表の表示が適正である旨の監査人の意見は，財務諸表には，全体として重要な虚偽の表示がないということについて，合理的な保証を得たとの監査人の判断を含んでいる。監査の目的に関する上記の説明から理解できるように，信頼性とは財務諸表に虚偽表示がないという合理的な保証の程度を示す概念であるということが述べられている。

　以上のように，日本の会社法によれば非公開の中小会社に対しては，会計監

査人設置会社について監査義務が生じることとなる。

2　日本および米国の中小会社における会計監査の比較

　会社法によれば，株式会社の会計は，一般に公正妥当と認められる企業会計の慣行に従ってそれを行い（会社法第431条），法務省令で定めるところより，適時に，正確な会計帳簿を作成しなければならない（会社法第432条）。かかる会計帳簿に基づき，株式会社は，法務省令で定めるところより，各事業年度にかかる計算書類（貸借対照表，損益計算書その他の株式会社の財産および損益の状況を示すために必要かつ適当なものとして法務省令で定めるもの）および事業報告ならびにこれらの附属明細書を作成しなければならない（会社法第435条2）。また，会計監査人設置会社においては，計算書類およびその附属明細書について会計監査人による監査が義務付けられている（会社法第436条2一）。

　当該監査済み計算書類等は，取締役会設置会社においては，取締役会の承認を受け（会社法第436条3），定時株主総会に提出され承認を受けることとなる（会社法第438条）。なお，会計監査人設置会社においては，一定の要件を満たす場合，取締役は，当該計算書類の内容を定時株主総会に報告しなければならない（会社法第439条）。さらに，株式会社は，法務省令で定めるところにより，定時株主総会の終結後遅滞なく，貸借対照表（大会社にあっては，貸借対照表および損益計算書）を公告しなければならないとされている（会社法第440条）。ここでは，非公開であって大会社に区分されない会社が，公告以外の特別目的で財務諸表を作成する場合の保証業務の特徴について検討したい。議論に当たって，あらかじめ，**図表序-7**を掲げておきたい。**図表序-7**は，中小企業が作成する特別目的の財務諸表にかかる保証業務を比較したものであるが，日本のそれについては平成26年2月18日に公表された「監査基準の改訂に関する意見書」（以下，「意見書2014」という）および保証業務実務指針2400「財務諸表のレビュー業務」（平成28年1月）に限定した整理となっている。

　米国においては，一般に認められた会計原則に基づいて財務諸表を作成することが要求されていない場合に，当該財務諸表の作成の準拠枠となるものが特別目的のフレームワークであり，当該フレームワークに基づいて特定の利用目的のために限定的に作成される財務諸表が特別目的の財務諸表である。日本の

図表序-7　中小企業が作成する特別目的の財務諸表に係る保証業務の比較

	米国	日本
1．準拠枠	OCBOA FRF for SMEs	中小指針 中小会計要領
2．基準の強制性	無し	無し
3．財務諸表の作成目的	銀行等からの資金調達等	銀行等からの資金調達等
4．財務諸表の構成	完全な一組の財務諸表である 必要はない。	会社法において特に規定 はない。
5．情報の特性	FRF for SMEs の場合 　利用者の資源配分の意思決 定および経営者の受託責任の 評価に対する情報の有用性	中小指針 　情報の有用性 中小会計要領 　情報の真実性
6．保証業務の種類	監査・レビュー	監査・レビュー
7．監査アプローチ	リスク・アプローチ	リスク・アプローチ

会社法は，非公開会社であって大会社に区分されない中小会社であっても，貸借対照表の公告が求められている。公告は，不特定多数の利用者に対して情報を提供するものであるから，一般目的の財務報告であると理解することができる。そのため，中小企業が公告を行う場合を除き，ここで議論の対象となるのは，中小企業が外部の金融機関から資金を調達する場合の財務諸表の作成とその信頼性の保証である。**図表序-7**の特徴を摘記するならば，次のようになる。

① 米国では，U.S. GAAP以外の準拠枠，たとえばその他の包括的会計基準（OCBOA）や「中小企業の財務報告フレームワーク」（FRF for SMEs）を特別目的のフレームワーク[1]と呼んでいるのに対して，日本ではそのような規定はなく，中小企業の会計に関する指針（中小指針）や中小企業の会計に関する基本要領（中小会計要領）は会社法にいう一般に公正妥当と認められる企業会計の慣行（会社法第431条）と考えられること。

② 米国の監査基準では，特別目的のフレームワークによって作成される財務諸表は特別目的の財務諸表と規定されているが，AICPAは，FRF for SMEs（AICPA 2013a）によって作成される財務諸表は一般目的の財務諸表であると述べており，用語法に矛盾があること。

AICPAは，FRF for SMEsの背景を記述した文書においてOCBOAの適用対象となる非公開会社は数百万であるとしているが（AICPA 2013b），米国センサス局による2015年3月公表の2011年統計では従業員500人未満を中小企業として分類した会社数が5,437,581社である[2]。なお，米国中小企業庁（SBA）が公表する中小企業の規模基準は，原則として，製造業・鉱業について従業員数500人未満，非製造業について売上高700万ドル未満であるが，業種・業態によって異なる細則が定められている[3]。そのため，規模基準による中小企業の分類は複雑となっており，一義的に中小企業を定義できないことから，AICPAはFRF for SMEsを適用することができる中小企業を次のように説明している（AICPA 2013b）。

FRF for SMEsの適用が想定される会社は，U.S. GAAPに準拠した財務諸表を作成する必要がなく，またその作成が義務付けられていない。それらの会社は，通常，小規模の企業であって，株式を公開し所有構造を変更する意図はなく，高度に専門化した事業を行っているわけではない。また，そのほとんどは，出資と経営が一致した所有者による経営形態で，営利を目的とした事業活動を行っている。さらに，社内には公認会計士などの会計スタッフがいない場合が多く，外部の会計事務所に会計業務を依存している。

AICPAは，OCBOAに内在していた制度上の問題点（設定主体や基準の正統性等）を解決し，不特定多数の外部利用者に向けた定期的な財務報告ではなく，特別目的の財務報告の制度化をすすめ，後述するように特別目的のフレームワークに準拠して作成された財務諸表の監査（IAASB 2009）と連携させることで，中小企業会計制度の構築を図ろうとしていることにFRF for SMEsの意義を認めることができる。AICPAは，FRF for SMEsの設定を通じて，制度の安定性（robust），基準の簡素化（simplified），経営に役立つ会計（useful），理論的な整合性（consistent），簡潔な開示規定（concise），利用目的との関連性（relevant）等の問題点を改善し（AICPA 2013b），中小企業にとって過重負担のないコストに見合った財務諸表の作成と財務報告を行う環境を整備しようとしたものである。

Ⅳ　オーストラリアにおける中小会社に対する会計規制

　周知のように，中小会社に対する会計監査制度の規制緩和については，本書の第15章において議論されているように，一定の規模基準を満たす会社について監査義務を免除するという規定がみられる。たとえば，英国では，規模基準が改正され，2016年1月1日以降において，売上高1,020万ポンド未満かつ総資産510万ポンド未満であって，従業員数が50人未満の場合に，小会社に分類され監査が免除されることとされている（Mercia 2015, p.1）。以下においては，英国の規制緩和の行き方とは異なるアプローチをとっているオーストラリアの制度について検討するものである。

　オーストラリアの会計基準は，規模基準による小会社にその適用が免除される場合を除き，例外なく適用されてきた。しかし，オーストラリアが国際財務報告基準（IFRS）をアドプションする以前から会社形態や会社規模に応じた基準の適用が，財務諸表作成のコスト負担等を理由に，ディファレンシャル・リポーティング（differential reporting）という名称で議論されてきた。

　オーストラリア会計基準審議会（AASB）は，国際会計基準審議会（IASB）が公表した「中小企業向け国際財務報告基準」（IASB 2009, 以下，「IFRS for SMEs」という）は，当初，完全版IFRSと異なる体系をもった一般目的財務諸表の作成に関する基準の体系になるものと考えていた。したがって，AASBは，それまで議論されてきたディファレンシャル・リポーティングのフレームワークを改訂する際に，完全版オーストラリア会計基準とは異なる一般目的財務諸表の要件を検討することが適切であり，そのような観点からIFRS for SMEsの採用について検討を行っていた（Australian Government 2008, p.4；AASB 2010a；par.BC11）。また，オーストラリア政府の財務報告評議会（Financial Reporting Council）もこのような方向性を評価していた（AASB 2010a, par. BC11）。

　結論としては，AASBは，IFRS for SMEsをそのまま採用することはせず，オーストラリア会計基準の開示規定を削減した会計基準AASB 2010-2「簡素

化開示要件から生ずる会計基準の改訂」（AASB 2010b）を会社階層別に適用することを最終的に決定した。ただし，次のような条件のもとで中小企業版IFRSを参照し，その基準を国内化する方針であることが示されている[4]。

① 簡素化された開示規定の適用を受ける企業（階層2の企業）に適用する認識・測定の要件がIFRS for SMEsの規定と同一である場合には，IFRS for SMEsの規定を直接引用する。

② 簡素化された開示規定の適用を受ける企業（階層2の企業）に適用する認識・測定の要件がIFRS for SMEsの規定と同一でない場合には，中小企業版IFRSを開発するときにIASBが行った「利用者のニーズ」と「コスト－ベネフィット」の原則を用いて当該規定の導入について検討する。

AASBは2010年6月に会計基準AASB1053「階層別オーストラリア会計基準の適用」を公表し，ディファレンシャル・リポーティングのフレームワークを具体化することとなった。**図表序-8**は，階層別会計基準適用の枠組みをまとめたものである。その表から知られるように，階層1の会社には上場会社が該当し，IFRSベースのオーストラリア会計基準が適用され，階層2の会社には非上場会社が該当し，開示要件が簡素化されたオーストラリア会計基準が適用されることになる。

図表序-8　階層別基準適用の枠組み

	対象企業	適用基準
階層1	① 公的説明責任のあるプライベートセクターの営利企業 ② オーストラリア政府および州政府，準州および地方政府	オーストラリア会計基準
階層2	① 公的説明責任のないプライベートセクターの営利企業 ② プライベートセクターの非営利のすべての実体 ③ 政府機関以外のパブリックセクターの実体	オーストラリア会計基準－簡素化された開示要件

注：階層2の適用会社であっても規制当局は階層1の会計基準の適用を強制することができる（AASB 2010a, par.11-15）。

図表序-9　階層別会計基準の内容

	階層別会計基準	基準の内容
階層1	オーストラリア会計基準	IFRSおよびオーストラリア企業に固有の要件で構成されている。
階層2	オーストラリア会計基準－簡素化された開示要件	階層1の認識と測定の要件を含むが開示要件はかなり簡素化されている。

注：階層2の適用会社は，その判断により，一般目的財務諸表の目的に矛盾しない限りで階層1の詳細な開示を行うことができる（AASB 2010a, par.16）。

　図表序-9は，階層1と階層2に適用される会計基準の内容を示したものである。上述のように，階層1のオーストラリア会計基準はIFRSベースの会計基準にオーストラリア企業の固有の状況を考慮した要件が盛り込まれている。階層2は，原則として開示要件が簡素化されたものである。階層2が要求する開示とIASBのIFRS for SMEsが要求する開示は極めて類似している。しかし，両者は直接に比較可能なものではない。その理由は，階層2は，完全版IFRSに相当する認識と測定の要件をもっているが，IFRS for SMEsは完全版IFRSの認識と測定の要件が改訂された限定版であるからである。さらに，階層2の会社に適用される認識，測定，開示の要件は，オーストラリア会計基準を改訂する都度，見直されることになる。IFRS for SMEsが定期的にIFRSの改訂に併せて見直しすることになっているのと同様である。

　上述のように，オーストラリアは完全版IFRSを積極的に導入したにもかかわらず，中小企業向けの会計基準としてIFRS for SMEsを採用することはせず，1990年代から議論されてきたディファレンシャル・リポーティングの枠組みを踏襲し，大企業向けの会計基準の開示規定を簡素化する途を選び，階層別に会計基準を適用することで，中小企業の財務報告にかかる過重なコスト負担を軽減しようとするところに，オーストラリア財務報告制度の特色を窺い知ることができる。

V 規制緩和の類型

　日本において会計制度の二分化の現象が観察されるように，海外においても同様の状況がみられる。中小企業に対する会計監査制度の規制緩和は次のように整理することができる。

　まず，会計制度についての対応については，①中小企業に対する特別の会計制度を設計しないケースと②中小企業に対する特別の会計制度を設計するケースがある。中小指針や中小会計要領が公表される前は，日本は制度的には前者の①に該当していたものと考えられる。次に，後者の②については，（ア）ディファレンシャル・レポーティングを適用する場合，（イ）大企業に適用されるGAAPとは異なる会計基準・財務報告制度を設計する場合（非GAAPの適用），（ウ）会社法等において会計（記帳）の義務を免除する場合の3通りの行き方がみられる。

① 中小企業に対する特別の会計制度を設計しないケース
　　⇒ 中小企業に対して大企業と同様にGAAPを適用する場合
② 中小企業に対する特別の会計制度を設計するケース
　（ア）ディファレンシャル・レポーティングを適用する場合
　　　⇒ 認識・測定には大企業と同様のGAAPを適用し，財務報告・開示に関する規準の適用を簡素化する場合
　　　オーストラリア
　（イ）大企業に適用されるGAAPとは異なる会計基準・財務報告制度を設計する場合（非GAAPの適用）
　　　日本（中小指針，中小会計要領）
　　　米国（OCBOA，AICPAのFRF for SMEs）
　　　英国（旧FRSSE）
　　　中小企業向け国際財務報告基準（IFRS for SMEs）
　（ウ）会社法等において会計（記帳）の義務を免除する場合
　　　ドイツ（売上高が50万ユーロ以下および年度剰余（利益）が5万ユーロ

以下の個人商人）（東良 2011, p.47)

　次に，監査制度についての対応については，次の4通りが考えられる。本書
の課題である特別目的の財務諸表に対する保証関連業務という点からは，③の
上場大企業向けのGAAPを適用しない場合であって監査を受けるケースと④の
上場大企業向けのGAAPを適用しない場合であって監査以外の保証関連業務を
適用するケースが，本書の考察対象となる。監査は合理的保証を提供するのに
対して，レビューは限定的保証を行う点に特徴がある。また，コンピレーショ
ンおよびプレパレーションはクライアントの要請に応じて財務諸表を作成する
業務であるが，コンピレーションは業務提供者に対して独立性が求められるの
に対して，プレパレーションは独立性が求められないという点に特徴がある。

①　GAAP＋監査
②　GAAP＋監査以外の保証関連業務（レビュー，コンピレーション，プレ
　　パレーション）
③　非GAAP＋監査
④　非GAAP＋監査以外の保証関連業務（レビュー，コンピレーション，プ
　　レパレーション）

　以上，本章は，第1章以降の各章の研究の前提となる中小企業の意義，およ
び，中小企業に対する会計監査制度の規制緩和のあり方について，現状の整理
を行ったものである。

［注］

(1)　FRF for SMEs会計フレームワークの詳細については本書の第10章を，またOCBOAの詳細につ
　　いては本書の第12章を参照されたい。
(2)　URLは次の通りである。http://www.census.gov/econ/susb/（アクセス日：2016年7月20日）
(3)　URLは次の通りである。http://www.sba.gov/content/summary-size-standards-industry（アク
　　セス日：2016年7月20日）
(4)　簡素化された開示規定が適用される階層2の企業の認識・測定基準の策定に関する方針は，次の
　　文書に明示されている。AASB, *Tier2 Disclosure Principles.* この文書は，AASBのホームページで
　　検索することにより入手することができるが，年度の情報が表記されていない。当該文書では，認
　　識および測定の要件が同一である場合のアプローチと認識および測定の要件が同一でない場合のア
　　プローチに分けて詳細に述べられている。

参考文献

AICPA（2012）*Proposed Financial Reporting Framework for Small-and Medium-Sized Entities*, Exposure Draft, November 1.

AICPA（2013a）*Financial Reporting Framework for Small and Medium-Sized Entities*, developed by AICPA FRF for SMEs Task Force（2012-2013）and AICPA Staff.

AICPA（2013b）*Evolution of a New Non-GAAP Reporting Option.*

ASB（1989）SAS No.62（AU Section 623）, *Special Report*, AICPA.

ASB（2005）AU Section 9623, *Special Reports: Auditing Interpretations of Section 623*, AICPA.

ASB（2012）AU-C Section 800, *Special Considerations — Audits of Financial Statements Prepared in Accordance With Special Purpose Frameworks*, Source: SAS No.122; SAS No.125, Effective for audits of financial statements for periods ending on or after December 15, AICPA.

AASB（2010a）*Application of Tiers of Australian Accounting Standards*, AASB Standard, AASB 1053.

AASB（2010b）*Amendments to Australian Accounting Standards arising from Reduced Disclosure Requirements*, AASB Standard, AASB 2010-2.

Australian Government（2008）*Financial Reporting Council, Australian Accounting Standards Board, Auditing and Assurance Standards Board*, Annual Reports 2007-08.

FASB（2010）Statement of Financial Accounting Concepts No.8, Chapter 1, The Objective of General Purpose Financial Reporting, and Chapter 3, Qualitative Characteristics of Useful Financial Information, September.

FASB（2012）*Private Company Decision-Making Framework*, A Framework for Evaluating Financial Accounting and Reporting Guidance for Private Companies, Discussion Paper, July 31.

FASB（2013）*Private Company Decision-Making Framework*, A Guide for Evaluating Financial Accounting and Reporting for Private Companies, April 15.

IAASB（2009）International Standards on Auditing 800, *SPECIAL CONSIDERATIONS - AUDITS OF FINANCIAL STATEMENTS PREPARED IN ACCORDANCE WITH SPECIAL PURPOSE FRAMEWORKS*, IFAC.（国際監査基準第800号「特別な考慮事項—特別目的の枠組みに準拠して作成された財務諸表の監査」日本公認会計士協会国際委員会訳。）

IASB（2009）*International Financial Reporting Standard for Small and Medium-sized Entities（IFRS for SMEs）*, IASB.

Madray, J.R.（2006）*OCBOA Guide*, 2007 edition, CCH.

Mercia（2015）*Big changes for small entities.*

浦崎直浩（1989）「財務諸表の基礎概念—カナダ勅許会計士協会の「ハンドブック」・セクション1000を中心として—」『商経学叢』第36巻第1号，53-69頁。

浦崎直浩（2000）『オーストラリアの会計制度に関する研究』近畿大学商経学会。

浦崎直浩（2013）「特別目的の財務報告フレームワークと中小企業会計—AICPAのFRF for SMEsを中心として—」『會計』第184巻第3号，42-56頁。

河崎照行・万代勝信編著（2012）『中小会社の会計要領』中央経済社。

河崎照行（2013）「米国における中小企業会計の新展開」（甲南大学大学院社会科学研究科会計専門職専攻・教員によるリレーガイダンス（資料），2013年6月8日）。

企業会計審議会（2014）「監査基準の改訂に関する意見書」。

古賀智敏編著（2011）『IFRS時代の最適開示制度—日本の国際的競争力と持続的成長に資する情報開示制度とは—』千倉書房。

国際会計研究学会（2011）『各国の中小企業版IFRSの導入実態と課題』（「研究グループ報告」最終報告，委員長・河崎照行）。

坂本孝司（2011）『会計制度の解明』中央経済社。

桜井久勝（2016）『財務会計講義（第17版）』中央経済社。

中小企業庁編（2016a）『2016年版 小規模企業白書～継続と挑戦～』日経印刷。

中小企業庁編（2016b）『2016年版 中小企業白書—未来を拓く稼ぐ力』日経印刷。

日本会計研究学会特別委員会（2012）『会計基準の国際統合と財務報告の基礎概念』（最終報告書，委員長・藤井秀樹）。

日本公認会計士協会（2013）「多様化する財務報告に対する監査ニーズ～適用される財務報告の枠組みと監査意見～」（企業会計審議会第35回監査部会資料，2013年6月24日）。

東良徳一（2011）「ドイツ会計基準の国際化の動き—2009年会計基準近代化法に至るまでの動きとその方向性—」『大阪産業大学経営論集号』第12巻第2号，27-54頁。

町田祥弘（2013）「わが国の『監査基準』における『監査の目的』の経緯と準拠性意見の位置づけ」（企業会計審議会第35回監査部会資料，2013年6月24日）。

（浦崎直浩・松﨑堅太朗）

第 1 部

特別目的の財務報告の
枠組みに関する基礎理論

第1章

特別目的の財務諸表に対する保証業務に関する研究の視座

I 本章の目的

　本書は，企業開示制度の最適設計（古賀 2011, 第１章）という観点から一般目的の財務報告とは異なる特別目的の財務報告の枠組みに基づく会計監査制度について検討することを目的とするものである。指摘するまでもなく，各国の企業会計制度においては，経済のグローバル化を背景として国際財務報告基準（IFRS）を内国の基準として導入し，上場企業に対する会計基準の国際的な統合が進展してきた（日本会計研究学会特別委員会 2012）。他方，非上場企業の会計制度においてはIFRSの直接的あるいは間接的な影響を回避するために，IFRSを内国化した会計基準から分化し，ローカルな制度条件を加味した会計基準を設定しようとする動向が各国で観察される（国際会計研究学会 2011）。

　周知のように，日本においては2005（平成17）年８月１日に日本税理士会連合会，日本公認会計士協会，日本商工会議所，企業会計基準委員会の４団体が「中小企業の会計に関する指針」（以下，「中小指針」という）を公表し，2015（平成27）年４月21日には最終改正版が公表されている。また，中小企業の会計に関する検討会は，2012（平成24）年２月１日に「中小企業の会計に関する基本要領」（以下，「中小会計要領」という）を公表している。それは，「自社の経営状況の把握に役立つ会計」，「利害関係者への情報提供に資する会計」，「会計と税制の調和を図った会社計算規則に準拠した会計」，「過重な負担を課さない会計」等の考え方に立って作成されたものである。

　非公開会社ないし中小企業向けの会計基準設定の動向は，米国においてもみることができる。財務会計基準審議会（FASB）は，2012年７月31日に，討議資料『非公開会社の意思決定フレームワーク：非公開会社の財務会計および財務報告に関する指針を評価するためのフレームワーク』（FASB 2012）を公表

し，当該討議資料に対するコメントレターの検討を踏まえて改訂した討議資料（FASB 2013）を2013年4月15日に再度公表し収集したコメントの検討の後，2013年12月23日にその最終版を公表している。

また，米国公認会計士協会（AICPA）は，2012年11月1日に公開草案『中小企業の財務報告フレームワークの提案』（AICPA 2012）を公表した。当該枠組みはカナダ勅許会計士協会（CICA⁽¹⁾）から許諾を得て『CICAハンドブック』の内容を米国企業向けに必要な部分の改訂を行い作成されたものである（AICPA 2013a, p.ii）。とりわけ，財務報告の概念フレームワークについては，『CICAハンドブック』の概念フレームワーク「財務諸表の諸概念」（詳細は，浦崎（1989）を参照されたい。）の内容をほぼ複製したものとなっている。AICPAは，公開草案に関するコメントを踏まえて，2013年6月に『中小企業の財務報告フレームワーク』（AICPA 2013a, 以下，「FRF for SMEs」という）を正式に公表している。本章は，日本および米国における会計監査制度の動向を踏まえ，特別目的の財務諸表に対する保証業務に関する研究の視座を明らかにしようとするものである。

Ⅱ 日本における特別目的の財務諸表に対する監査の特徴

1 2014年「監査基準の改訂に関する意見書」

企業会計審議会は，2014（平成26）年2月18日に「監査基準の改訂に関する意見書」（以下，意見書 2014という）を公表した。監査基準の改訂についての審議の背景によれば，この度の改訂のポイントは，一般目的の財務諸表とは異なる特別目的の財務諸表に対する信頼性の保証について規定したところにある。一般目的の財務諸表とは「幅広い利用者に共通するニーズを満たすべく一般に公正妥当と認められる企業会計の基準に準拠して作成された財務諸表」（意見書 2014, p.1）をいい，特別目的の財務諸表とは「特定の利用者のニーズを満たすべく特別の利用目的に適合した会計の基準に準拠して作成された財務諸表」（意見書 2014, p.1）を意味する。ここでは，非公開の中小企業が作成する特別目的の財務諸表の信頼性の保証について検討することを目的とするものであ

る。

　後者の特別目的の財務諸表に関する規定が定められたのは，近年，公認会計士に対して特別目的の財務諸表に対しても監査という形で信頼性の担保を求めたいとの要請が高まってきたこと，また，国際監査基準（IAS）では，財務諸表の利用者のニーズに応じて，一般目的の財務諸表と特別目的の財務諸表という財務報告の枠組みが分類され，適正性に関する意見と準拠性に関する意見とのいずれかが表明されることがすでに規定されており，実際に適用されていることからである（意見書 2014, p.1）と指摘されている。

　ところで，会社法によれば，株式会社の会計は，一般に公正妥当と認められる企業会計の慣行に従ってそれを行い（会社法第431条），法務省令で定めるところより，適時に，正確な会計帳簿を作成しなければならない（会社法第432条）。かかる会計帳簿に基づき，株式会社は，法務省令で定めるところより，各事業年度にかかる計算書類（貸借対照表，損益計算書その他の株式会社の財産および損益の状況を示すために必要かつ適当なものとして法務省令で定めるもの）および事業報告ならびにこれらの付属明細書を作成しなければならない（会社法第435条2）。また，会計監査人設置会社においては，計算書類およびその附属明細書について会計監査人による監査が義務付けられている（会社法第436条2一）。

　当該監査済み計算書類等は，取締役会設置会社においては，取締役会の承認を受け（会社法第436条3），定時株主総会に提出され承認を受けることとなる（会社法第438条）。なお，会計監査人設置会社においては，一定の要件を満たす場合，取締役は，当該計算書類の内容を定時株主総会に報告しなければならない（会社法第439条）。さらに，株式会社は，法務省令で定めるところにより，定時株主総会の終結後遅滞なく，貸借対照表（大会社にあっては，貸借対照表および損益計算書）を公告しなければならないとされている（会社法第440条）。ここでは，非公開であって大会社に区分されない会計監査人非設置会社が，公告以外の特別目的で財務諸表を作成する場合の保証業務の特徴について検討したい。議論に当たって，あらかじめ，**図表1-1**を掲げておきたい。**図表1-1**は，中小企業が作成する特別目的の財務諸表にかかる保証業務を比較したものであるが，日本のそれについては意見書 2014および保証業務実務指針2400「財務

図表1-1　中小企業が作成する特別目的の財務諸表にかかる保証業務の比較

	米国	日本
1．準拠枠	OCBOA FRF for SMEs	中小指針 中小会計要領
2．基準の強制性	無し	無し
3．財務諸表の作成目的	銀行等からの資金調達等	銀行等からの資金調達等
4．財務諸表の構成	完全な一組の財務諸表である必要はない。	会社法において特別目的の計算書類に関連する規定はない。
5．情報の特性	FRF for SMEs の場合 　利用者の資源配分の意思決定および経営者の受託責任の評価に対する情報の有用性	中小指針 　情報の有用性 中小会計要領 　情報の真実性
6．保証業務の種類	監査・レビュー	監査・レビュー
7．監査アプローチ	リスク・アプローチ	リスク・アプローチ
8．監査意見	適正性・準拠性	準拠性

諸表のレビュー業務」（平成28年1月）に限定した整理となっている。

　米国においては，一般に認められた会計原則に基づいて財務諸表を作成することが要求されていない場合に，当該財務諸表の作成の準拠枠となるものが特別目的の枠組みであり，当該枠組みに基づいて特定の利用目的のために限定的に作成される財務諸表が特別目的の財務諸表である。日本の会社法は，非公開会社であって大会社に区分されない中小会社であっても，貸借対照表の公告が求められている。公告は，不特定多数の利用者に対して情報を提供するものであるから，一般目的の財務報告であると理解することができる。そのため，中小会社が公告を行う場合を除き，ここで議論の対象となるのは，中小会社が外部の金融機関から資金を調達する場合の財務諸表の作成とその信頼性の保証である。**図表1-1**の特徴を摘記するならば，次のようになる。

①　米国では，U.S. GAAP以外の準拠枠，たとえばOCBOAやFRF for SMEs を特別目的の枠組みと呼んでいるのに対して，日本ではそのような規定はなく，中小指針や中小会計要領は会社法にいう一般に公正妥当と認められる企業会計の慣行（会社法第431条）と考えられること。ただし，

意見書 2014において「特別の利用目的に適合した会計の基準により作成
される財務諸表」（意見書 2014, p. 4 ）という説明があるが，中小指針や
中小会計要領が，特別の利用目的に適合した会計の基準に相当するという
規定は監査基準においては存在せず，日本公認会計士協会の監査基準委員
会報告書等において関連する記述がみられる[2]。

②　米国の監査基準では，特別目的のフレームワークによって作成される財
務諸表は特別目的の財務諸表と規定されているが，AICPAは，FRF for
SMEsでは当該フレームワークによって作成される財務諸表は一般目的の
財務諸表であると述べており，用語法に矛盾があること[3]。

③　日本では，特別目的の財務諸表は，「特定の利用者のニーズを満たすべ
く特別の利用目的に適合した会計の基準に準拠して作成された財務諸表」
（意見書 2014, p. 1 ）という定義のみで，特別目的の財務諸表を作成する
ための準拠枠（中小指針や中小会計要領）との関連について規定がないこ
と。

④　監査の実施に当たっては，準拠性に関する意見の表明の場合であっても，
適正性に関する意見の表明の場合と同様に，リスク・アプローチに基づく
監査を実施し，監査リスクを合理的に低い水準に抑えた上で，自己の意見
を形成するに足る基礎を得なければならないこと（意見書 2014, p. 3 ）。
また，個別の財務表または個別の財務諸表項目等に対する監査意見を表明
する場合であっても，単にそれらの検討にとどまることなく，意見を表明
するために必要な範囲で，内部統制を含む，企業および企業環境を理解し，
これらに内在する事業上のリスク等が重要な虚偽の表示をもたらす可能性
を考慮しなければならない（意見書 2014, p. 4 ）。

⑤　日本においては，財務諸表の利用者が財政状態や経営成績等を理解する
に当たって財務諸表が全体として適切に表示されるように追加的な開示を
求める規定（追加的な開示要請の規定）が会計の基準にないことが多いこ
となどから，監査意見は準拠性について意見表明が行われること。財務諸
表における表示が利用者に理解されるために適切であるかどうかの判断（適
正性に関する意見表明）には，財務諸表が表示のルールに準拠しているか
どうかの評価と，財務諸表の利用者が財政状態や経営成績等を理解するに

当たって財務諸表が全体として適切に表示されているか否かについての一歩離れて行う評価が含まれるが，準拠性に関する意見の表明の場合には，後者の評価が行われないという差異がある（意見書2014, p.3）。

▎2　監査基準における関連規定と監査基準委員会報告書の性格

　意見書2014における特別目的の財務諸表に関する規定をまとめたものが**図表1-2**である。監査基準によれば特別目的の財務諸表とは，「特別目的の利用目的に適合した会計の基準」により作成された財務諸表をいう。そして，特別の利用目的に適合した会計の基準により作成される財務諸表の監査に当たっては，当該会計の基準が受け入れ可能かどうか（原則・手続きの適切性）について検討することが求められている。また，報告原則においては次のとおり適正性と準拠性に関する意見の表明が認められている。
① 　適正性に関する意見を表明する場合の規定
　　 特別の利用目的に適合した会計の基準により作成される財務諸表については，当該財務諸表が当該会計の基準に準拠して，上記と同様にすべての重要な点において適正に表示しているかどうかについての意見を表明する。
② 　準拠性に関する意見を表明する場合の規定
　　 作成された財務諸表が，すべての重要な点において，財務諸表の作成に当たって適用された会計の基準に準拠して作成されているかどうかについての意見を表明する。

　なお，特別目的の財務諸表に対する監査意見について，適正性に関する意見と準拠性に関する意見についての相違について誤解が生じないよう，次のような追記情報が求められている。
　監査人は，特別の利用目的に適合した会計の基準により作成される財務諸表に対する監査報告書には，会計の基準，財務諸表の作成の目的および想定される主な利用者の範囲を記載するとともに，当該財務諸表は特別の利用目的に適合した会計の基準に準拠して作成されており，他の目的には適合しないことがある旨を記載しなければならない。また，監査報告書が特定の者のみによる利用を想定しており，当該監査報告書に配布または利用の制限を付すことが適切

図表1-2　特別目的の財務諸表に対する監査に関連する規定

第一 監査の目的	2　財務諸表が特別の利用目的に適合した会計の基準により作成される場合等には，当該財務諸表が会計の基準に準拠して作成されているかどうかについて，意見として表明することがある。 適正意見の意義「財務諸表の表示が適正である旨の監査人の意見は，財務諸表には，全体として重要な虚偽の表示がないということについて，合理的な保証を得たとの監査人の判断を含んでいる。」
第二 一般基準	関連規定の追加無し
第三 実施基準	一　基本原則 8　監査人は，特別の利用目的に適合した会計の基準により作成される財務諸表の監査に当たっては，当該会計の基準が受入可能かどうかについて検討しなければならない。
第四 報告原則	一　基本原則 1　監査人は，適正性に関する意見を表明する場合には，経営者の作成した財務諸表が，一般に公正妥当と認められる企業会計の基準に準拠して，企業の財政状態，経営成績及びキャッシュ・フローの状況をすべての重要な点において適正に表示しているかどうかについての意見を表明しなければならない。なお，特別の利用目的に適合した会計の基準により作成される財務諸表については，当該財務諸表が当該会計の基準に準拠して，上記と同様にすべての重要な点において適正に表示しているかどうかについての意見を表明しなければならない。 　監査人は，準拠性に関する意見を表明する場合には，作成された財務諸表が，すべての重要な点において，財務諸表の作成に当たって適用された会計の基準に準拠して作成されているかどうかについての意見を表明しなければならない。 　監査人は，準拠性に関する意見を表明する場合には，適正性に関する意見の表明を前提とした以下の報告の基準に準じて行うものとする。 八　特別目的の財務諸表に対する監査の場合の追記情報 　監査人は，特別の利用目的に適合した会計の基準により作成される財務諸表に対する監査報告書には，会計の基準，財務諸表の作成の目的及び想定される主な利用者の範囲を記載するとともに，当該財務諸表は特別の利用目的に適合した会計の基準に準拠して作成されており，他の目的には適合しないことがある旨を記載しなければならない。 　また，監査報告書が特定の者のみによる利用を想定しており，当該監査報告書に配布又は利用の制限を付すことが適切であると考える場合には，その旨を記載しなければならない。

出所：住田（2014a）の図表1（3頁）に一部追記を行い引用したものである。下線部が改訂のあった箇所である。

であると考える場合には，その旨を記載しなければならない。

　日本公認会計士協会は，監査基準の改訂に合わせて2014（平成26）年4月4日に次の3つの報告書等を公表している。

① 監査基準委員会報告書800「特別目的の財務報告の枠組みに準拠して作成された財務諸表に対する監査」（以下，「監基報800」という）

② 監査基準委員会報告書805「個別の財務表又は財務諸表項目等に対する監査」（以下，「監基報805」という）

③ 監査基準委員会研究報告第3号「監査基準委員会報告書800及び805に係るQ&A」（以下，「監基報800・805Q&A」という）

　監基報800（第1項）によれば，本報告書は特別目的の財務報告の枠組みに準拠して作成された財務諸表の監査において，他の監査基準委員会報告書を適用する際に特に考慮すべき事項について，実務上の指針を提供するものである。また，監査の対象が特別目的の財務報告の枠組みに準拠して作成された完全な一組の財務諸表であることを前提としていることが明記されている（監基報800，第2項）。

　さらに，監基報805（第1項）によれば，本報告書は，個別の財務表または財務諸表項目等に対する監査において，他の監査基準委員会報告書を適用する際に特に考慮すべき事項について，実務上の指針を提供するものである。個別の財務表または財務諸表項目等は，一般目的の財務報告の枠組みまたは特別目的の財務報告の枠組みに準拠して作成されるものであり，個別の財務表または財務諸表項目等が特別目的の財務報告の枠組みに準拠して作成されている場合は，監基報800も併せて適用されることになる。

　監基報800・805Q&A（はじめに）によれば，当該Q&Aは特別目的の財務諸表または個別の財務表もしくは財務諸表項目等の監査業務を行う際には，財務報告の枠組みの概念およびその分類に応じた監査上の取扱いの整理を踏まえ，これらの業務に特有のリスクを正しく理解した上で実施する必要があり，改訂監査基準ならびに監基報800・805に基づく監査業務を実施するに当たって理解が必要と思われる事項について，Q&A方式によって解説を提供し日本公認会計士協会の会員の理解を支援するために作成されたものとされている。

3 特別目的の財務諸表にかかる監査意見の枠組み

　本書は，特別目的の財務諸表に対する保証業務のあり方を検討することに主題がある。ここで，保証業務とは，一般に，「主題に責任を負う者」が，一定の規準によって主題を評価または測定した結果を表明する情報（以下，「主題情報」という）について，または，主題それ自体について，「想定利用者」に対して信頼性を付与するために，業務実施者が自ら入手した証拠に基づき規準に照らして判断した結果を結論として報告する業務をいう（監査・保証実務委員会研究報告第20号「公認会計士等が行う保証業務等に関する研究報告」日本公認会計士協会，2009（平成21）年7月1日，p.2）。

　保証業務を実施し保証意見を表明する際に，その当否の判断尺度（保証の規準）は，財務諸表の作成者である保証業務関与先が選択適用した財務報告の枠組み（財務諸表の作成基準）と一致することとなる。換言すれば，適用される財務報告の枠組みは，保証業務における判断尺度となるということであり，財務報告の枠組みの内容の妥当性が意見形成を左右することになる（結城 2014a, p.18）。ここに受入可能性についての検討の意義がある。この点について，特別目的の財務諸表の監査においては，財務報告の枠組み（会計の基準），財務諸表の作成の目的および想定利用者の範囲の記載が求められ，また，適用される財務報告の枠組みの内容等について注意喚起するために，監査報告書に強調事項を付すとともに，必要な場合には配布または利用制限の記載を行うこととされている（結城 2014a, p.18）。

　上述の財務報告の枠組みについて，監基報800では，監査基準に規定する「特別の利用目的に適合した会計の基準」を「特別目的の財務報告の枠組み」と言い換えている。会計の基準の性格は，基準の強制性と当該基準に準拠しない場合のサンクションの有無である。監査基準に規定される「特別の利用目的に適合した会計の基準」が監基報800において「特別目的の財務報告の枠組み」と言い換えられている点について，監基報800においては何らの説明もなされていない。

　さて，監基報800によれば，特別目的の財務諸表および特別目的の財務報告の枠組みは次のように定義されている（監基報800，第5項）。

① 「特別目的の財務諸表」─特別目的の財務報告の枠組みに準拠して作成

される財務諸表をいう。なお、監査基準では、特別目的の財務諸表は、特定の利用者のニーズを満たすべく特別の利用目的に適合した会計の基準に準拠して作成された財務諸表と説明されている。

②　「特別目的の財務報告の枠組み」―特定の利用者の財務情報に対するニーズを満たすように策定された財務報告の枠組みをいう。

　それでは、特別目的の財務報告の枠組みとは、具体的に何を意味するのであろうか。それをまとめたものが**図表1-3**である（監基報800、付録；監基報805、付録2）。特別目的の財務報告の枠組みには、中小会計要領以外にも、匿名組合契約書の条項に定められた会計の基準や金融機関との合意に基づく会計の基準等があることが知られる。また、特別目的の財務諸表として監査の対象となるものには、会社計算規則に基づき作成した貸借対照表、財務諸表等規則に基づき作成したキャッシュ・フロー計算書、災害義捐金・補助金・寄附金等の資金収支計算書等がある。

　ここで、一般目的の財務報告の枠組みと特別目的の財務報告の枠組みの相違について、今一度検討することとしたい。一般目的の財務報告の枠組みとは、広範囲の利用者に共通する財務情報に対するニーズを満たすように策定された財務報告の枠組みのことをいい、「一般目的の財務報告の枠組み」に準拠して

図表1-3　監基報800・805における特別目的の財務諸表に関連する例示

特別目的の財務報告の枠組みの例	個別の財務表または財務諸表項目等の例
1．借入、組合出資またはプロジェクトの補助金等の契約書において定められている財務報告に関する取り決め ①中小企業の会計に関する基本要領に基づいて策定した会計の基準 ②匿名組合契約書の条項に定められた会計の基準 ③金融機関との合意に基づく会計の基準 ④会社法上の大会社（金商法非適用）が計算書類は会社計算規則、キャッシュ・フロー計算書は財務諸表等規則を組み合わせた会計の基準 2．規制当局が定めた財務報告の規則	1．個別の財務表 ①会社計算規則に基づき作成した貸借対照表 ②財務諸表等規則に基づき作成したキャッシュ・フロー計算書 ③災害義捐金・補助金・寄附金等の資金収支計算書 ④規制料金業種における事業部門別収支計算書 2．財務諸表項目等 ①給与支払明細表 ②ロイヤルティ契約に基づく特定商品の売上高計算書

作成される財務諸表を「一般目的の財務諸表」という（監基報700，第6項(1)；監基報200，A4項）。一般目的の財務報告の枠組みには，次のようなものがある。

① 企業会計基準委員会が設定する企業会計基準
② 国際会計基準審議会が公表する国際会計基準
③ 金融庁長官が指定する指定国際会計基準
④ 会社計算規則

「特別目的の財務報告の枠組み」とは，特定の利用者の財務情報に対するニーズを満たすように策定された財務報告の枠組みのことをいい，「特別目的の財務報告の枠組み」に準拠して作成される財務諸表を「特別目的の財務諸表」という。なお，監査基準では，特別目的の財務諸表は，特定の利用者のニーズを満たすべく特別の利用目的に適合した会計の基準に準拠して作成された財務諸表と説明されている（監基報800，第5項；監基報200，A4項）。

会計監査人非設置会社が，中小指針または中小会計要領に基づき作成した計算書類を任意で監査を受ける場合，中小指針および中小会計要領は，特別目的の財務報告の枠組みであり，準拠性の財務報告の枠組みとして取り扱うことが適当であると忖度する。その理由として，次のような論述が見られる。

中小指針および中小会計要領は，それぞれ策定方針に相違はあるものの，中小企業の実態に即した会計処理のあり方について，一定の利害関係者の間で合意された内容を体系的に取りまとめたものであるが，以下の点を考慮し，いずれも，特別目的の財務報告の枠組みであり，準拠性の枠組みと位置付けるのが適当と考えられる（監基報800・805Q&A，Q8）。

① 実際の適用に当たっては，いずれの場合も，経営者は個々の企業における実際の利用者のニーズを念頭において，それぞれ許容されている範囲で税法基準を含め会計処理の方法を選択・適用しており，一定の枠内ではあるが，テーラーメード型の財務報告の枠組みとして機能している側面がある。

② 我が国において一般に公正妥当と認められる企業会計の基準（J-GAAP）との差異の程度や会社計算規則第98条第2項第1号および第2号に基づく注記の省略を考慮して，準拠性の枠組みと位置付ける。

監基報800・805Q&A（Q8）における指摘とは別に，中小指針および中小会計要領は会計の基準としての強制力がない点が，それらを特別目的の財務報告として解釈すべき理由の１つであるとみている。また，一般目的の財務報告は，出資と経営の分離を前提とした上場企業を前提として，株主・債権者を主たる想定利用者とした組み立てとなっている。そこでの，認識・測定の理論構造は，取得原価を基礎としながら公正価値会計が組み込まれており，経済的実質主義に基づいた企業価値の評価に役立つ情報の提供を目的とするものである。このような会計思考に与しない財務報告の枠組み（会計の基準）は，特別目的の財務報告の枠組みと解釈できるのである。

4　適用される財務報告の枠組みと適正表示または準拠性の枠組みの関係

財務報告の枠組みに基づいた監査業務の結果として表明される保証意見について，一般目的の財務報告の枠組みおよび特別目的の財務報告の枠組みは，いずれも，適正表示の枠組みであることもあれば，準拠性の枠組みであることもあるとされている（監基報700，第６項(1)：監基報800，第５項）。しかし，一般目的の財務報告の枠組みは適正表示の枠組みであることが多く，特別目的の財務報告の枠組みは準拠性の枠組みであることが多い。つまり，例外として，一般目的の財務報告の枠組みが準拠性の枠組みとなる場合，また，特別目的の財務報告の枠組みが適正表示の枠組みとなる場合がある。

監査基準委員会報告書200「財務諸表監査における総括的な目的」（以下，「監基報200」という）第12項(13)において，財務報告の枠組みには，適正表示の枠組みと準拠性の枠組みがあることが記載されている。

---

(13)「適用される財務報告の枠組み」－財務諸表の作成と表示において，企業の特性と財務諸表の目的に適合する，又は法令等の要求に基づく，経営者が採用する財務報告の枠組みをいう。

　「適正表示の枠組み」は，その財務報告の枠組みにおいて要求されている事項の遵守が要求され，かつ，以下のいずれかを満たす財務報告の枠組みに対して使用される。

①財務諸表の適正表示を達成するため，財務報告の枠組みにおいて具体的に要求されている以上の開示を行うことが必要な場合があることが，財務報告の枠組みにおいて明示的又は黙示的に認められている。

②財務諸表の適正表示を達成するため，財務報告の枠組みにおいて要求されている事項からの離脱が必要な場合があることが，財務報告の枠組みにおいて明示的に認められている。このような離脱は，非常に稀な状況においてのみ必要となることが想定されている。

「準拠性の枠組み」は，その財務報告の枠組みにおいて要求される事項の遵守が要求されるのみで，上記①及び②のいずれも満たさない財務報告の枠組みに対して使用される。

　図表1-4は，監査対象に対して適用される会計の基準に基づく財務諸表が，特別目的の財務諸表として分類される判断の条件と当該財務諸表に対して表明される監査意見が準拠性意見となるのか，それとも適正性意見となるのかを整理したものである。図表1-4では，いずれの監査とも任意監査として実施される。その中で，（b）の会社法で規定される計算書類にキャッシュ・フロー計算書

図表1-4　特別目的の財務諸表等の判断規準と監査意見の枠組み

| 整理記号 | 判断の条件 | | | | 目的の類型 | 意見の形態 |
	監査の種類	監査対象	適用される会計の基準	書類の形態		
（a）	任意	年金基金の財務諸表	理事者が適用する財務報告の枠組み	完全な一組のF/S	特別目的	準拠性
（b）	任意	計算書類＋キャッシュ・フロー計算書	会社計算規則＋財務諸表等規則＋J-GAAP	完全な一組のF/S	特別目的	適正表示
（c）	任意	貸借対照表	会社計算規則の一部＋J-GAAP	個別の財務表	特別目的	適正表示
（d）	任意	キャッシュ・フロー計算書	財務諸表等規則の一部＋J-GAAP	個別の財務表	特別目的	準拠性
（e）	任意	売上高計算書	財務諸表等規則の一部＋J-GAAP	財務諸表等項目	特別目的	準拠性

出所：結城（2014c）20頁の「図表13　枠組みの分類の例示（筆者作成）」のうち，特別目的の財務諸表に関する整理について一部修正の上作成したものである。

図表1-5　会計監査人非設置会社が作成する計算書類に対する任意監査の枠組み

会計の基準／書類の形態			J-GAAP IFRS US-GAAP等	中小指針 中小会計要領
財務報告の枠組み	個別	計算書類 — 貸借対照表	（注記一部省略）[*2] 一般目的・準拠性	（注記一部省略） 特別目的・準拠性
		計算書類 — 損益計算書		
		計算書類 — 株主資本等変動計算書		
		計算書類 — 注記表		
		附属明細表	一般目的・準拠性[*3]	特別目的・準拠性[*3]
	連結	連結貸借対照表	一般目的・適正表示[*4]	特別目的・準拠性
		連結損益計算書		
		連結株主資本等変動計算書		
		連結注記表[*1]		
	臨時	臨時貸借対照表	一般目的・準拠性	特別目的・準拠性
		臨時損益計算書		

* 1　会社計算規則第98条第2項第4号では，連結注記表において，個別の注記表で求められる一部の項目の表示は要しないとされている。
* 2　ただし，計算書類については，会社計算規則第98条第2項第1号又は第2号に基づく注記の省略が行われていない場合は，一般目的・適正表示の枠組みとなる。
* 3　附属明細書は，会社法において計算書類とは別に位置付けられているため，附属明細書を監査対象とするか否かは，任意に決定可能である。
* 4　ただし，連結注記表について，会社計算規則第98条第2項第4号によらず，さらに注記を省略している場合は，特別目的・準拠性の枠組みとなる。
出所：監基報800・805Q&A（12頁）の会社法に基づく計算書類の枠組み（Q8, Q9, Q10）の図のうち会計監査人非設置会社に関する部分を修正の上作成したものである。

を会社計算規則・財務諸表等規則・J-GAAPで作成する完全な一組の財務諸表は適正意見を表明する適正表示の枠組みとなっており，また（c）の貸借対照表のみを作成するケースについても適正表示とされている。それ以外の（a），（d），（e）は準拠性意見を表明する枠組みとなっている。

　また，**図表1-5**は，会計監査人非設置会社が作成する計算書類に対する任意監査の枠組みをまとめたものである。**図表1-5**から知られるように，公開の上場大会社向けの会計基準を非公開の会計監査人非設置会社が採用した場合であっても，注記の一部省略がある場合には，一般目的・適正表示の枠組みではなく，一般目的・準拠性の枠組みとなる。なお，注記の省略がない場合には，一般目的・適正表示の枠組みとなることはいうまでもない。

　以上，日本における特別目的の財務諸表に対する監査に関連する規定を検討

図表1-6 特別目的の財務諸表に対する監査の構図

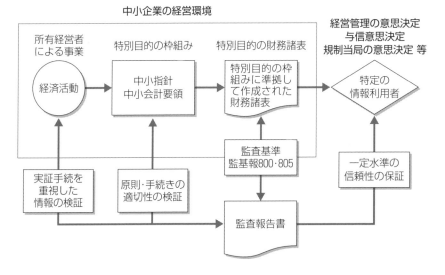

してきた。それを踏まえて，日本における特別目的の財務諸表に対する監査の構図として図形化したものが**図表1-6**である。この図では，中小企業の経営環境の下で，特別目的の財務報告の枠組み（特別の利用目的に適合した会計の基準）として中小指針または中小会計要領を適用した場合の任意監査について，監査基準および監基報800・805に基づいた保証業務が実施されるという関係を「特別目的・準拠性」の枠組みとして図式化している。

監基報200（A62項）によれば，中小企業の経営環境には次のような属性があることが指摘されている。**図表1-6**では，以下の属性を考慮し，実証手続を重視した情報の検証を行うことが特徴となる。

(1) 所有と経営が少数に集中していること
(2) (1)に該当する場合で，以下の事項のうち少なくともいずれかに該当していること
　① 単純な取引のみを行っていること
　② 会計システムが単純であること
　③ 少数の事業のみ行っており，取り扱う製品の種類も少数であること
　④ 内部統制が限定的であること

⑤　経営者の人数が少数であり，それぞれが広範囲な内部統制に対する責任を有していること

⑥　企業構成員が少数であり，広範囲な職務を担っていること

Ⅲ　研究の視座と各章の関係

　本章は，本書の研究の起点として特別目的の財務諸表に対する保証業務に関する研究の視座について論じたものである。かかる研究の視座に基づいて本書の研究が展開されている。とりわけ，第1部の特別目的の財務報告の枠組みに関する基礎理論においては，**図表1-6**の特別目的の財務諸表に対する監査の構図にかかわる各要素についての検討が行われている。はじめに，中小企業経営を取り巻く環境の変化として，日本における中小企業の財務諸表に対する保証問題の背景が論じられている。これを踏まえて，特別目的の財務諸表に対する利用者サイドのニーズの研究を行っている。かかるニーズ分析については，金融機関が中小企業に対する融資判断を行うに際して財務諸表がどのように利用されているのかについてインタビュー調査に基づいた議論を提示し，さらに中小企業経営におけるキャッシュ・フロー計算書の利用に関するアンケート調査の分析が行われている。さらに，特別目的の財務諸表に対する議論を展開する上で，その前提となる中小企業経営の特質，とりわけ中小企業の内部統制の特質が論じられている。

①　中小企業経営を取り巻く環境の変化

　　日本における中小企業の財務諸表に対する保証問題の背景（第2章）

②　特別目的の財務諸表に対する利用者のニーズ

　　中小企業が作成する特別目的の財務諸表に対する金融機関の認識（第3章，第4章）

　　中小企業経営におけるキャッシュ・フロー計算書の必要性の分析（第5章，第6章）

③　特別目的の財務諸表に対する監査の前提としての内部統制と監査の質

　　中小企業の内部統制の特質（第7章）

中小企業の監査の質（第8章）

④　ステークホルダー理論に基づいた非財務情報の開示と保証問題

中小企業におけるサステナビリティ情報の必要性（第9章）

　さらに，第2部の米国における特別目的の財務諸表に対する保証業務においては，AICPAのFRF for SMEsによりながら，中小企業に関する特別目的の財務報告の枠組み（第10章），特別目的の財務諸表の表示（第11章），特別目的の財務諸表にかかるその他の包括的会計基準（第12章），特別目的の財務諸表に対する保証業務の構図（第13章），中小企業の財務諸表に対する保証関連業務（第14章）が論じられている。最後に，第3部のその他諸外国における中小企業の会計監査制度においては，英国，北欧諸国，カナダにおける中小企業の財務諸表に対する監査の基礎理論および制度（第15章から第17章）が検討されている。

［注］

⑴　カナダ勅許会計士協会は2013年1月1日にカナダ管理会計士協会（Society of Management Accountants of Canada：CMA Canada）と合併し，カナダ勅許職業会計士協会（Chartered Professional Accountants of Canada：CPA Canada）が設立された。CPA Canadaは，また，2013年10月にカナダ公認一般会計士協会（Certified General Accountants of Canada：CGA-Canada）と合併に関する調印を行い，2014年10月1日にカナダ全土に及ぶ全国的な会計士団体の統合が完了した。カナダ勅許職業会計士協会は，その会員が19万人を超えている。（以上はCPA Canadaのホームページにおける説明に基づいている。URLについては，次を参照されたい。引用は2015年7月20日に行っている。https://cpacanada.ca/en/the-cpa-profession/uniting-the-canadian-accounting-profession/unification-status（アクセス日：2015年7月20日））したがって，現在，CICAという組織は存在しないことになるが，本章での表記は当時のままとしている。なお，『CICAハンドブック』は，『CPA Canadaハンドブック』となっている。

⑵　日本公認会計士協会監査基準委員会が，2014年4月4日に公表した監査基準委員会報告書800の付録の文例1によれば，中小会計要領は特別目的の財務報告の枠組みとして扱われている（日本公認会計士協会監査基準委員会 2014a, p.7）。

⑶　FRF for SMEsは，特別目的の財務報告の枠組みであるが，AICPAは『CICAハンドブック』セクション1000で提示されている表記をそのまま引用し，一般目的財務諸表（general purpose financial statements）という用語を用いている。FRF for SMEsは，特別目的の枠組みとして作成されたにもかかわらず，FRF for SMEsの概念フレームワークである財務諸表の諸概念（第1章）では，営利企業の一般目的財務諸表を作成することが明示されており，用語法に矛盾が残っている。

参考文献

AICPA（2012）*Proposed Financial Reporting Framework for Small-and Medium-Sized Entities*, Exposure Draft, November 1.

AICPA（2013a）*Financial Reporting Framework for Small and Medium-Sized Entities*, developed by AICPA FRF for SMEs Task Force（2012-2013）and AICPA Staff.

AICPA（2013b）*Evolution of a New Non-GAAP Reporting Option*.

ASB（1989）SAS No.62（AU Section 623）, *Special Report*, AICPA.

ASB（2005）AU Section 9623, *Special Reports: Auditing Interpretations of Section 623*, AICPA.

ASB（2012）AU-C Section 800, *Special Considerations — Audits of Financial Statements Prepared in Accordance With Special Purpose Frameworks*, Source: SAS No.122; No.125, Effective for audits of financial statements for periods ending on or after December 15, AICPA.

FASB（2012）*Private Company Decision-Making Framework*, A Framework for Evaluating Financial Accounting and Reporting Guidance for Private Companies, Discussion Paper, July 31.

FASB（2013）*Private Company Decision-Making Framework*, A Guide for Evaluating Financial Accounting and Reporting for Private Companies, April 15.

IAASB（2009）International Standards on Auditing 800, *SPECIAL CONSIDERATIONS - AUDITS OF FINANCIAL STATEMENTS PREPARED IN ACCORDANCE WITH SPECIAL PURPOSE FRAMEWORKS*, IFAC.（国際監査基準第800号「特別な考慮事項—特別目的の枠組みに準拠して作成された財務諸表の監査」日本公認会計士協会国際委員会訳。）

Madray, J.R.（2006）*OCBOA Guide*, 2007 edition, CCH.

池田公司（2009）『知的資産の監査』中央経済社。

浦崎直浩（1989）「財務諸表の基礎概念—カナダ勅許会計士協会の「ハンドブック」・セクション1000を中心として—」『商経学叢』第36巻第1号, 53-69頁。

浦崎直浩（2000）『オーストラリアの会計制度に関する研究』近畿大学商経学会。

浦崎直浩（2013）「特別目的の財務報告フレームワークと中小企業会計—AICPAのFRF for SMEsを中心として—」『會計』第184巻第3号, 42-56頁。

金子裕子（2007）「レビュー基準における日本基準, 国際基準及び米国基準の比較」『企業会計』第59巻第6号, 63-69頁。

河﨑照行・万代勝信編著（2012）『中小会社の会計要領』中央経済社。

河﨑照行（2013）「米国における中小企業会計の新展開」（甲南大学大学院社会科学研究科会計専門職専攻・教員によるリレーガイダンス（資料）, 2013年6月8日）。

河﨑照行（2014）「会計制度の二分化と会計基準の複線化」『會計』第186巻第5号, 1-13頁。

河﨑照行（2015）『中小企業の会計制度―日本・欧米・アジア・オセアニアの分析』中央経済社。

企業会計審議会（2014）「監査基準の改訂に関する意見書」。

古賀智敏（1990）『情報監査論』同文舘出版。

古賀智敏編著（2011）『IFRS時代の最適開示制度―日本の国際的競争力と持続的成長に資する情報開示制度とは―』千倉書房。

国際会計研究学会（2011）『各国の中小企業版IFRSの導入実態と課題』（「研究グループ報告」最終報告, 委員長・河﨑照行）。

坂本孝司（2011）『会計制度の解明』中央経済社。

住田清芽（2014a）「監査を取り巻く最近の動き」『KPMG Insight』（KPMG Newsletter）5月号, 1-6頁。

住田清芽（2014b）「特別目的の財務諸表に対する監査の実務」『企業会計』第66巻第4号, 24-30頁。

武田隆二編著（2000）『中小会社の計算公開と監査―各国制度と実践手法』清文社。

日本会計研究学会特別委員会（2012）『会計基準の国際統合と財務報告の基礎概念』（最終報告書, 委員長・藤井秀樹）。

日本監査研究学会・中小会社監査研究部会編（1989）『中小会社監査』（日本監査研究学会研究シリーズ）第一法規出版。

日本公認会計士協会監査・保証実務委員会（2009）『公認会計士が行う保証業務等に関する研究報告』（監査・保証実務委員会研究報告第20号）。

日本公認会計士協会監査基準委員会（2011a）監査基準委員会報告書200『財務諸表監査における総括的な目的』。

日本公認会計士協会監査基準委員会（2011b）監査基準委員会報告書210『監査業務の契約条件の合意』。

日本公認会計士協会（2013）「多様化する財務報告に対する監査ニーズ～適用される財務報告の枠組みと監査意見～」（企業会計審議会第35回監査部会資料, 2013年6月24日）。

日本公認会計士協会監査基準委員会（2014a）監査基準委員会報告書800『特別目的の財務報告の枠組みに準拠して作成された財務諸表に対する監査』。

日本公認会計士協会監査基準委員会（2014b）監査基準委員会報告書805『個別の財務表又は財務諸表項目等に対する監査』。

日本公認会計士協会監査基準委員会（2014c）監査基準委員会研究報告第3号「監査基準委員会報告書800及び805に係るQ＆A」。

町田祥弘（2013）「わが国の『監査基準』における『監査の目的』の経緯と準拠性意見の位置づけ」（企業会計審議会第35回監査部会資料, 2013年6月24日）。

町田祥弘（2014）「適正性意見と準拠性意見」『企業会計』第66巻第4号, 31-41頁。

松﨑堅太朗（2015）「わが国中小企業の財務諸表に対する保証業務のあり方に関する一考察〜特別目的の財務諸表に対する準拠性監査の導入を契機として〜」『現代監査』第25号，171-181頁。

松本祥尚（2004）「監査／レビュー／コンピレーション」『企業会計』第56巻第1号，72-79頁。

山浦久司（2015）『監査論テキスト（第6版）』中央経済社。

結城秀彦（2014a）「改訂監査基準及び監査基準委員会報告800及び805（公開草案）の概要（その1）」『会計情報』第452巻，4月号，16-20頁。

結城秀彦（2014b）「改訂監査基準及び監査基準委員会報告800及び805（公開草案）の概要（その2）」『会計情報』第453巻，5月号，27-30頁。

結城秀彦（2014c）「改訂監査基準並びに監査基準委員会報告書800及び805の概要（その3）」『会計情報』第454巻，6月号，13-20頁。

結城秀彦（2014d）「改訂監査基準並びに監査基準委員会報告書800及び805の概要（その4）」『会計情報』第455巻，7月号，24-28頁。

結城秀彦（2014e）「改訂監査基準並びに監査基準委員会報告書800及び805の概要（その5）」『会計情報』第456巻，8月号，16-20頁。

結城秀彦（2014f）「改訂監査基準並びに監査基準委員会報告書800及び805の概要（その6）」『会計情報』第457巻，9月号，24-28頁。

結城秀彦（2014g）「改訂監査基準並びに監査基準委員会報告書800及び805の概要（その7）」『会計情報』第460巻，12月号，18-21頁。

結城秀彦（2015h）「改訂監査基準並びに監査基準委員会報告書800及び805の概要（その8）」『会計情報』第461巻，1月号，20-25頁。

結城秀彦（2015i）「改訂監査基準並びに監査基準委員会報告書800及び805の概要（その9）」『会計情報』第463巻，3月号，19-22頁。

結城秀彦（2015j）「改訂監査基準並びに監査基準委員会報告書800及び805の概要（その10・最終回）」『会計情報』第464巻，4月号，12-16頁。

脇田良一（2014）「改訂監査基準の概要」『企業会計』第66巻第4号，18-23頁。

（浦崎直浩）

第2章

日本における中小企業の財務諸表に対する保証の現状と課題
―「経営者保証に関するガイドライン」を題材として―

I　本章の目的

　2014（平成26）年2月1日より，わが国の中小企業に対して適用が開始された「経営者保証に関するガイドライン」（経営者保証に関するガイドライン研究会 2013）（以下，「ガイドライン」という）では，中小企業の財務諸表に対して外部の専門家（公認会計士・税理士等）によるさまざまな検証手続が要請されており，その中には保証業務の提供が含まれている。これにより，従来，大企業を中心に公認会計士が提供してきた財務諸表に関連した保証業務が，中小企業においても広く活用されることになった。

　しかし，わが国の職業会計人である公認会計士，税理士が実施する保証業務については十分な概念的整理が行われているとは言い難い。

　そこで，本章では，わが国の中小企業において保証業務が必要とされるようになった実務的背景，およびガイドラインにおいて例示された外部専門家による検証のうち，公認会計士，税理士が実施するものを題材として，今後のわが国中小企業における保証業務のあり方について検討していきたい。

II　経営者保証に関するガイドライン制定の背景

　わが国の中小企業は上場企業と異なり，所有と経営が一体となり，会社形態の実質は個人企業と同じ無限責任形態[1]であり，直接金融に依存することなく間接金融，とりわけ金融機関からの借入に依存した資金調達を行っているという点に特徴がある。

　中小企業が資金調達を行う際には，金融機関は物的担保（代表的なものは土

43

地・建物）を必要とするが，元々資産規模が乏しい中小企業は担保が不足しており，経営者や第三者による人的担保，すなわち個人保証と，世界的にも類をみない巨大な公的保証機関である，信用保証協会による保証に依存して資金調達を行っていることが多い。

このうち，物的担保については担保売却による資金的裏付けがあるものの，人的担保は個人の資産に依存しており，法的整理や任意整理が必要となった場合，経営者の自宅の売却や個人資産での弁済が必要となり，経営者自身，あるいは経営者と何ら関係ない第三者の保証人が債務保証を履行する際，自殺に追い込まれるなどの弊害が指摘されてきた。

このため，過度に物的・人的担保に依存しない融資制度の確立が求められており，金融庁は監督指針を改正し，第三者保証の徴求を禁止し，これに続き法務省は民法改正案（改465の6）において，第三者保証を行う際には，保証契約締結の1ヵ月以内に公正証書で保証契約を締結が必要であり，実質的に第三者による保証を求めることを求めない融資慣行を確立すべく法改正が予定されており，残る課題は経営者自身の個人保証を軽減し，本来の株式会社の形である有限責任制度を実質的に運用できるかどうかという点にシフトしている。

Ⅲ　経営者保証に関するガイドラインにみられる会計専門家の保証業務

ガイドラインは，「3．ガイドラインの適用対象となり得る保証契約」において，以下のすべての要件を充足する保証契約に関して適用されることが明記されており，中小企業においてのみ適用されることが明記されている。

3．ガイドラインの適用対象となり得る保証契約

このガイドラインは，以下の全ての要件を充足する保証契約に関して適用されるものとする。

(1)　保証契約の主たる債務者が中小企業であること

(2)　保証人が個人であり，主たる債務者である中小企業の経営者であること。ただし，以下に定める特別の事情がある場合又はこれに準じる

場合については，このガイドラインの適用対象に含める。

① 実質的な経営権を有している者，営業許可名義人又は経営者の配偶者（当該経営者と共に当該事業に従事する配偶者に限る。）が保証人となる場合

② 経営者の健康上の理由のため，事業承継予定者が保証人となる場合

(3) 主たる債務者及び保証人の双方が弁済について誠実であり，対象債権者の請求に応じ，それぞれの財産状況等（負債の状況を含む。）について適時適切に開示していること

(4) 主たる債務者及び保証人が反社会的勢力ではなく，そのおそれもないこと

注：下線は筆者加筆。

　また，ガイドラインの中身は大きく分けて，「4．経営者保証に依存しない融資の一層の促進」「5．経営者保証の契約時の対象債権者の対応」「6．既存の保証契約の適切な見直し」といった，入口対応と呼ばれる，経営者保証に依存しない無担保・無保証融資の促進と，「7．保証債務の整理」といった，出口対応と呼ばれる経営者個人の債務保証の整理部分に大きく分かれている。

　ガイドラインの適用対象となる保証契約のうち，外部専門家による検証が求められているのは入口対応であるため，本稿では入口対応における外部専門家の検証を本稿の対象としている。具体的には，上記の要件(3)における，財産状況の等の適時適切な開示のことであり，ガイドラインによれば，以下のような外部専門家による検証が求められている。

4．経営者保証に依存しない融資の一層促進

　経営者保証に依存しない融資の一層の促進のため，主たる債務者，保証人及び対象債務者は，それぞれ次の対応に努めるものとする。

(1) 主たる債務者及び保証人における対応

　　主たる債務者が経営保証を提供することなしに資金調達することを希望する場合には，まずは，以下のような経営状況であることが求め

られる。

①　法人と経営者との関係の明確な区分・分離

　主たる債務者は，法人の業務，経理，資産所有等に関し，法人と経営者の関係を明確に区分・分離し，法人と経営者の間の資金のやりとり（役員報酬・賞与，配当，オーナーへの貸付等をいう。以下同じ。）を，社会通念上適切な範囲を超えないものとする体制を整備するなど，適切な運用を図ることを通じて，法人個人の一体性の解消に努める。

　また，こうした整備・運用の状況について，外部専門家（公認会計士，税理士等をいう。以下同じ。）による検証を実施し，その結果を，対象債権者に適切に開示することが望ましい。

（中略）

③　財務状況の正確な把握，適時適切な情報開示等による経営の透明性確保

　主たる債務者は，資産負債の状況（経営者のものを含む。），事業計画や業績見通し及びその進捗状況等に関する対象債権者からの情報開示の要請に対して，正確かつ丁寧に信頼性の高い情報を開示・説明することにより，経営の透明性を確保する。

　なお，開示情報の信頼性の向上の観点から，外部専門家による情報の検証を行い，その検証結果と合わせた開示が望ましい。

　また，開示・説明した後に，事業計画・業績見通し等に変動が生じた場合には，自発的に報告するなど適時適切な情報開示に努める。

注：下線は筆者加筆。

　ガイドラインでは，①法人と経営者との関係の明確な区分・分離について，および③財務状況の正確な把握，適時適切な情報開示等による経営の透明性確保において，外部専門家（公認会計士，税理士等）による検証が要請されている。

　さらに，ガイドラインの制定に対応する形で，東京都信用保証協会は，様式

2（別紙）として，「経営者保証ガイドライン対応保証」資格要件確認シート（東京都信用保証協会 2015）を公表しており，この中で，ガイドラインの適用に関して必要とされる具体的な外部専門家の検証内容が示されている。これをまとめたのが**図表2-1**である。

これによれば，公認会計士は，**図表2-1**中の(1)および(2)については，AUPを用いて報告書を作成し，(3)については，②中小会計要領チェックリストの提出，③会計参与への就任，④財務諸表監査による監査報告書の提出のいずれ

図表2-1　「経営者保証ガイドライン対応保証」資格要件確認シートと外部専門家の
かかわり

該当項目	公認会計士	税理士
(1)　法人と経営者個人の資産・経理が明確に分離されている。 （⑤ないし⑥の項目に関して満たしている必要あり）		
⑤　取締役会の適切な牽制機能の発揮のため，取締役または監査役が親族以外の第三者から選任され，当該第三者が取締役会に出席し，開催している。	―	―
⑥　役員報酬の決定プロセスのルール化，社内監査体制の確立等に対し外部専門家（弁護士，公認会計士，税理士等）の検証がなされている。	外部専門家（弁護士，公認会計士，税理士等）の検証を受けたことを示す報告書（写） ○：AUP（日本公認会計士協会 2015）	外部専門家（弁護士，公認会計士，税理士等）の検証を受けたことを示す報告書（写） △：日本税理士会連合会による報告書様式の定めなし。
(2)　法人と経営者の間の資金のやりとりが，社会通念上適切な範囲を超えていない。 （いずれか１つの項目を満たしている必要あり）		
①　役員報酬・配当・経営者への貸付等が同業・同規模の他社の平均的な水準を上回っていないことについて外部専門家（弁護士，公認会計士，税理士等）の検証がなされている。	外部専門家（弁護士，公認会計士，税理士等）の検証を受けたことを示す報告書（写） ○：AUP（日本公認会計士協会 2015）	外部専門家（弁護士，公認会計士，税理士等）の検証を受けたことを示す報告書（写） △：日本税理士会連合会による報告書様式の定めなし。
②　事業上の必要が認められない申込人から経営者への貸付は行われていない，経営者が個人として消費した費用(飲食代等)について申込人の経理処理としていないことについて外部専門家（弁護士，公認会計士，税理士等）の検証がなされている。		
(3)　適時適切に財務情報等が提供されている。 （いずれか１つの項目を満たしている必要あり）		

47

① 財務諸表の作成に携わった公認会計士または税理士から「中小企業の会計に関する指針」のすべての項目について適用状況の確認を受けている。	×：日本公認会計士協会作成のチェックリストなし	○：日本税理士会連合会制定の「中小企業の会計に関する指針」の適用に関するチェックリスト
② 財務諸表の作成に携わった公認会計士または税理士から「中小企業の会計に関する基本要領」のすべての項目について適用状況の確認を受けている。	○：全国信用保証協会連合会制定の「中小企業の会計に関する基本要領」の適用に関するチェックリストおよび会計割引制度の利用に関する確認・同意書(2)	○：全国信用保証協会連合会または日本税理士会連合会制定の「中小企業の会計に関する基本要領」の適用に関するチェックリストおよび会計割引制度の利用に関する確認・同意書(2)
③ 会計参与設置会社	会計参与を設置している登記を行った事項を示す書類 ○：会計参与の行動指針（日本公認会計士協会・日本税理士会連合会 2006）	
④ 金融商品取引法の適用を受ける会社ならびにその子会社および関連会社等	○：公認会計士または監査法人の監査を受けたことを示す監査報告書(写)	×：公認会計士の独占業務
⑤ 税理士法第33条の2に規定する計算事項等を記載した書面を税理士が作成している。	×：税理士の独占業務	○：税理士法第33条の2に規定する計算事項等を記載した書面(写)

かを実施することにより，税理士は，⑴および⑵については，AUPに準拠した報告書を作成し，⑶については，①中小会計指針チェックリストの提出，②中小会計要領チェックリストの提出，③会計参与への就任，⑤税理士法第33条の2に規定する添付書面の提出により，ガイドラインの入口対応の適用が可能となる。

この結果，公認会計士は，中小企業に対してAUPに基づく保証業務の適用という点で広がりを見せ，また，今後は，金融商品取引法に基づく財務諸表監査のみならず，中小会計要や中小会計指針に基づく，特別目的の財務諸表に対する準拠性監査の導入も，金融機関や保証協会の要望に基づき実施されていくことが想定(3)される。

また，税理士は⑴および⑵については，AUPに準拠した報告書を作成し，

(3)については，公認会計士が行う財務諸表監査以外のさまざまな手法を用いて，ガイドラインの適用を行うことが想定される。

このように，ガイドラインの制定を契機に，わが国の中小企業において，さまざまな保証関連業務が提供される環境が整ってきたということができる。

Ⅳ　わが国における中小企業の財務諸表に対する保証の類型

ガイドラインの適用に当たり，公認会計士や税理士が提供する検証業務は，ガイドライン制定時点で両者が実施していた実務の中から有用であると思われるものを選択しており，その内容はさまざまである。たとえば，公認会計士は合理的保証である特別目的の財務諸表に対する準拠性監査を用いなくても，コストや時間をかけず，また何らの保証責任を負わない中小会計要領のチェックリストの提出による対応が可能となっており，税理士においては，日本税理士会連合会において，法人と経営者個人のやりとりに関する報告書の書式や，対応すべき指針などが存在しないまま，実務上AUPに準拠した報告書を作成し対応していると思われるなど，さまざまな問題点が存在し，今後，わが国の中小企業における保証関連業務の担い手は公認会計士なのか，税理士なのかといった問題や，具体的な検証業務の保証の枠組みへの位置付けをどう整理してい

図表2-2　保証業務と非保証業務の概要とガイドラインに示された検証手続

	保証業務		非保証業務		
			保証関連業務		その他
	合理的保証	限定的保証	AUP	コンピレーション	
業務実施者（監査人または会計士）の意見表明	証明業務（アサーションに対する証明），直接報告業務いずれも監査人が主題に対し意見表明する	同左	責任当事者との間で合意した手続を実施し，発見事実だけを報告（ファクト・インティグス）し意見表明しない	財務諸表の作成であり，アサーションの検証をしないので意見表明しない	コンサルティング等であるので意見表明はない

49

証拠	直接証拠を含むすべての証拠	間接証拠	直接・間接いずれの証拠もある	NA	NA
業務リスク	大	中	小	同左	NA
倫理規定（独立性）の適用	あり	同左	同左	同左	NA
典型業務	監査（財務諸表，内部統制）	レビュー			コンサルティング
ガイドラインに示された公認会計士の検証手続	公認会計士または監査法人の監査を受けたことを示す監査報告書		外部専門家（弁護士，公認会計士，税理士等）の検証を受けたことを示す報告書(写)	「中小企業の会計に関する基本要領」の適用に関するチェックリスト，会計参与	
ガイドラインに示された税理士の検証手続			外部専門家（弁護士，公認会計士，税理士等）の検証を受けたことを示す報告書(写)	「中小企業の会計に関する指針」および「中小企業の会計に関する基本要領」の適用に関するチェックリスト，会計参与	税理士法第33条の2第1項に規定する計算事項等を記載した書面(写)[4]

出所：竹原（2014, p.96）をもとに筆者加筆。

くかなど，中小企業に対する保証のあり方という点では，ガイドラインの制定により，今後の大きな課題が示されたものといえよう。

V　制度設計に対する示唆

　わが国の中小企業においては，従来からも，そしてこれからも財務諸表監査は義務付けられておらず，任意監査により対応することとなっている。日本公認会計士協会は2014（平成26）年4月，「監査基準委員会報告書800及び805」を公表した。ここでは，わが国において中小企業がよるべき会計基準である中小会計指針および中小会計要領は，特定の利用者のニーズを満たすべく，特別の利用目的に適合した会計の基準に準拠して作成された財務諸表，すなわち特

別目的の財務諸表であり，また，適正表示を達成するための追加的な開示要求の明示的な規定があるまたは黙示的に追加開示の必要性が認識されているかという，適正表示の枠組みの定義を満たさないため，中小会計指針，および中小会計要領は特別目的の財務諸表であり，準拠性監査という形で任意監査が実施できることが示されている（日本公認会計士協会 2014, p.13）。

　他方，米国では，正規の監査を受けることが要求されておらず，また，監査に対応するための社内体制の整備や経済的負担に耐えられない中小企業に対し，多くの場合は中小会計事務所が，未監査の財務諸表に監査以外の形で関与し，これに対する損害賠償請求事件が1930年代から存在し，これに対応するため，未監査財務諸表に対する会計業務の内容を検討し，会計及びレビュー業務基準書（SSARS）に代表される業務基準書が作成されている（弥永 2014）。米国の公認会計士が中小企業に対して広く提供[5]しているコンピレーション業務は，**図表2-2**において示すように，一般的に保証関連業務として，何らの保証を提供しない非保証業務に分類されるが，「監査は誰に対して何を保証する業務か，というと，監査人（会計士）がクライアントの財務諸表に対して，その信頼性を保証するものである。つまり保証の主体は会計士であり，保証の内容は信頼性である。この主体と客体という点から判断すると，監査も，レビューも，コンピレーションも，一定の契約の下に遂行される財務諸表に対する同じ類の業務と見做せる。その違いは，契約上期待される程度の信頼性を付与するために，会計士が業務遂行中に実施する手続範囲と，その内容にある。」（松本 2004, p.75）のであって，わが国においても，保証の範囲を広義に捉え，中小企業の財務諸表に対しても，レビューやコンピレーションによる信頼性付与が可能となるよう，今後，米国のSSARSに相当する業務基準書の作成も検討していくべきであると思われる。

　もっとも，わが国においても，ガイドラインの運用前から，中小企業の財務諸表の計算書類の信頼性を向上させるための取り組みは存在している。具体的には，「税理士による書面添付制度を利用している」の割合が最も高く26.1％であり，次いで，「税理士の助言を受けている（22.8％）」，「公認会計士監査を受けている（19.5％）」となっており（中小企業庁 2010, p.9），わが国においても，未監査の中小企業の財務諸表についてはすでに税理士が積極的に関与して

いるといえよう。「税理士は，アメリカの20世紀初頭に流行した信用監査という融資申請目的での貸借対照表の保証業務に類似したものとして，日本税理士会連合会やTKCを通して税理士によるクライアント・サポートローンを導入している。このように日米間での保証業務に対する取組みの違いだけでなく，会計士と税理士という専門職業職での取り組みの違いは，わが国会計士が本来の監査業務と保証業務を切り分けることなく，両業務間の曖昧さを残したまま，なるべく独占業務としての（公認会計士法第2条）第1項業務に含まれるような業務領域を指向していると解される。」(内藤 2015, p.62)((　)内は筆者加筆)のである。

　また，かつて，1986（昭和61）年5月に示された商法・有限会社改正試案では，「会計調査人による調査」が提示されており，その後制度の実現には至っていないものの，「中小企業会計基準が整備された今日こそ，有限責任会社としての中小企業の社会的責任（計算公開）を果たすために，中小企業監査制度（会計調査人制度）の現代的意義を再検討する絶好の機会であるように思える。」(河﨑 2013, p.7)とあるように，わが国において，かつて検討された中小企業監査制度も今一度，再検討すべきタイミングに来ているといえよう。この場合においては，「法令等に適合した計算書類の作成（コンピレーション）の担い手は，中小会社の財務書類の作成，会計帳簿の記帳代行その他の財務に関する業務を従来から担当している税理士がこれに当たることが最も適当な措置となるであろう。」「税理士によるコンピレーションの強制は，株式会社として当然に履行しなければならない義務であるといえる。」(武田 2000, pp.11-12)など，公認会計士による財務諸表監査以外による信頼性付与の方向性，とりわけ諸外国において，中小企業の財務諸表に対する信頼性付与として広く用いられている，調整（コンピレーション）業務を，今後ガイドラインにおいて活用することも一考に値するといえよう。

　中小指針，中小会計要領といった中小企業の会計ルールが整備されたことに加え，ガイドラインの運用を契機として，公認会計士と税理士が行う検証業務が保証業務としてどのような内容に属するのか，すでに存在する信頼性付与の方法と概念整理，ならびにあるべき将来の保証のあり方に関し，実務的要請から，わが国においても，中小企業に対する保証業務のさらなる研究を進めるべ

き時期に来ているのではないだろうか。

[注]

(1) 具体的には，以下の記述を参照されたい。「日本の会社形態をとっている多くの中小企業においては，所有者である経営者が，個人的に会社の債務の保証を行い，個人資産を会社の借り入れの際の担保として利用している。そこに見えるのは，会社形態を採用することによる表面的な中小企業の所有者である経営者の有限責任制と，会社債務に対する所有経営者の実質的な無限責任である。まさに，個人企業としての特徴である，個人が自らの資産を自己の責任で運用するという点を，現代の会社形態の中小企業の多くは共有しているのである。」(吉野・渡辺 2006, p.3)

(2) これに対する担保措置として，保証料割引制度の適用に当たっては「「中小企業の会計に関する基本要領」に基づく保証料割引制度の利用に関する確認・同意書」(東京都信用保証協会 2015) の提出が要請され，チェックリストに事実と異なる記載があると信用保証協会が判断する場合は，保証料割引を行わないこととし，事実と異なる記載があると信用保証協会が判断するチェックリストが，複数回にわたり同一の税理士・税理士法人，公認会計士・監査法人 (以下，「税理士等」という) から提出された場合において，当該税理士等から提出されるチェックリストの添付をもって，計算書類の信頼性向上に寄与することが認められないと信用保証協会が判断するときは，当該税理士等が確認したチェックリストについては，本割引制度の利用を1年間認めないこととする措置が取られている。

(3) 「「経営者保証ガイドライン対応保証」資格要件確認シート」(東京都信用保証協会 2015) では，中小企業に対して公認会計士が新たに提供できることになった，特別目的の財務諸表に対する準拠性監査が示されてはいないものの，「「経営者保証に関するガイドライン」の活用に係る参考事例集」」(金融庁 2014) の事例1，によれば，「②計算書類の作成に当たっては公認会計士による監査を受け」との記載があり，公認会計士による財務諸表監査が有用であることが例示されている。

(4) 税理士法第33条の2には，税理士が自ら申告書を作成した場合に，計算・整理し，または相談に応じた事項を記載する第1項の業務と，他人の作成した申告書につき相談を受けて新審査した場合に，当該申告書が法令の規定に従って作成されている旨を記載する第2項の業務がある。このうち，第2項の業務については，「税理士が納税義務者から相談を受けて申告書が租税に関する法令に照らして適法に作成されているかどうかを審査するもので，税理士業務の中の税務相談の範疇に属するものである。これに対し，公認会計士による監査または証明の制度は，投資家保護を目的とし，企業の財務書類がその財務状況あるいは経営実績を適正に反映しているかどうかを監査し，その結果を証明という形で明らかにするものであって，この他人が作成した申告書の審査に関する書面添付制度とは本質的に異なるものである。」(日本税理士会連合会 2008, p.133) が，「契約に基づく保証業務ではないが，「審査」という検証行為を伴っている。そして，「法令の規定に従って作成されている旨」の記載は準拠性の「意見」とみなすことができそうである。そのようにみれば，前記の保証業務要件のうち〈保証業務手続の厳格性要件〉をどこまで満たしているかという疑問は残るが，保証業務としての形式要件は満たしている。」との見解もある (河﨑 2015, p.287)。

(5) 具体的には，以下の記述を参照されたい。「この調整業務は，調整作業をどのように行なうかの基準として定められており，会計士は何等の意見表明も行わない。その意味では監査保証の機能を果たす業務ではない。しかし，会計士が財務諸表の調整を求められる機会が多い。」(田中 1999, p.11)

参考文献

河﨑照行（2013）「「中小企業の会計」と計算書類の信頼性保証」『税經通信』1月号, 1-7頁。

河﨑照行編著（2015）『中小企業の会計制度―日本・欧米・アジア・オセアニアの分析』中央経済社。

金融庁（2014）「「経営者保証に関するガイドライン」の活用に係る参考事例集」。

経営者保証に関するガイドライン研究会（2013）「経営者保証に関するガイドライン」。

武田隆二編著（2000）『中小会社の計算公開と監査―各国制度と実践手法』清文社。

竹原相光（2014）「【研究ノート】保証業務及び非保証業務に関する一考察―合意された手続の実務を中心として―」『会計論叢』（明治大学専門職大学院会計専門職研究科）第9号, 91-101頁。

田中恒夫（1999）『監査保証制度の課題』創成社。

中小企業庁 事業環境部企画課 調査室（2010）「平成22年度 経営環境実態調査 調査報告書」。

東京都信用保証協会（2014）「「経営者保証ガイドライン対応保証」資格要件確認シート」, http://www.cgc-tokyo.or.jp/download/pdf/cgc_keieisyahosyougl_sheet.pdf（アクセス日：2015年7月31日）。

東京都信用保証協会（2015）「「中小企業の会計に関する基本要領」に基づく保証料割引制度の利用に関する確認・同意書」, http://www.cgc-tokyo.or.jp/download/cgc_checklist-ni-tizeiren-douisyo-H27.4.pdf（アクセス日：2015年7月31日）。

内藤文雄（2015）『監査・保証業務の総合研究』中央経済社。

日本公認会計士協会・日本税理士会連合会（2006）「会計参与の行動指針」。

日本公認会計士協会（2014）監査研究委員会報告第3号「監査基準委員会報告書800及び805に係るQ＆A」。

日本公認会計士協会（2015）中小企業支援対応プロジェクトチームによる報告「「経営者保証に関するガイドライン」における法人と経営者との関係の明確な区分等に関する手続等について」。

日本税理士会連合会（2008）『新税理士法（三訂版）』税務経理協会。

松本祥尚（2004）「特集 会計上の対立する概念―8つの視点 監査/レビュー/コンピレーション」『企業会計』56巻第1号, 72-79頁。

弥永真生（2014）「論説 中小会社の計算書類の信頼性の確保(1)―アメリカ(1)―」『筑波ロー・ジャーナル』16号, 37-61頁。

吉野直行・渡辺幸男編（2006）『中小企業の現状と中小企業金融』（信金中央金庫寄付講座 中小企業金融論 第2巻）慶應義塾大学出版。

（松﨑堅太朗）

第3章

融資判断における特別目的の財務諸表等の利用と監査

I 本章の目的

　2013（平成25）年以降，毎年，安倍内閣が成長戦略の内容としてとりまとめ，公表を行っている「日本再興戦略」においては，地域経済の発展の中で期待される地域金融機関等の地域の経営支援機能強化が鍵となる施策として挙げられている。その中で，「ローカル・アベノミクス」の旗印のもと，中小企業等の「稼ぐ力」を徹底強化し，地域金融機関等による積極的な経営支援の促進が，まさに政権の重点政策として掲げられている。

　ローカル・アベノミクスへのアプローチは，多面的に行われているが，監査の分野においては，「特別目的の財務諸表等に対する監査」が制度として導入され，2015（平成27）年4月1日以後に開始する事業年度または会計期間にかかる監査から適用され（ただし，2014（平成26）年4月1日以後に発行する監査報告書から適用することが妨げられていない），まだ緒に就いたばかりであるが，金融機関等を想定利用者とした実務ニーズから把握される課題等を整理して，監査研究・監査実務に還元していくことは，監査研究・監査実務が「ローカル・アベノミクス」等へどのように貢献できるかを考える意味でも，一定の意義があると認識し，検討をすることが本章の目的である。

Ⅱ　融資判断における特別目的の財務諸表等の利用および特別目的の財務諸表等に対する監査の利用ニーズに関する金融機関等への実態ヒアリング

1　ヒアリングの概要

（1）ヒアリング対象金融機関等

　ヒアリングに当たっては，某中堅政令都市およびその都市周辺の地方銀行・信用金庫を含む協同組織金融機関等の融資業務中堅担当者または融資業務責任者，融資業務担当経験役員等にご協力をいただいた。

　当該中堅政令都市およびその周辺の金融機関等は，規模的にも，地域金融機関等の融資判断における特別目的の財務諸表等および当該財務諸表に対する監査の利用の枠組み（フレームワーク）をボトムアップで確立していくモデル材料としては適当と判断したためである。また，当該地域の一部の地域銀行は，「事業性評価」（後述）の対応へも進歩的であると行政等から評価を受けていることや，東京・大阪という2大都市圏以外で，産業構造等が，日本全体の産業構造等の標準的な構造等に近い点もあるかもしれないとの財政の専門家のアドバイスがあったことなども踏まえ，当該政令都市およびその周辺でのモデルの確立が，全国にも参考となるような形に展開でき，監査のアプローチからの地方創生等のモデルにつながるのではないかということを期待して行った。

（2）ヒアリング対象期間

　　第一次ヒアリング：2015（平成27）年度上半期

　　フォローアップヒアリング：2016（平成28）年度上半期

2　第一次ヒアリング時における特別目的の財務諸表等の利用および特別目的の財務諸表等に対する監査のニーズの要約

（1）「特別目的の財務諸表等の利用」に関する認知度の状況

　一部の金融機関等では，「中小企業の会計に関する基本要領」（以下，「中小会計要領」という）や「中小企業の会計に関する指針」（以下，「中小指針」という）に関し，すでに認知され活用されていた。

具体的には，日本税理士会連合会が作成した「『中小企業の会計に関する指針』の適用に関するチェックリスト」または「『中小企業の会計に関する基本要領』の適用に関するチェックリスト」，全国信用保証協会連合会が作成した「『中小企業の会計に関する基本要領』の適用に関するチェックリスト」等を活用した金利減免等の金融商品が販売され，または，保証料率の減免がなされていた（具体的な内容は第4章で詳述）。

　つまり，特別目的の財務諸表等として，中小企業の会計に関する基本要領や中小企業の会計に関する指針が，金融機関等にとって融資判断に活用されていることは把握できた。

　ただし，実際の当該金融商品販売実績は，多くはないというのが現状であることが判明した。

　なお，上記のほか，（株）TKCの「記帳適時性証明書（会計帳簿作成の適時性（会社法第432条）と電子申告に関する証明書)」や「税理士法第33条の2第1項に規定する添付書面」等を活用して，金融機関等の融資判断において金利減免等貸出条件緩和を行っている金融機関等が存在する（第4章で後述）。

（2）「特別目的の財務諸表等に対する監査」に関する認知度の状況

　特別目的の財務諸表等に対する監査に関しては，金融機関等に認知されていなかった。

　日本公認会計士協会では，①特別目的の財務諸表の監査，②財務諸表の一部に対する監査，③準拠性の監査意見の拡大，等に関し，独自に2015（平成27）年1月に「監査及び会計の専門家が監査するメリット―「公認会計士監査」の対象が広がりました！」と表するリーフレット（以下，「リーフレット①」という）を作成し広報活動を行っていた。このパンフレットの広報活動としては日本公認会計士協会会員への配布の他，金融機関等関連の協会等で説明会を行っていたようである。当該リーフレット①は，金融機関等に対し，融資を受ける中小企業等が，特別目的の財務諸表等の監査を導入すること等により，円滑な中小企業金融をするために具体的なケースを紹介しているものである。

　具体的なケースとしては，Q&A形式で以下の4つが挙げられている。

第3章　融資判断における特別目的の財務諸表等の利用と監査

57

Q　金融機関からの借入れに当たり，「公認会計士監査」を受けるように言われたのですが，税務申告用の決算書しかありません。「公認会計士監査」が受けられますか？

A　はい，受けられます。例えば，以下のような「公認会計士監査」が可能です。

会計基準	中小企業の会計に関する基本要領に基づいて策定した会計の基準*
監査の対象	貸借対照表，損益計算書，注記（会計方針，担保資産，偶発債務）
監査報告書	特別目的の財務諸表に対し，準拠性の意見を表明

＊株主資本等変動計算書，注記の一部を除く

Q　会社法の公認会計士監査を受けていますが，金融機関からの借入れに当たり，別途，キャッシュ・フロー計算書のみを作成して提出することとなりました。このキャッシュ・フロー計算書だけを対象として，「公認会計士監査」を受けられますか？

A　はい，受けられます。例えば，以下のような「公認会計士監査」が可能です。

会計基準	一般に公正妥当と認められる企業会計の基準を基礎として策定した会計の基準
監査の対象	キャッシュ・フロー計算書及び注記
監査報告書	特別目的の財務表に対し，準拠性の意見を表明

Q　貸借対照表のみについて，「公認会計士監査」を受けられますか？

A　はい，受けられます。例えば，以下のような「公認会計士監査」が可能です。

会計基準	会社計算規則及び一般に公正妥当と認められる企業会計の基準
監査の対象	貸借対照表及び注記
監査報告書	一般目的の財務表に対し，適正意見を表明

Q　取引先より指定された棚卸資産の内訳表（期末日以外の一定時点）を対象として，「公認会計士監査」を受けられますか？

A　はい，受けられます。

会計基準	取引先から指定された表示の取決め及び一般に公正妥当と認められる企業会計の基準
監査の対象	棚卸資産の内訳表
監査報告書	特別目的の棚卸資産の内訳表に対し，準拠性の意見を表明

出所：日本公認会計士協会（2015a）「監査及び会計の専門家が監査するメリット－「公認会計士監査」の対象が広がりました！」

　なお，当該リーフレットにおいては，特別目的の財務諸表等に対する監査は，従来の「公認会計監査」と品質・信頼性は変わらず，単なるチェックリスト作業ではない旨が留意事項とされている。

　また，日本公認会計士協会では，2015（平成27）年４月「中小企業支援は公認会計士にお任せください」と題するリーフレット（以下，「リーフレット②」という）を作成し広報活動を行っていた。リーフレット②では，企業のライフステージを４つに分類し，次の４ステージにおける公認会計士の支援を紹介している。具体的なステージとは，（ⅰ）創業，（ⅱ）成長，（ⅲ）上場・M&A・事業承継，（ⅳ）再生・廃業，である。

　当該リーフレットでは，"成長"段階において「特別目的の財務諸表等に対する監査」により支援ができると次のように記載されている。すなわち，「公認会計士は，利用者のニーズに応じて，特別な利用の目的により作成された財務情報に対して監査を行うことが可能になりました。これにより，たとえば金融機関の要請に応じて，棚卸資産の内訳表を対象とした監査や，キャッシュ・フロー計算書だけを対象とした監査など，利用目的に応じて監査を活用いただく機会が広がっています。」と記述されている。

　ヒアリングにおいては，「特別目的の財務諸表等に対する監査」が認知されていない現状を踏まえ，少なくとも，リーフレット①およびリーフレット②をヒアリング先に示し，解説を行った上で，金融機関等の「特別目的の財務諸表等に対する監査」導入に関する意見を聴取した。

3　「特別目的の財務諸表等に対する監査」導入の説明に伴い金融機関等が認識したメリット

　先述のように「特別目的の財務諸表等に対する監査」の認識は，金融機関等

にはなかったものの，制度概要に関し，主として融資判断における導入のメリット（期待）を次のように掲げる金融機関等があった。

（1）公正な不動産担保評価と同様な機能への期待

① 融資判断において，設定する担保権に不動産が含まれている場合，不動産鑑定士から鑑定評価を徴収することがある。毎年，不動産鑑定評価書を徴収するわけではないが，融資判断において，融資先の財務内容の信頼性を確保するという意味では，不動産鑑定評価書と同様の機能をもたせることができるような金融規制面での対応が整理されれば，融資判断において，特別目的の財務諸表等の監査を導入するインセンティブが出てくる可能性があり，融資先の財務内容に第三者が担保してくれるという点で融資判断が円滑化されるというメリットが期待されている。

② 特別目的の財務諸表等に対する監査の融資先への導入に関し，融資先の中小企業等が，監査証明を入手することを，ISO認証のような制度にすれば，当該監査証明により中小企業等は融資を受けられ，金融機関等にも融資判断に一定の担保・保証を受け入れるのと同様の手続きを前提とした融資の実行が期待されている。

（2）融資先の財務内容に関する深度ある正確な情報の入手への期待

特別の目的の財務諸表等に対する監査を導入することにより，融資先の棚卸資産の実態や評価，架空の売掛金の有無や適正な売掛金の評価，収益性が下落した固定資産の減損，等の実態が信頼性を以て把握できる可能性がある。金融機関等の融資担当者等では十分に手が回らない点を補足し，より実態に即した融資判断に活用できる可能性がある。

（3）信頼性が担保された事業計画策定への期待

融資判断時に使用される融資先の事業計画は，過年度の計算書類等が適正に作成され，その計算書類等を将来に引き伸ばしていくことが前提であるが，中小企業等においては適正な計算書類等が作成されない可能性が高いケースもあり，特別目的の財務諸表等に対する監査の導入により，信頼性の高い事業計画

の策定がなされる期待がされている。

（4）融資先中小企業等のコーポレート・ガバナンス，内部統制，会計士システム等の整備の向上への期待

　中小企業は，一般的に，大企業に比し，ワンマン経営的な側面が強く，さらに，人員不足等から，コーポレート・ガバナンス，内部統制，会計システムの整備等が脆弱であることが多いといわれる。公認会計士による「特別目的の財務諸表等に対する監査」の導入をきっかけとして，それらが整備されれば，融資判断において，融資を円滑化する基本基盤ができる可能性がある。

（5）粉飾決算による「正常先」債務者区分から「破綻懸念以下」債務者区分等への急激な債務者区分の変更に伴う金融機関等の収益性の悪化に対する歯止めとしての期待

　中小企業は，融資継続のため，累積的に粉飾決算を行い，税務調査等を契機として，その実態が明らかになり，自己査定において，大幅かつ急激な債務者区分の変更に伴い，貸倒引当金の積み増しをし，金融機関等の収益性や健全性に大きな影響を与えることも少なくない。「特別目的の財務諸表等に対する監査」の導入により，このような事態を回避できることが期待されている。

（6）金融機関等のファンドを通じた事業または事業の買収への活用への期待

　金融機関等が企業や事業をファンドで買収する場合，監査法人または公認会計士に，当該被買収企業等の会社法上の計算書類（貸借対照表，損益計算書，株主資本等変動計算書）に任意監査を依頼する形式が多く見られたが，今後，当該被買収企業の会社法上の計算書類にキャッシュ・フロー計算書を組み合わせて，特別目的の財務諸表等に対する監査として依頼を行うことができ，適正表示の枠組みで監査意見を入手することが可能になるという，監査制度上の位置付けがより明確な形の監査の導入の期待ができる。

（7）新しい中小企業の資金調達手段への活用への期待

2007（平成19）年の中小企業信用保険法改正によって，流動資産担保融資保証制度[1]（ABL[2]保証）が創設された。金融資産が，中小企業を保有している「流動資産」（ここでは売掛債権および棚卸資産をいう）を担保として融資を行う場合に，信用保証協会がその債務の80％を部分保証することで，中小企業の資金繰りの円滑化，多様化を図ることを目的としている[3]。

国税庁「会社標本調査」（平成24年度分）によれば，わが国の法人企業の「売掛金と棚卸資産」残高の合計額は294兆円（売掛金189兆円，棚卸資産105兆円）であり土地の174兆円（帳簿価額合計）を大幅に上回っている[4]。従来担保として活用されてこなかった「売掛金と棚卸資産」を活用すれば，企業の資金調達枠は大幅に拡大される可能性があり，同時に，金融機関等にとっては，それら動産をはじめ企業の経営実態をより深くモニタリングすることが可能となり，信用リスクの管理が強化される[5]。動産の残高や評価に関し，特別目的の財務諸表等に対する監査を導入すれば，金融機関等の信用リスク管理はさらに高度なものになり，中小企業融資で課題となる信用リスク・コストの低減につながることが期待されている。

（8）適正金利の構築への貢献に対する期待

金融機関等の融資判断において，金融機関等は，おおよそ11格～14格の格付けを行っている。実際に，当該格付けに即応した信用コスト（金利の一部）が得られているかというと，他の金融機関等との競合の中で，必ずしも，格付けに即応した適正金利を収受できない場合もある。もし，特別目的の財務諸表等に対する監査が普及するならば，適正金利を収受する慣行が定着し，金融機関等の利益構造の改善に資する可能性があることが期待されている。

（9）大企業の下請け中小企業の国際化，多角化への対応に関する期待

中小企業には，原則，連結財務諸表の作成義務はないが，融資判断・与信管理は，企業集団ベースで行うことを金融機関等は望んでおり，規制・監督当局も，原則，企業集団ベース等での融資判断・与信管理を行うよう指導している[6]。実際，近年では，大企業の国際化，多角化に伴い，その下請けを行う中小

企業も複合的な企業グループ（コングロマリット）を形成していることが少なくないようである。このような形態の中小企業グループに対しては，融資判断が技術的に困難なため，融資に至らないケースもあるようである。特別目的の財務諸表等に対する監査の仕組みを利用して，中小企業に連結財務諸表を作成してもらい，監査を受けてもらうことにより，複合的な中小企業の企業グループに円滑な融資が行える可能性がある。また，日本の制度会計にはないが，「結合財務諸表（Combined Financial Statements）」（IFRS for SMEs 9.30参照）による財務情報の作成および監査も，同族的な経営形態が比較的多い中小企業に導入することもニーズとしてはあり，融資判断の局面においては，将来の検討課題にもなり得ると考えられる。

4 「特別目的の財務諸表等に対する監査」導入の説明に伴い金融機関等が認識したデメリット（課題）

先述のように「特別目的の財務諸表等に対する監査」の認識は，金融機関等にはなかったものの，制度概要に関し，主として融資判断における導入のデメリット（課題）を次のように掲げる金融機関等があった。

（1）コストに関する課題

① 特別目的の財務諸表等に対する監査コストの負担の問題

ａ．監査コストを，融資先の中小企業が負担する場合

監査導入初回コストを負担できる中小企業はあるかもしれないが，監査を継続する場合，継続的な監査報酬支払は，利益への圧迫要因となり，中小企業の事業主に，高コストを負担してまでも，監査を導入するという理解が得られるか懸念がある。現実に，融資先の会社法上の非上場大会社（会社法第2条第6号）においても法定監査を導入しない会社もあり，まして，中小企業においては，懸念は大きい。

ｂ．監査コストを金融機関等が負担する場合

超低金利政策の中で，金融機関等間の金利競争は激化している。そのような中，信用リスクを低減する効果があるとしても，監査コストの負担により利鞘がより下がり，金融機関等の利益に大きなインパクトが出るため，

特別目的の財務諸表等に対する監査導入に踏み切れない金融環境にある。

② コスト・ベネフィット比較上の課題

　融資先の中小企業および金融機関等の両方が，特別目的の財務諸表等に対する監査の導入に伴うベネフィットは，導入に伴うコストより小さいと考えている。現状，一部の監査法人に聞く限りでは，今後のことではあるが，監査コストは，小さいものではないので金融庁の検査マニュアル等を通じた指導による特別目的の財務諸表等の導入への行政上のインセンティブ（金融検査の負担を軽くするなど）を付与する仕組みが必要との見解もあった。

（2）特別目的の財務諸表等に対する監査は，"過去情報"のみを対象とするという課題

　金融機関等が特に中小企業の融資判断において重視する項目の1つは，将来の資金繰りである。なぜならば，資金繰りに問題がなければ，融資先が破綻に至る可能性が小さいと判断されるからである。特別目的の財務諸表等に対する監査の導入により，会社法で作成義務となってはいないキャッシュ・フロー計算書に関し，適正な監査意見が入手できたとしても，当該キャッシュ・フロー計算書は過去情報であり，将来の資金繰りに関し，保証を与えるものではない。公認会計士の行う現行の監査を含む保証業務では，将来情報への信頼性の付与が制度上できないので，将来の資金繰り予測の前提となる過去時点のキャッシュ・フローの数値が信頼性の高くなるとしても，特別目的の財務諸表等に対する監査を利用したいという金融機関等側のニーズは低くならざるを得ない。

（3）納期に関する課題

　金融機関等の融資判断は，なるべく短期に融資を受けたいという融資先のニーズや他の金融機関等よりも短期に融資を行う点が競争上求められるという観点等から，財務諸表等に対する監査にかかる監査報告書を融資判断のため金融機関等が入手し利用するためには，監査報告書の受領が，監査の依頼から，たとえば1ヵ月も要するようであれば，現実的に利用が困難であるとの指摘を行う金融機関等もあった（1〜2週間程度の納期を要求する金融機関等もあった）。監査法人等内の審査を含め監査報告書の納期を可能な限り短期に実現す

るための監査業務の対応が課題であることが認識された。

（4）財務デューデリジェンスとの対比に関する課題

　融資判断において，監査より財務デューデリジェンスの方が，コストが安価であり，財務内容等に関する問題点をより詳細に把握でき，手続きに関するプロセスが明確に把握できる，等の指摘を行う金融機関等もあった。

（5）中小企業融資の特性と特別目的の財務諸表等に対する監査の制度のミスマッチ

①代表者等との一体性に関する問題[7]

　「金融検査マニュアル別冊・中小企業融資編」では，特に中小企業融資判断に関し，代表者等との一体性が強い側面を考慮して，企業の実態的財務内容の把握に留意することが示されている。具体的には次のとおりである。前記検査マニュアルでは，中小企業においては，代表者等からの借入金等を，代表者等が返済を要求することが明らかになっている場合を除き，当該企業の自己資本相当額に加味することができることとなっている。そのため，金融機関等が中小企業への融資判断を行うに当たっては，代表者等からの借入金等を自己資本とみなして融資判断を行うものと考えられるが，企業会計上は，中小指針，中小会計要領を含めこのような取扱いの定めはない。したがって，金融機関等の融資判断に資する「特別目的の財務諸表等」は，中小企業の財務内容に関しては，代表者等からの借入金を自己資本（株主資本）に組み替えた上で，監査をするのが，ステーク・ホルダー，特に金融機関等への情報の有用性を提供することになる可能性があるものと考える金融機関等があった。

②資本的劣後ローンの取扱い[8]

　中小企業においては，設備資金目的の長期借入金など，事業基盤となっている資本的性格の資金を融資の形で調達している，いわゆる「疑似エクイティ」的な融資形態が多くみられることから，中小企業向けの要注意先債権で，貸出債権の全部または一部を債務者の経営改善の一環として，一定の要件を満たす貸出金（資本的劣後ローン（早期経営改善特例型））に転換している

場合には，債務者区分等の判断において，当該資本的劣後ローン（早期経営改善特例型）を当該債務者の資本とみなすことができる。

①と同様な組替の問題が生ずることになる。

③融資判断時における「事業性評価」中心主義へのシフト

「『日本再興戦略』改訂2014」において，明確に，地域金融機関等による事業性を評価する融資の促進等が謳われた。そこでは，「企業の経営改善や事業再生を促進する観点から，金融機関等が保証や担保等に必要以上に依存することなく，企業の財務面だけでなく，企業の持続可能性を含む事業性を重視した，関係者の連携による融資先の経営改善・生産性向上・体質強化支援等の取組が十分なされるよう，また，保証や担保を付した融資についても融資先の経営改善支援等に努めるよう，監督方針や金融モニタリング基本方針等の適切な運用を図る。」と記述されている。これを受けて，一部の金融機関等では，審査部を廃止し，代替として支店に審査役を置き，融資先の技術力や販売力等をも融資先と密接に関与し，融資判断の材料とする方針を打ち出してきた。そのため，財務内容のみならず，その他の材料を見極め（目利き力ともいう），融資判断とするため，非財務情報が，将来の財務内容にどのような影響を与え，それによって，融資判断をどのように行うかという点が一段と重要視されてきた。そのような中で，特別目的の財務諸表等に対する監査が事業性評価にとってどのような価値を有するか，監査理論・監査実務の分野において一歩踏み込んだ検討を行わなければ，金融機関等および融資先である中小企業に活用されないのではないかとの懸念が生じている。

Ⅲ　本章のまとめ

「金融検査マニュアル別冊・中小企業融資編」においても示されているように，中小企業の場合は，表面的な過去の財務情報のみならず，代表者等との一体性等を勘案した，実態的な財務情報を把握する必要があるという特徴がある（たとえば，代表者等からの融資に返済意思がない場合，資本として取り扱うことが可能など）。さらに，中小企業の場合，技術力や販売力（知的財産）などを

含めた「事業性評価」をし，それを，将来のキャッシュ・フロー情報等に反映させる必要が，大企業以上にある。中小企業への金融機関等の融資判断における財務情報は，それらを加味した，実態的な財務情報へ組み替え，また，事業性評価の結果を何らかの形で財務的情報提供（開示など）として行えるか検討する必要がある。

　また，成長期にある中小企業は，多額の資金ニーズを抱えるケースもあると推定され，このような中小企業が無担保・無保証の場合，中小企業の会計に関する指針等に準拠した財務諸表の作成および特別目的の財務諸表等に対する監査を受けることにより融資条件を緩和し，また，事業再生の局面にある中小企業においては，「経営者保証に関するガイドライン」の財務情報に関し，中小企業の会計に関する指針等に準拠した財務情報の作成にとどまらず，特別目的の財務諸表等に対する監査を導入することにより，円滑な事業再生をより高い確率で実現するなど，特別目的の財務報告の枠組みに準拠して作成された財務情報（「財務諸表」「財務表」「財務諸表項目等」）およびこれらの財務情報に関する監査を，当該中小企業に求めることにより，融資判断，特に適正金利（基準金利）の判断に利用できる可能性あるいはニーズがないわけではない点が認識された。さらに，マイナス金利政策の影響を受け超低金利環境が続き，地域金融機関等の収益力が低下する中，これらの枠組みの利用により，日本全体で，銀行等間の不健全な金利競争から抜け出し，適正金利（基準金利）に収斂化していくことは，銀行等の収益性や健全性確保のためにも重要な意味がある。

　なお，課題としては，中小企業の非財務情報（技術力や販売力（知的財産））等を含む事業性評価およびそれに基づく将来のキャッシュ・フロー情報などの統合的な検証・評価（統合的な監査・レビューを含む）の枠組みが，融資判断に重要なウェイトを占めているにもかかわらず，ないか確立されていない点である。

　ヒアリングの結果，中小企業金融においては，財務情報と非財務情報の総合的評価が特に強く求められる中，統合的検証・評価の枠組み（統合的な監査・レビューを含む）が必要とされる中で，各地域において，地域金融機関等，地域中小企業，監査法人（公認会計士），国・県・市町村の中小企業支援関連機関，監督規制官庁，研究者等が一体となって各地域で，当該モデルを作成し，地域

の円滑な金融による地方創生のモデルとして東京（霞が関）に政策の提案ができるような形（ボトムアップによる政策提言）を，一考する余地があることが認識された。その統合的概念の中で検討（研究）がなされなければ，中小企業への融資判断等中小企業金融との関係においては，特別目的の財務諸表等の利用と監査の普及は難しく，中小企業金融の円滑化にとってよい制度が策定されても，いつまでも利用されないという現状は打破されないのではないかと感じている。しかし，株式会社の99.7％を占めるといわれる中小企業の活性化に資するため，地域金融機関等が，特別目的の財務諸表等に対する監査を活用できる可能性がある以上，先に述べた関係者で前向きに検討をしていくことの重要性を本章の最後に改めて強調したい。

[注]

(1) http://www.chusho.meti.go.jp/kinyu/ryudo.htm（アクセス日：2017年2月21日）
(2) Asset-based Lending の略。米国で発達した，主として企業が保有する売掛債権や棚卸資産を担保にした融資手法であり，資産に基づく融資（Asset-based loan）の一種である（坂本 2015, p.73）。
(3) http://www.chusho.meti.go.jp/kinyu/ryudo.htm（アクセス日：2017年2月21日）
(4) 坂本 2015, p.73参照。
(5) 坂本 2015, p.73参照。
(6) http://www.fsa.go.jp/news/26/20141017-2/01.pdf（アクセス日：2017年2月27日）
(7) 検査マニュアル研究会（2014, 142-143頁）参照。
(8) 坂本 2015, p.145参照。

参考文献

金融庁（2015）「金融検査マニュアル別冊・中小企業融資編」。

国税庁（2016）「会社標本調査（平成24年度分）」。

経営者保証に関するガイドライン研究会（2013）「経営者保証に関するガイドライン」。

検査マニュアル研究会編（2014）『金融機関の信用リスク・資産管理態勢（平成26年度版）』金融財政事情研究会。

坂本孝司（2015）『中小企業の財務管理入門』中央経済社。

首相官邸（2014）「『日本再興戦略』改訂2014」。

日本公認会計士協会（2015a）「監査及び会計の専門家が監査するメリット―「公認会計士監査」の対象が広がりました！」。

日本公認会計士協会（2015b）「中小企業支援は公認会計士監査にお任せください」。

(橋上徹)

第4章

金融機関等の融資判断等における特別目的の財務諸表等の利用と監査人による保証業務—現状と課題—

Ⅰ　本章の目的

　中小企業庁のウェブサイト[1]によると，中小企業が，担保や保証に過度に頼らずに資金調達を行い，また，新たな取引先の信頼を確保するためには，財務諸表の質の向上が重要であるとして，こうした観点から，中小企業庁では，2002（平成14）年6月の研究会において，株式公開を当面目指さない（旧）商法上の小会社[2]を念頭に「中小企業の会計」をとりまとめた。当該「中小企業の会計」を引き継ぐものとして，2005（平成17）年8月に民間4団体（日本税理士会連合会，日本公認会計士協会，日本商工会議所，企業会計基準委員会）により，「中小企業の会計に関する指針」（以下，「中小指針」という）が策定・公表され，2006（平成18）年4月には，会社法施行等に対応した，中小指針の改正を行い，その後もわが国の経済の好循環を実現していくために中小企業の果たす役割が重要であるとの認識のもと何度か改正がなされてきている。ただし，中小指針は，会計専門家（公認会計士，監査法人，税理士，税理士法人）が会計参与に就任している会計参与設置会社がよることが適当とされるように，一定の水準を保った会計処理を示したものであるため，中小会計指針に比べて簡便な会計処理をすることが適当と考えられる中小企業のため2012（平成24）年2月に中小企業関係者による研究会により「中小企業の会計に関する基本要領」（以下，「中小会計要領」という）が公表された。

　一方，中小企業を巡る財務情報に対する保証制度に関しては，2014（平成26）年2月1日，「監査基準」が改訂され，特定の利用者のニーズを満たすべく特別の利用目的に適合した会計の基準に準拠して作成された財務諸表等（以下，「特別目的の財務諸表等」という）に対しても，監査という形で信頼性の担保を行う制度が導入された。改訂監査基準は，2015（平成27）年4月1日以

後に開始する事業年度または会計期間にかかる監査から適用されている（ただし，2014（平成26）年4月1日以後に発行する監査報告書から適用することが妨げられていない）。これにより，中小企業が銀行等から資金調達を行う際等に，中小指針・中小会計要領に準拠して中小企業の財務諸表[3]・財務表[4]・財務諸表項目等[5]（以下，「財務諸表等」という）が作成されている旨の公認会計士（または監査法人）の監査報告書を受領して，利用することが可能となった。さらに，中小企業を巡る財務情報に対する新たな保証制度として，2016（平成28）年1月26日に保証業務実務指針2400「財務諸表のレビュー業務」（以下，「保証実2400」という）が日本公認会計士協会・監査基準委員会より公表された。具体的には，やはり中小企業が銀行等から資金調達を行う際等に，中小企業が中小指針・中小会計要領に準拠して中小企業の財務諸表・財務表が作成されている旨の公認会計士（または監査法人）のレビュー報告書を受領することが可能となったものの，財務諸表項目等のレビュー業務は想定されていない（保証実2400第3項）。保証実2400は，2017（平成29）年1月1日以後に契約するレビュー業務から適用される（ただし，保証実2400のすべての要求事項が適用可能である場合には，2016（平成28）年1月26日以後に契約するレビュー業務から適用することができるとされている）。

　中小企業の財務情報に対して会計専門職がかかわり，たとえば中小企業の決算書等の信頼性を高め，資金調達等の円滑化を図る取り組みとしては，これまで次のものが実施されてきた。

① 日本税理士会連合会が作成した，「『中小企業の会計に関する指針』の適用に関するチェックリスト」または「『中小企業の会計に関する基本要領』の適用に関するチェックリスト」の税理士（税理士法人を含む）によるチェック業務ならびにそれを活用した地域金融機関等の金利減免等融資条件緩和商品の発売

② 全国信用保証協会連合会が作成した「『中小企業の会計に関する基本要領』の適用に関するチェックリスト」の税理士（税理士法人を含む）または公認会計士（監査法人を含む）によるチェック業務ならびにそれを活用した信用保証料率割引制度等

③ ㈱TKCの「記帳適時性証明書（会計帳簿作成の適時性［会社法第432条］

と電子申告に関する証明書）」による金融機関等による融資条件緩和・金利優遇等

④ 「経営者保証に関するガイドライン」の目的である経営者保証に依存しない融資を受けるための会計専門職による財務情報の検証業務[6]

　これらの会計専門職による業務は，少なくとも監査人（公認会計士または監査法人）による保証業務（監査，レビュー業務）ではないが，中小企業の財務情報に一定の信頼性を付与するからこそ金融機関等が融資条件緩和・金利優遇を行うものであり，その位置付けが問題となる。なぜならば，財務諸表等に一定水準の保証（監査の場合は合理的保証，レビューの場合は限定的保証等）を担保するものであり，公認会計士に独占的に認められている業務であるが，金融機関等の融資判断時等における税理士も含めた会計専門職等による財務情報への信頼性の担保は，監査またはレビュー以外の形でも依拠が行われているのが現実であるからである。この点を踏まえ，本章では，財務情報への信頼性の担保と金融機関等の融資判断等の現況と課題をまとめてみることとする。

Ⅱ　中小指針・中小会計要領と金融機関等による活用

1　中小企業を巡る会計制度

　ここでは，中小企業の財務情報の基本となる会計制度，すなわち，中小指針と中小会計要領の比較を行う。この比較は金融機関等[7]が融資判断等において融資条件緩和・金利優遇を行う場合の会計基準の水準（レベル）（前提条件）を明確にしておくことが目的である。

図表4-1 中小企業を巡る会計制度の比較

	中小指針	中小会計要領
特徴	・日本公認会計士協会，日本税理士会連合会，日本商工会議所，企業会計基準委員会の4連合が作成。 ・「望ましい会計処理や注記等を示すもの」と規定されているため，有価証券の評価や退職給付会計，税効果会計など，公認会計士監査を受けている企業等で要求されている企業会計の基準が多く取り入れられている。	・中小企業関係者等が主体となって設置された「中小企業の会計に関する検討会」が作成（事務局は，金融庁および中小企業庁）。 ・計算書類等の作成負担は最小限に留める。 ・複数の会計処理が認められている場合は，適切な方を選択できる。 ・中小指針よりも会計処理が簡便。 ・適切な記帳が前提とされる（すべての取引を正規の簿記の原則に従って会計帳簿が作成されていること）。 ・有価証券の評価や退職給付会計，棚卸資産，リース会計，収益費用の基本的な会計処理，税効果会計などを簡便化している。 ・理解しやすい。
目的	・中小企業が計算書類の作成において，依拠することが望ましい会計処理や注記等を示す。 ・「会計参与制度」に基づき，取締役と共同で計算書類を作成することが適当とされる。	・中小企業が計算書類等を作成するうえで，依拠することが望ましい会計処理や注記を示す。
対象	・以下を除く株式会社 （1）金融商品取引法の適用を受ける会社ならびにその子会社および関連会社 （2）会社法上の会計監査人設置会社およびその子会社 ・特例有限会社，合名会社，合資会社または合名会社は適用できる。	・以下を除く株式会社 （1）金融商品取引法の適用を受ける会社 （2）会社法上の会計監査人設置会社 ・特例有限会社，合名会社，合資会社または合名会社についても適用可能 ・中小指針と比べて，簡便な会計処理が適当と考えられる中小企業
国際会計基準との関係	これまでに，国際会計基準とのコンバージェンス等による企業会計基準の改訂を勘案している。	安定的な継続利用を目指し，国際会計基準の影響を受けないものとしている。
税務上の処理の扱い	以下の場合に適用可能 ・会計基準がなく，税務上の処理が実態を適正に表している場合 ・あるべき会計処理と重要な差異がない場合	実務における会計慣行を踏まえて規定

出所：中小指針・中小会計要領をもとに筆者作成

2 中小指針・中小会計要領と金融機関等の融資判断等による 活用の状況

(1)「『中小企業の会計に関する指針』の適用に関するチェックリスト」を活用した融資商品等を扱っている機関

日本税理士会連合会は，「『中小企業の会計に関する指針』の適用に関するチェックリスト」を作成し，公表している。

このチェックリストは，税理士が，たとえば，「預貯金」に関して「残高証明書又は預金通帳等により残高が確認されているか。」を「YES」または「NO」でチェックする形式で作成されている。当該チェックリストを活用した無担保融資商品等を扱っている機関，当該チェックリストを活用し会計参与設置会社を対象とした融資商品を取扱っている機関，当該チェックリストを活用した信用保証料の軽減を行っている信用保証協会が，中小企業庁のウェブサイト[8]に掲示されている。なお，(2)の「『中小企業の会計に関する基本要領』の適用に関するチェックリスト」または「『中小企業の会計に関する指針』の適用に関するチェックリスト」の選択適用による金融商品の提供が多く見られる。

(2)「『中小企業の会計に関する基本要領』の適用に関するチェックリスト」を活用した融資商品等を扱っている機関

①民間金融機関等（信用保証協会を含む）における状況

日本税理士会連合会および全国信用保証協会連合会は，それぞれ，「『中小企業の会計に関する基本要領』の適用に関するチェックリスト」を作成し，公表している。両者は，チェック項目は，基本的に同じである。

たとえば，「収益，費用の基本的な会計処理」に関して「収益は，原則として，製品，商品の販売又はサービスの提供を行い，かつ，これに対する現金及び預金，売掛金，受取手形等を取得した時に計上され，費用は原則として，費用の発生原因となる取引が発生した時又はサービスの提供を受けた時に計上されているか。」を「YES」または「NO」でチェックする形式で作成されている。

両者の違いは，日本税理士会連合会作成のチェックリストは，記名・捺印者が税理士・税理士法人であるのに対して，全国信用保証協会連合会作成の

チェックリストは，記名・捺印者が税理士・税理士法人または公認会計士・監査法人となっている点である。当該チェックリストを活用した民間金融機関等が提供している金融商品は，中小企業庁のウェブサイト[9]に掲示されている。たとえば，そこに掲示されている（株）広島銀行の「中小企業経営力強化融資制度」は次のような特徴を有する金融商品であり，この特徴に沿う会計の水準を有する中小企業等に金利減免のメリットを付与するものである[10]。

（i）「中小企業の会計に関する指針」や「中小企業の会計に関する基本要領」，「税理士法第33条の2第1項に規定する添付書面」，（株）TKCが発行する「記帳適時性証明書」等の会計制度等を導入し，経営力強化に取り組む法人を対象としている。

（ii）新規の融資だけではなく，他行を含めた借入金の借換に利用できる。

（iii）会計制度への取り組み度合い（水準）により，最大0.5％の金利引下げが可能。

なお，「税理士法第33条の2第1項に規定する添付書面」は，税理士法第33条の2第1項の次のような規定に基づき税務申告書に添付されることがある所定の書面である。

（参考）税理士法第33条の2第1項
　税理士又は税理士法人は，国税通則法第16条第1項第1号に掲げる申告納税方式又は地方税法第1条第1項第8号若しくは第11号に掲げる申告納付若しくは申告納入の方法による租税の課税標準等を記載した申告書を作成したときは，当該申告書の作成に関し，計算し，整理し，又は相談に応じた事項を財務省令で定めるところにより記載した書面を当該申告書に添付することができる。

また，（株）TKCが発行する「記帳適時性証明書」は後述する。

②信用保証料率割引制度

信用保証制度を利用する中小企業が，全国信用保証協会が作成した「『中小企業の会計に関する基本要領』の適用に関するチェックリスト」を信用保証協会に提出すると，保証料率が0.1％割り引かれる制度が，2013（平成25）年4月から始まり，当初，2016年3月末までの申し込み分までに適用されていたが[11]，2016年4月以降申込み分に関しても，2017年3月末までの申し込み分まで適用が延長された[12]。

③政府系金融機関における状況

日本政策金融公庫（中小企業事業），日本政策金融公庫（国民生活事業）などで，中小指針または中小会計要領を利用し，各政府系金融機関が定める追加条件を満たすことにより，金利優遇等を受けられる金融商品の取扱いがなされている[13]。

（3）（株）TKCの「記帳適時性証明書（会計帳簿作成の適時性［会社法第432条］と電子申告に関する証明書)」による金融機関等による融資条件緩和・金利優遇

記帳適時性証明書は，中小企業の円滑な資金調達を支援するため，会計帳簿と決算書・法人税申告書の作成に関する適時性と計算の正確性を，第三者である（株）TKCが証明する書類である[14]。具体的には，会計帳簿・決算書・法人税申告書の作成において，次の事実を証明するものである。

・会計帳簿が会社法第432条に基づき，適時に作成されていること。
・TKC会員が毎月，企業を訪問して巡回監査を実施し，月次決算を完了していること。
・決算書は会計帳簿の勘定科目残高と完全に一致しており，別途に作成したものではないこと。
・法人税申告書が決算書に基づいて作成され，申告期限までに電子申告されていること。

（参考）会社法第432条
第1項　株式会社は，法務省令で定めるところにより，適時に，正確な会計帳簿を作成しなければならない。
第2項　株式会社は，会計帳簿の閉鎖の時から10年間，その会計帳簿及び

その事業に関する重要な資料を保存しなければならない。

　なお,「巡回監査」については,（株）TKCのウェブサイト[15]では,「TKC全国会では,巡回監査をTKC会員の責務としています。毎月,関与先企業を訪問して,会計資料ならびに会計記録の適法性,正確性及び適時性を検証し,さらに黒字決算のための経営助言に努めています。その目的の第一は,税務署に対して,あるいは裁判において,企業において作成された会計帳簿が真実であり,証拠能力をもつことを証明できるようにすることにあります。」と紹介されている。巡回監査は,監査基準における,財務諸表に対し,公認会計士・監査法人が,合理的保証を行う（財務諸表）「監査」等とは意味合いが異なる。さらに,財務諸表監査は,公認会計士法に基づき,独占的に公認会計士・監査法人に認められている業務であるが,「巡回監査」は資格要件があるものではない。（株）TKCのウェブサイト[16]では,2014（平成26）年8月20日時点における記帳適時性証明書を活用したTKC会員関与先企業専門融資商品が紹介されている。この中では,たとえば,広島地区においては,先述した,広島銀行の「中小企業経営力強化融資制度」のほか,広島信用金庫の「資金繰り応援ローン『これで一安心』」が紹介されている。

（4）「経営者保証に関するガイドライン」における中小指針・中小会計要領と会計専門職

　中小企業金融では,経営者自身による個人保証（以下,「経営者保証」という）はもちろんのこと,多くの場合,多くの場合,不動産担保等の物的担保ないし（および）第三者保証も求められてきた。しかし,これらの仕組みが中小企業の活力を阻害しているなど,さまざまな課題があることから,2013（平成25）年12月5日に,「経営者保証に関するガイドライン」が公表された。なお,「『日本再興戦略』改訂2014」において,企業の経営改善や事業再生を促進する観点から,「経営者保証に関するガイドライン」を活用することが掲げられている。「経営者保証に関するガイドライン」は,「決算書の信頼性」,「財務情報の適時適切な開示」および「財務内容」等を条件として,経営者保証を求めない中小企業金融制度を目指すものである。「経営者保証に関するガイドライン」の資

格要件は，以下の４要件であり，それらのすべてを満たす必要がある。

図表4-2　「経営者保証に関するガイドライン」適用の資格要件

①	法人と経営者個人の資産・経理が明確に分離されている。
②	法人と経営者の間の資金のやりとりが，社会通念上適切な範囲を超えていない。
③	法人のみの資産・収益力で借入返済が可能と判断し得る。
④	適時適切に財務情報等が提供されている。

　「適時適切に財務情報等が提供されている。」とは，以下のａからｆのいずれかの１つの項目を満たしていることをいう。

　ａ．財務諸表の作成に携わった公認会計士または税理士から中小指針のすべての項目について適用状況の確認を受けている。

　ｂ．財務諸表の作成に携わった公認会計士または税理士から中小会計要領のすべての項目について適用状況の確認を受けている。

　ｃ．会計参与設置会社

　ｄ．金融商品取引法の適用を受ける会社ならびにその子会社及び関連会社

　ｅ．税理士法第33条の２に規定する添付書面を税理士が作成している。

　ｆ．申込金融機関等の内部基準等に基づき「適切適切な財務情報の提供がされている。」と判断できる。

　金融庁では，「経営者保証に関するガイドライン」の活用に関して，金融機関等により広く実践されることが望ましい取り組み事例を収集し，取りまとめ，2014（平成26）年６月に「『経営者保証に関するガイドライン』の活用に関する参考事例集」を公表し，同年12月および2015（平成27）年７月ならびに同年12月に，取り組み事例を追加した改訂版を公表した。公認会計士による監査を受けることによって10億円の地域銀行に対して融資の申し込みを行い，８億円が無担保プロパー融資として実行された事例（事例１）や，計算書類について中小会計要領に則って作成し，地元の大手会計事務所が検証等を行い，地域銀行が経営者保証を求めない新規融資に応じた事例（事例２）が紹介されている。

（5）特別目的の財務諸表等に対する監査またはレビューを活用した金融商品

　特別目的の財務諸表等に対する監査またはレビューを活用した金融商品は，執筆時点で，知り得る限りないが，先述の「『経営者保証に関するガイドライン』の活用に関する参考事例集」の事例1は，特別目的の財務諸表等に対する監査，事例2は特別目的の財務諸表等に対するレビューに該当する可能性はある（詳細は不明）が，「経営者保証に関するガイドライン」との関係においても事例は限定的と考えられる。

Ⅲ　中小企業の特別目的の財務諸表等を巡る新たな保証制度（レビュー）と課題

　日本公認会計士協会は，国際レビュー業務基準として整備されている過去財務諸表のレビュー業務基準（ISRE2400）について，保証業務実務指針として整備すべく検討作業を行い，2016（平成28）年1月26日付けで保証業務実務指針2400「財務諸表のレビュー業務」（以下，「保証実2400」という）として公表した。

　過去財務情報の保証業務については，保証実2400公表以前は，合理的保証業務については，過去財務情報全般の監査のための基準が整備されている状況であり，一方，限定的保証業務については，四半期財務諸表を対象とした四半期レビューの基準だけが整備されていたという状況であった。

　現実には，四半期財務諸表以外の財務情報についても，費用対効果の観点から限定的保証業務が実施できないか，というニーズは存在したようで，2002（平成14）年1月25日の監査基準改訂時の前文の「二．3　監査基準の位置付け」において，「日本公認会計士協会が適切な指針を作成する方が，実務に柔軟に対応できると考えられる。」旨が記載されていたが，これがようやく実現したものである。保証実2400はレビューの一般の基準として策定されているため，さまざまな場面で利用が想定されているが，特別目的の財務報告の枠組みに基づいて作成された財務諸表にも保証実2400は適用できるので，中小会計要領や中小指針に準拠して作成された財務諸表に対して，監基報800や監基報805による監査のほか，レビューを選択することが可能となった。ただし，レビュー対

象の財務情報が，年度の財務情報か期中の財務情報か，さらに適用される財務報告の枠組みが一般目的か特別目的かを問わず，保証実2400は適用可能ではあるものの，過去財務情報のうち，監基報805で想定されている財務諸表項目等については，実務上の困難を考慮してレビュー業務の対象として想定されていない。保証実2400に基づくレビュー業務を行う監査事務所は，品質管理基準委員会報告書第1号「監査事務所における品質管理」（以下，「品基報」という）に基づいて，レビュー業務を行う監査事務所は，品基報に基づいて，レビュー業務にかかる品質管理の方針および手続を整備・運用していることが前提となっている。また監査事務所において審査を品質管理の方針として定めている場合は，審査を受けることが必要になる。加えて，財務諸表等のレビュー業務についても，監査と同様，「独立性に関する指針」（2006（平成18）年10月5日，日本公認会計士協会）第1部が適用される。

　なお，保証実2400の適用時期については，2017（平成29）年1月1日以後に契約するレビュー業務から適用されるとしている。ただし，監査事務所の品質管理の方針および手続の整備を含め，保証実2400で求められているすべての要求事項が適用可能である場合には，2016（平成28）年1月26日以後に契約するレビュー業務から適用可とされている。特別目的の財務諸表等に対するレビュー業務は，特別目的の財務諸表等に対する監査に比べ，簡便と受け止められているようであるが，財務諸表項目等にレビューが適用できないため，金融機関等の融資判断等を想定した場合に利用者ニーズに叶っていない点や，高度な品質管理や独立性などが要求される点，さらには特別目的の財務諸表等に対する監査が，金融機関等の融資判断等のために利用されるに至っていない原因の1つであるコストの面でも，適用は今後のものではあるものの，レビューにおいても同様な課題・懸念が執筆時点で認識される。

Ⅳ 合意された手続業務に関する実務指針と中小指針・中小会計要領のチェックリストによるチェック業務等の関係と課題

1 専門業務実務指針4400「合意された手続業務に関する実務指針」

2016（平成28）年4月27日，日本公認会計士協会は，専門業務実務指針4400「合意された手続業務に関する実務指針」（以下，「専業実4400」という）を公表した。

専業実4400では，業務依頼者と業務報告者との間で，合意された手続業務に関する，業務実施者の報告は，手続実施結果を事実に即して報告するのみにとどまり，手続実施結果から導かれる結論の報告も，保証の提供もしないことが強調されている。そのため，「合意された手続実施結果報告書」には，合意された手続業務が保証業務と誤解されないように，保証業務でない旨を明瞭に記載することとされている。いわば，財務諸表等に対して，合意された手続業務は，何ら信頼性を付与するものではない点を強調しているのである。なお，専業実4400では，合意された手続業務の対象となるものは，過去財務情報だけではなく，将来財務情報等も含まれると記載されており，金融機関等の融資判断等の関係でいえば，融資判断時に重要な情報であるといわれる，将来の資金繰り情報（「資金繰り表」など）もその対象に含まれるものと考えられる。

2 「保証業務」の概念の確認と本章で検討した中小企業金融関連諸制度との関係について

監査・保証実務委員会研究報告第20号「公認会計士等が行う保証業務等に関する研究報告」（2009（平成21）年7月1日，日本公認会計士協会）において，保証業務の定義がなされている。そこでは，保証業務に関し，次のように記載されている。

「公認会計士等が業務実施者として行う保証業務とは，一般に，「主題に責任を負う者が」，一定の規準によって主題を評価又は測定した結果を表明する情

報について,「想定利用者」に対して信頼性を付与するために, 業務実施者が自ら入手した証拠に基づき規準に照らして判断した結果を結論として報告する業務をいうものとされている。(中略) 公認会計士等が業務実施者として行う保証業務における主題は, 一定の信頼性を付与する対象となる情報又は行為をいい, 財務諸表監査を例に挙げれば, 主題は財務諸表において表示されている財政状態, 経営成績及びキャッシュ・フローの状況であり, 主題情報は会社法計算書類や有価証券報告書に含まれる財務諸表である。そして, 主題に責任を負う者は, 財務諸表の作成に責任を負う経営者である。主題に対する評価は, 財務諸表の適正性又は適正な表示について行われる[17]。また, 評価に際しての規準は, 一般に公正妥当と認められる企業会計の基準[18]である。この例からも分かるように, 保証業務における「規準」は, 主題の評価又は測定の規準であり, 保証業務を実施する業務実施者にとっては判断の基準となる。(中略) したがって, 次のような業務は, 独立の第三者として評価結果についての結論を報告することにより信頼性を付与することにはならない。そのため, 保証業務の定義に合致していないこととなり, 本研究報告での保証業務には該当しない。①財務情報又は財務諸表の作成・編集の受託業務, ②依頼者のためだけに実施するコンサルティングや助言の業務, ③関与先の代弁者となる業務(税務業務を含む。), ④合意された手続による業務-①から④の業務などにおいては, 保証業務としての要件を満たしていないため, 保証業務として業務を受嘱・実施できないし, 結論の報告を行うこともできない。また, 一定の信頼性を付与しているかのような文言を用いた報告書を作成することはできない。…」

　当該研究報告に照らして考える限り, 公認会計士または監査法人の行う, 全国信用保証協会作成の「『中小企業の会計に関する基本要領』の適用に関するチェックリスト」作成業務,「記帳適時性証明書」作成業務, 中小企業が「経営者保証に関するガイドライン」の趣旨に則った融資を受けるための中小指針または中小会計要領のすべての項目について適用状況の確認を行う業務,「『経営者保証に関するガイドライン』の活用に関する参考事例集」(先述)の事例2に該当する検証業務等は,「保証業務」ではないことになる。また, 当該研究報告で想定されている保証業務の実施者は, 中小企業から独立した第三者の立場にあることとも前提とされているので, その点からも保証業務には該当す

る可能性は低い。税理士が行う場合に関しては，監査基準や監査基準が委任している日本公認会計士協会の実務指針等の範囲外であり，その位置付けは当該研究報告の対象外であり，保証業務との関係では研究されていないというのが現状である。「『中小企業の会計に関する基本要領』の適用に関するチェックリスト」，「『中小企業の会計に関する指針』の適用に関するチェックリスト」，「記帳適時性証明書」，「経営者保証に関するガイドライン」の活用の中での中小指針または中小会計要領の公認会計士または税理士の確認あるいは検証等・税理士法第33条の2に規定する添付書面の作成等，中小企業金融の推進を行う諸制度と金融機関等の融資判断等は，会計専門職等が，「一定の信頼性を財務情報に付与している」という前提で，制度・仕組みが成り立っていることは明らかである。これに対して，公認会計士・監査法人の行う特別目的の財務諸表等に対する監査またはレビューは，保証業務の概念の枠内での縛りがある限り，コストや納期さらに公認会計士・監査法人の監査報告書あるいはレビュー報告書に対する民事上・刑事上の責任などを踏まえ，金融機関等の融資判断等において必要とされているニーズとの乖離が存在し得る限り，第3章のヒアリング結果にもみられるように，普及には困難を伴いそうでもある。また，中小企業金融の推進を行う諸制度は，保証業務の枠内なのか否か，公認会計士・監査法人が実施するのか，税理士・税理士法人が実施するのかにより，業務に対する規制の考え方が相違するのであれば，これも問題であり，整理と検討が必要である。

［注］

(1) http://www.chusho.meti.go.jp/zaimu/kaikei/kaisetsu.html（アクセス日：2016年7月29日）

(2) 株式会社の監査等に関する商法の特例に関する法律（昭和49年4月2日法律第22号）第22条［資本の額が1億円以下，かつ負債総額200億円未満の株式会社］

(3) 「財務諸表」とは，関連する注記を含む完全な一組の特別目的の財務諸表を意味する（「監査基準委員会報告書800『特別目的の財務報告の枠組みに準拠して作成された財務諸表に対する監査』」（2014年4月4日，日本公認会計士協会・監査基準委員会）（以下，「監基報800」という）第6項。）

(4) 「財務表」とは，完全な一組の財務諸表を構成する，貸借対照表，損益計算書，キャッシュ・フロー計算書のそれぞれを指し，関連する注記が含まれ，関連する注記は，通常，重要な会計方針の要約と，財務表に関連するその他の説明情報から構築される（「監査基準委員会報告書805『個別の財務表又は財務諸表項目等に対する監査』」（2014年4月4日，日本公認会計士協会・監査基準委員会）（以下，「監基報805」という）第5項）。

⑸　「財務諸表項目等」とは，財務諸表の構成要素，勘定またはその他の項目を意味し，関連する注記が含まれ，関連する注記は，通常，重要な会計方針の要約と，財務諸表項目等に関連するその他の説明情報から構築される（監基報805第5項）。

⑹　「経営者保証に関するガイドライン」の目的である経営者保証に依存しない融資を受けるため計算書類の監査を受ける場合も想定されている（金融庁「『経営者保証に関するガイドライン』の活用に係る参考事例集」2015年12月改訂版）事例1参照。

⑺　本章でいう「金融機関等」とは，主として銀行，信用金庫，信用組合，農協，信用保証協会を念頭に置いている。

⑻　中小企業ウェブサイト，「中小企業の会計31問31答（平成21年度指針改正対応版）」，http://www.chusho.meti.go.jp/zaimu/kaikei/yuushikikan.html（アクセス日：2016年7月29日）

⑼　http://www.chusho.meti.go.jp/zaimu/youryou/sien/kinyukikan.htm（アクセス日：2016年8月1日）

⑽　http://www.hirogin.co.jp/corporation/service/shikin_chotatsu/ippan/chusho_keieiryokukyoka/index.html（アクセス日：2016年8月1日）

⑾　http://www.chusho.meti.go.jp/zaimu/kaikei/2013/0128Waribiki.htm（アクセス日：2016年8月1日）

⑿　http://www.chusho.meti.go.jp/zaimu/kaikei/2016/160317kaikei1.pdf（アクセス日：2016年8月1日）

⒀　https://www.jfc.go.jp/n/finance/search/63.html（アクセス日：2016年8月1日）https://www.jfc.go.jp/n/finance/search/tyuushoukaikei.html（アクセス日：2016年8月1日）

⒁　http://www.tkc.jp/tkcnf/kts#method（アクセス日：2016年7月30日）

⒂　同上

⒃　同上

⒄　特別目的の財務諸表等に対する監査の導入により，現在は，準拠性についても主題に対する評価となっていると考えられる。

⒅　特別目的の財務諸表等に対する監査の導入により，中小会計要領も評価に際しての規準になっていると考えられる。

<hr>

参考文献

金融庁（2015）「『経営者保証に関するガイドライン』の活用に係る参考事例集」2015年12月改訂版。

経営者保証に関するガイドライン研究会（2013）「経営者保証に関するガイドライン」。

首相官邸（2014）「『日本再興戦略』改訂2014」。

日本公認会計士協会（2016）保証業務実務指針2400「財務諸表のレビュー業務」。

品質管理基準委員会報告書第1号「監査事務所における品質管理」。

（橋上徹）

第5章

キャッシュ・フロー計算書のニーズ分析

I　本章の目的と背景

　本章の目的は，日本とグアムの中小企業[1]が，キャッシュ・フロー・マネジメントによる，意思決定を行うために，キャッシュ・フロー計算書をどのように使用しているのか実態を把握するとともに，両国の相違点を明らかにすることである。

　日本では，2012年2月に中小企業の会計に関する検討会から公表された「中小企業の会計に関する基本要領（以下，「中小会計要領」という[2]）」には，財務諸表の一表にキャッシュ・フロー計算書は含まれていない。しかし，グアムでは，2013年6月に米国公認会計士協会（AICPA）から公表された『中小企業版財務報告フレームワーク（FRF for SMEs)』にはキャッシュ・フロー計算書が基本財務諸表の一部として構成されており，中小企業は依拠することができる[3]。

　本章では対象としないが，中小企業版国際財務報告基準（IFRS for SMEs）にもキャッシュ・フロー計算書がFRF for SMEsと同様に財務諸表の一表に含まれている。

II　会計基準の現状

1　会計基準の多様化

　岩崎（2015）は，会計基準の多様化において，現象(1)として河﨑（2014）を引用し，「中小企業会計の前提は，中小企業と大企業の企業属性の相違である。企業属性が異なれば，そこで営まれる会計慣行も異なり，会計慣行が異なれば

図表5-1　会計基準の多様化

摘要	現象(1)	内　容	具体例	現象(2)	内　容	具体例
会計基準の多様化	会計基準の二分化・複線化・二元化	会計基準が大企業会計基準と中小企業会計基準とへ分化すること	大企業会計基準	会計基準の複合化	大企業会計基準と中小企業会計基準のそれぞれの内容が複数になること	J-GAAP, IFRS, U.S. GAAP, JMIS
			中小企業会計基準			中小指針，中小会計要領，IFRS for SMEs

注：J-GAAP：日本の一般に認められた会計基準，IFRS：国際財務報告基準，U.S. GAAP：米国の一般に認められた会計基準，JMIS：修正国際基準。
出所：岩崎（2015）を一部修正。

会計基準も異なるとする認識が，中小企業会計の理論的前提となる」（河﨑2014, p.8）。また，岩崎（2015）は「同時に，会計目的が異なれば，会計基準も異なるとも考えられる。これらのような考え方に基づいて，大企業会計基準とは別個・独自の中小企業会計基準を設定するアプローチに従って，別個の中小企業会計基準を設定し，制度化する場合には，**図表5-1**のように，いわゆる「会計基準の二分化・複線化・二元化」（現象(1)）が生じることとなる。」と述べている。さらに，現象(2)として「我が国の中小企業についても，その置かれている状況，企業属性や会計目的等に応じ，中小企業の実態をより適切に示した財務諸表の方が，社会的信頼性を高めることができると考えられるので，大企業会計基準とは別個の中小企業会計基準が必要である。この中小企業会計基準に関して，現在2005年8月に日本商工会議所等が公表した「中小企業の会計に関する指針」…（日本商工会議所等 2005），2012年2月に中小企業の会計に関する検討会が公表した「中小企業の会計に関する基本要領」…（中小企業の会計に関する検討会 2012）および国際会計基準審議会（IASB）が公表した中小企業版IFRS「IFRS for SMEs」（IASB 2009）が並列して存在しており，**図表5-1**のように，いわゆる「会計基準の複合化」（現象(2)）が見られる。」と述べている。

図表5-2　制度的な相違点

		米国	日本
制　度	会社法	州ごとに州法として会社法が規定され，会計に関する規定が異なっている。	会社法は全ての企業に適用される。
	税　法	申告調整主義が採られ，税務と会計との関連が日本よりも緩く，税務の会計に対する影響力が日本より弱い。	確定決算主義が採られ，税務と会計との関連がより密接に関連している。
	資金調達	企業の資金調達において直接金融であることも珍しくない。	メインバンク制のように，間接金融により銀行等を用いることが多い。

出所：岩崎（2015）から筆者作成。

2　日米の相違点

（1）　制度的相違点

　岩崎（2015）は，日米の会計を取り巻く歴史的背景や環境，さらには制度において，特に考慮すべきものとして，会社法，税法，資金調達という観点から制度的な相違点を述べている。これらをまとめたものが**図表5-2**である。

　米国では，州ごとに州法として会社法が規定され，会計に関する規定が異なっている。一方，日本では，会社法はすべての企業に適用される。

　このように，米国における会社法の影響は，さまざまであり一概に記述することはできない。他方，日本の会社法では，一般に公正妥当と認められた会計の基準の1つとして中小会計要領が認められることとなる。

　次に，税法をみると，米国では，申告調整主義が採用され，税務と会計との関連が日本よりも緩く，税務の会計に対する影響力が日本より弱いものとなっており親和性に問題があるといえるのではないだろうか。一方，日本では，確定決算主義が採用され，税務と会計との関連がより密接に関連しており親和性が維持されている。

　以上のように，米国においては会計に対する税法の影響は緩やかであるのに対して，日本の場合では，親和性のもと直接的な影響を与える可能性がある。

　「毎年改正される税法の影響をどこまで，概念フレームワークに取り入れるのかということが問題となる。これは，バランスの問題であり，適正な期間損

益計算（経営成績の表示）や財政状態の表示を考えた場合には，あまり税法の影響を取り入れない方がよい．他方，税務用と会計用のデータに同じものを使用するという簡便性という観点からは，税法に合わせて修正することも考えられる。…資金調達を見ると，米国では，企業の資金調達において直接金融もあるが，やはり間接金融のウェイトが高いといわれている。これに対して，日本では，メインバンク制が定着しており，間接金融による銀行等を用いることが多い。ただし，「中小企業版FRF」における概念フレームワークでは，これらの両者の差異の影響はあまり明確な違いとなって表れていない。」と述べている（岩崎 2015）。

（2）　日本とグアムの概念フレームワークの相違点

では，米国のFRF for SMEsと日本版概念フレームワークが，どのような点

図表5-3　日米における概念フレームワークの差異

	（米国)FRF for SMEs	削除	追加	日本版 概念フレームワーク
1　財務諸表の目的	意思決定と受託責任	―	―	意思決定と受託責任
2　会計情報の質的特性	(1)①理解可能性，②目的適合性，③信頼性，④比較可能性 (2)重要性	―	―	(1)①理解可能性，②目的適合性，③信頼性，④比較可能性 (2)重要性
3　財務諸表の構成要素	【F/S】貸借対照表，損益計算書，持分変動計算書，キャッシュ・フロー計算書	持分変動計算書，キャッシュ・フロー計算書	株主資本等変動計算書	【F/S】貸借対照表，損益計算書，株主資本等変動計算書
	【構成要素】資産，負債，持分，収益，費用，利得，損失	利得，損失		【構成要素】資産，負債，持分，収益，費用
4　認識と測定	【認識】測定の基礎，蓋然性	―	信頼性	【認識】(構成要素の定義)信頼できる測定の基礎，蓋然性
	【測定】主要な基礎：取得原価，その他の基礎：時価	―	―	【測定】主要な基礎：取得原価，その他の基礎：時価

出所：岩崎（2015）を一部修正。

で，異なっているのか概観する。

　図表5-3からわかるように，「日米の主な相違点等に関しては，財務諸表の目的は，基本的に同じである。また，会計情報の質的特性に関しても，基本的に同じである。財務諸表に関しては，持分変動計算書，キャッシュ・フロー計算書を削除し，日本の制度に合わせるために，株主資本等変動計算書を加えるとともに，キャッシュ・フロー計算書については，負担が重いと考えられるので，削除している。財務諸表の構成要素に関しては，利得および損失は，収益費用に含まれるので，これらを削除することによって，日本の制度に合わせている。認識規準に関しては，定義を満たすことを前提として，測定基礎として信頼し得る原価又は時価を持つことを明示している。」と見解を述べている（岩崎2015）。日米両国とも共通しているのは，中小企業に対して会計処理に過度の負担を強いらせないということがいわれているという事実である。

Ⅲ　リサーチデザイン

　日本とグアムでは，キャッシュ・フロー計算書についての会計制度および金融機関（銀行等）の要請度の違いから中小企業におけるキャッシュ・フロー計算書の普及やその必要性等について両国間で差異が見られるのは当然であろう。ゆえに現状では，キャッシュ・フロー計算書の理解，必要性，実際の利用等い

図表5-4　アンケート調査概要

	日本	グアム
調査対象	日本(沖縄を除く九州地区)にある中小企業	グアムにある中小企業
調査方法	個別訪問面接聴取法	インターネット法
調査時期	2012年11月～2013年1月	2014年4月～2014年7月
サンプル数	880	37

注：日本の沖縄を除く九州地区には，中小企業が総務省・経済産業省「平成24年経済センサス‐活動調査」ならびに中小企業庁2015年中小企業庁『中小企業白書』資料より算出すると145,226社，一方グアムは帝国データバンクによると3,415社となっている。なお，両国とも2012年末現在である。

わゆる受容状況では，グアムが日本を上回っていると想定されるからである。

そこで本章でのアンケート調査は，日本において過去に調査をしていた九州地区にある中小企業を対象とした。また，日本から最も近い米国圏であるグアムにおいても同様に中小企業を対象としたアンケート調査を行い，両国において同一の質問項目についてのみ，その調査結果の比較検討を行った。とりわけ，調査結果に基づき，実証分析として両国の二群の比率の差の検定を行った。アンケート調査の概要は**図表5-4**のとおりである。

Ⅳ　分析結果

▌1　キャッシュ・フローの受容状況

キャッシュ・フロー計算書の認知率，作成率，必要度および内容理解度（キャッシュ・フロー計算書の内容について「知っている」と回答した割合）のいずれの回答率ともグアムの方が日本を大幅に上回っている。

キャッシュ・フロー経営の内容認知率（キャッシュ・フロー経営について内容を「聞いたことがある」と回答した割合）については両国間で差がない。

グアムにおいては，キャッシュ・フロー計算書の認知率は89.2％，キャッシ

図表5-5　キャッシュ・フロー計算書に関する受容状況

Q9，Q10，Q15，Q18，Q19（上段：実数，下段：%）	サンプル数	キャッシュ・フロー計算書の認知率	キャッシュ・フロー計算書の作成率	キャッシュ・フロー計算書の必要度	キャッシュ・フロー計算書の内容理解度	キャッシュ・フロー経営の内容認知率
日本	880	530	220	370	318	384
	100.0	60.2	25.0	42.0	36.1	43.6
グアム	37	33	21	29	23	19
	100.0	89.2	56.8	78.4	62.2	51.4
比率の差の検定結果	**	**	**	**		

注：**：1％水準で有意，*：5％水準で有意。

ュ・フロー計算書の作成率は56.8％，またキャッシュ・フロー計算書の必要度
は78.4％となっている。特に，日本においては，作成率は25.0％とグアムの半
分以下とかなり低い水準であり１％有意となっている（**図表5-5**参照）。

2　キャッシュ・フロー計算書の重要度

　キャッシュ・フロー計算書を作成している中小企業に対して，その重要度
（「キャッシュ・フロー計算書を重視している」と回答した割合）については，
日本は80.9％，グアムは90.5％と両国とも非常に高く，差はない（**図表5-6**参
照）。つまり，キャッシュ・フロー計算書を作成している中小企業が，経営意
思決定や銀行の与信判断等に対して，管理会計や財務会計から役立てていると
考えられる。

図表5-6　キャッシュ・フロー計算書の重要度

Q30 （上段：実数，下段：％）	サンプル数	重要度
日本	220	178
	100.0	80.9
グアム	21	19
	100.0	90.5
比率の差の検定結果		

注：**：１％水準で有意，*：５％水準で有意。

3　キャッシュ・フロー計算書の作成担当者と利用目的

　キャッシュ・フロー計算書を作成している中小企業において，キャッシュ・
フロー計算書の作成担当者は，日本では８割が「税理士・公認会計士」である
が，グアムでは，「社長」，「経理」，「税理士・公認会計士」に分散している（**図
表5-7**参照）。これは，グアムの場合，安価で活用しやすい会計ソフトの普及が
影響していると思われる（岡部 2015, p.91）。また，キャッシュ・フロー計算
書の利用目的については，両国とも上位から「経営意思決定の判断材料」，「銀
行」，「取引先」という回答になり，差はない。特に，「投資家」という回答に
対しては，日本が1.4％，グアムが10.8％と乖離幅は大きく，１％有意となって

いる（**図表5-8**参照）。詳細は不明であるが，グアムの方が上場を目標・予定に
してキャピタル会社やファンド等の資金が注入されている可能性も内包してい
ると考えられる。

図表5-7　キャッシュ・フロー計算書の作成担当者

Q8 （上段： 実数, 下段：%）	サンプル 数	社長	経理	税理士・ 公認会計士	コンサル タント	その他
日本	220	12	25	179	4	0
	100.0	5.5	11.4	81.4	1.8	0.0
グアム	21	5	7	6	0	2
	100.0	23.8	33.3	28.6	0.0	9.5
比率の差の検定結果		＊＊	＊＊	＊＊		＊＊

注：＊＊：1％水準で有意，＊：5％水準で有意。

図表5-8　キャッシュ・フロー計算書の利用目的

Q12 （上段： 実数, 下段：%）	サンプル 数	経営意思 決定の 判断材料	銀行	取引先	社員	投資家	株主
日本	220	177	138	56	7	3	23
	100.0	80.5	62.7	25.5	3.2	1.4	10.5
グアム	21	18	12	3	1	4	0
	100.0	85.7	32.4	8.1	2.7	10.8	0.0
比率の差の検定結果						＊＊	

注：＊＊：1％水準で有意，＊：5％水準で有意，重複回答。

4　キャッシュ・フロー計算書に関する直接法・間接法の表示

　キャッシュ・フロー計算書を作成している中小企業において，日本では，直
接法が65.9％で間接法よりかなり多い。グアムでは，直接法と間接法がほぼ同
程度採用されている。また，直接法と間接法の違いについての理解度では，両

図表5-9　キャッシュ・フロー計算書の表示方法

Q13 （上段：実数，下段：%）	サンプル数	直接法	間接法	不明
日本	220	145	75	0
	100.0	65.9	34.1	0.0
グアム	21	8	10	3
	100.0	38.1	47.6	14.3
比率の差の検定結果		*		**

注：**:1％水準で有意，*:5％水準で有意。

図表5-10　キャッシュ・フロー計算書の表示方法の違いの理解度

Q14 （上段：実数，下段：%）	サンプル数	直接法・間接法の違いの理解度
日本	220	135
	100.0	61.4
グアム	21	16
	100.0	76.2
比率の差の検定結果		

注：**:1％水準で有意，*:5％水準で有意。

国間であまり差はなく，6割～7割程度となっている（**図表5-9**，**図表5-10**参照）。

5　資金繰表の受容状況

　資金繰表の認知率は，日本がグアムを大きく上回っており88.4％と1％有意である。また，資金繰表の作成率，必要度については，両国間で有意差はない。さらに，キャッシュ・フロー計算書と資金繰表の違いについては，グアムが日本を上回っており5％有意である。以上よりキャッシュ・フロー計算書はグアムで，受容されている度合いが高く，逆に資金繰表は日本で受容されている度合いが高い（**図表5-11**参照）。

図表5-11　資金繰表の受容状況

Q12，Q13，Q14，Q15（上段：実数，下段：%）	サンプル数	資金繰表の認知率	資金繰表の作成率	資金繰表の必要度	キャッシュ・フロー計算書と資金繰表の違いの理解度
日本	880	778	472	633	291
	100.0	88.4	53.6	71.9	33.1
グアム	37	24	17	24	19
	100.0	64.9	45.9	64.9	51.4
比率の差の検定結果		**			*

注：**:1％水準で有意，*:5％水準で有意，重複回答。

6　中小会計要領とFRF for SMEsの認知率

　ボトムアップアプローチやダブルスタンダード，さらには中小企業に対して過度の負担を強いらせないと日米ともいわれているという観点からみると中小会計要領とFRF for SMEsの認知率は，グアムでは，24.3％とあまり高くないが，日本では，10.6％とグアムよりも大きく下回っており，1％有意となっている（**図表5-12参照**）。

図表5-12　中小会計要領とFRF for SMEsの認知率

Q31（上段：実数，下段：%）	サンプル数	中小会計要領とFRF for SMEsの認知率
日本	880	93
	100.0	10.6
グアム	37	9
	100.0	24.3
比率の差の検定結果		**

注：**:1％水準で有意，*:5％水準で有意。

7　経営意思決定に当たって重視する会計情報

　中小企業が経営意思決定をするに当たり重視する会計情報としては，日本では「売上高」が最も高く83.9％で，以下はかなり下がって「営業利益」が43.8

図表5-13　経営意思決定に当たって重視する会計情報

Q28（上段：実数，下段：％）	サンプル数	売上高	営業利益	将来の期待利益	当期純利益	キャッシュ・フローの増加	営業キャッシュ・フロー	資産内容	市場占有率	財務キャッシュ・フロー	フリー・キャッシュ・フロー	負債内容	当期純利益＋減価償却費	資本内容	配当	役員賞与	投資キャッシュ・フロー	その他
日本	880	738	385	175	348	108	91	25	8	25	21	32	55	16	12	12	4	16
	100.0	83.9	43.8	19.9	39.5	12.3	10.3	2.8	0.9	2.8	2.4	3.6	6.3	1.8	1.4	1.4	0.5	1.8
グアム	37	17	16	14	14	0	13	12	4	8	8	13	7	0	0	7	7	0
	100.0	45.9	43.2	37.8	37.8	0.0	35.1	32.4	10.8	21.6	21.6	35.1	18.9	0.0	0.0	18.9	18.9	0.0
比率の差の検定結果		**		**		*	**	**	**	**	**	**	**			**	**	

注：**：1％水準で有意，*：5％水準で有意，重複回答。

％，「当期利益」が39.5％である。グアムでは，日本の「売上高」のように突出した回答項目はなく，第一順位が「売上高」の45.9％で，以下，「営業利益」が43.2％，「将来の期待利益」と「当期純利益」が同率の37.8％，「営業キャッシュ・フロー」と「負債内容」が同率の35.1％となっている。

キャッシュ・フローにフォーカスすると「営業キャッシュ・フロー」，「投資キャッシュ・フロー」，「財務キャッシュ・フロー」，「フリー・キャッシュ・フロー」のいずれもグアムでは日本を大きく上回っており，これらは1％有意である（**図表5-13**参照）。

V　結論と残された課題

本章では，日本と米国の中小企業が，キャッシュ・フロー・マネジメントによる意思決定を行うために，キャッシュ・フロー計算書をどのように使用しているのか実態を把握するとともに，両国の相違点を明らかにした。

日本では中小会計要領には，財務諸表の一表にキャッシュ・フロー計算書は

含まれておらず，グアムでは，FRF for SMEsにキャッシュ・フロー計算書が基本財務諸表の一部として構成されており，両国の会計制度の違いが明らかになった。また，日本では中小企業の最大のステークホルダーである銀行は融資の与信判断の際，財務諸表の一表にキャッシュ・フロー計算書を求めていないが，グアムではキャッシュ・フロー計算書を求めているという実務の違いも明らかになった。しかし，両国とも銀行は，独自のシステムにより修正キャッシュ・フロー計算書を作成し，与信判断に活用している。これは，両国における会計制度と実務の乖離現象を浮き彫りにさせた。つまり，キャッシュ・フロー計算書は，グアムの方が日本より管理会計と財務会計の両面から有用性があるといえるのではないだろうか。一方，資金繰表に関しては，日本では銀行が中小企業に対して融資の与信判断の際，求めている。これも両国の実務の違いや歴史的背景，行政の影響もあるものと考えられる。

　このように両国の会計制度，行政，歴史的背景，さらには実務の違いから，キャッシュ・フロー計算書に関する乖離現象が発生している。中小企業がグローバル化，多様化，複雑化する実体経済の中において，日本では経営者や銀行の与信判断にマイナスに寄与する可能性を内包していると考えられる。このため，日本においてはグアムに倣う会計ソフトの普及の推奨，ならびに中小企業会計におけるキャッシュ・フロー計算書の作成の制度化を再考する必要性があるのではないだろうか。さらに，日本の銀行が資金繰表を求めているように，キャッシュ・フロー計算書も同様の対応策を官民一体となって政策提言することも肝要であろう。なぜならば，米国において，直接法と間接法の選択制は，金融機関からの強い要請から実現化されたという歴史がある。これが日本に影響を与えていることは明白な事実である。とりわけ，ここでは触れないが，ステークホルダーにとって資金繰表は将来キャッシュ情報が含意された重要な財務資料であり，キャッシュ・フロー計算書のように貸借対照表と損益計算書が二期分あるとステークホルダーは作成できるものではあるが，資金繰表は中小企業側でしか作成することができないという側面をもっていることに再度フォーカスする必要性もあると考えられる。

　最後に残された課題として，本章ではアンケート調査のサンプル数が僅少である，調査方法の統一化がなされておらず調査エリアの狭域化であり広域化さ

れていない等，アンケート調査の精度を向上させる必要があるため，それらを
改善後，別稿にて論じることとしたい。

[注]───────────────────────────────────────

(1) 本章では日本は沖縄を除く九州地区を対象とし，また米国はグアムを対象として，日米の比較を
　　検討する。なお，文中では日本はわが国あるいは日本，米国はグアムと表記する。
(2) 現在，中小企業関係者，金融機関関係者，会計専門家等が一丸となって中小会計要領の普及・活
　　用に取り組むことで，中小企業が中小会計要領に従った会計処理を行い，その結果，中小企業の経
　　営力の強化や資金調達力の強化等につながることが期待されている。また，金融庁と中小企業庁が
　　共同事務局を担っている。
(3) 財務諸表である財政状態計算書と事業活動計算書の二表を作成した場合には，キャッシュ・フロ
　　ー計算書の作成を義務付けられている（AICPA 2013a, Para.1.04.）。

参考文献

Agoglia, C.P., T.S. Doupnik, and G.T. Tsakumis (2011) Principles-Based versus Rules-Based Accounting Standards : The Influence of Standard Precision and Audit, pp.747-767.

AICPA (1989) *Statement on Auditing Standards No.62*, Special Report, AICPA.

AICPA (2004) *AICPA Professional Standards Volume 1*, NewYork, NY: AICPA.

AICPA Website, http://www.aicpa.org/InterestAreas/FRC/AccountingFinancialReporting/PCFR/Pages/Financial-Reporting-Framework.aspx, 15. January. 2014.

AICPA (2012) *Proposed Financial Reporting Framework for Small and Medium-Sized Entities*, Exposure Draft, prepared by the AICPA FRF for SMEs Task Force.

AICPA (2013a) *Financial Reporting Framework for Small and Medium-Sized Entities*, developed by AICPA FRF for SMEs Task Force (2012-2013) and AICPA Staff.

AICPA (2013b) *Financial Reporting Framework for Small and Medium-Sized Entities*, AICPA.

AICPA (2013c) *FRF for SMEs Frequently Asked Questions*.

FASB (2006) S*tatement of Financial Accounting Standards*, No.157-Fair Value Measurements, FASB.

FASB (2012) *Private Company Decision-Making Framework*, Discussion Paper, FASB.

FASB (2013a) *Private Company Decision-Making Framework*, A Guide for evaluating Financial Accounting and Reporting for and Private Companies, April 15.

FASB (2013b) *Private Company Decision-Making Framework*, Financial Accounting Standards Board and Private Company Council.

Factfinder. census. gov Website, http://factfinder.census.gov/faces/tableservices/jsf/pages/productview.xhtml?pid=BP_2013_00A4&prodType=table, 7. July. 2015.

FRC（2005）*The Implication of New Accounting and Auditing Standards for The 'True and Fair View' and Auditors' Responsibilities*, FRC.

IASB（2009a）*Basis for Conclusions on IFRS for SMEs*, IASB.

IASB（2009b）IFRS for SMEs, IASB.

IFRS website, http://www.ifrs.org/Alerts/SME/Pages/IFRS-for-SMEs-fact-sheet-has-been-updated-July-2013.aspx, 15.June. 2014.

Okabe, K.（2013）Study on Statement of Cash Flows for SMEs Accounting, *Journal of Analysis on Enterprise and Business Administration in East Asia*, No.8, pp.1-12.

Mackenzie, B. et al.（2011）*Applying IFRS for SMEs*, Wiley.

Mackenzie, B. et al.（2014）*Interpretation and Application of International Financial Reporting Standards*, Wiley.

Ramos, M.J.（edited by Lyons, A.M.）（1994）*Preparing and Reporting on Cash- and Tax-Basis Financial Statements*, AICPA.

Ramos, M.J.（edited by Accounting and Auditing Publications）（1998）*Preparing and Reporting on Cash-and Tax-Basis Financial Statements*, AICPA.

SBA website, http://www.aba.gov/content/summary-size-standards-industry, 15. June. 2014.

Kawasaki, T. and T. Sakamoto（2014）*Genaral Accounting Standard for Small and Medium-sized Entities in Japan*, Wiley.

岩崎勇（2015）「我が国における中小企業会計の概念フレームワークの提言―米国中小企業会計の概念フレームワークを参考にして―」九州大学会計リサーチワーク・ショップ報告論文, 2015年6月20日。

浦崎直浩（2013a）「アメリカにおける中小企業の財務諸表の表示」『商経学叢』（経営学部開設10周年記念論文集）45-56頁。

浦崎直浩（2013b）「特別目的の財務報告フレームワークと中小企業会計―AICPAのFRF for SMEsを中心として―」『會計』第184巻第3号, 42-56頁。

岡部勝成（2010）『キャッシュ・フロー会計情報と企業価値評価―九州地区の中小企業をめぐる実証分析―』税務経理協会。

岡部勝成（2015）「中小企業会計におけるキャッシュ・フロー計算書の研究―日米の比較を中心として―」『會計』第187巻第3号, 86-96頁。

河﨑照行（2013）「米国における中小企業会計の新たな動向」『税経通信』第68巻第10号, 17-23頁。

河﨑照行（2014）「最新・中小企業会計論（6）」『TKC』8月号, 8-13頁。

河﨑照行編著（2015）『中小企業の会計制度―日本・欧米・アジア・オセアニアの分析』中央経済社。

金融庁ウェブサイト, http://www.fsa.go.jp/status/nintei/（アクセス日：2015年6月30日）。

国税庁ウェブサイト，http://www.nta.go.jp/kohyo/tokei/kokuzeicho/kaishahyohon2011/
pdf/kekka.pdf（アクセス日：2015年6月30日）。

中小企業庁ウェブサイト，http://www.chusho.meti.go.jp/pamflet/g_book/h21/teigi.html（ア
クセス日：2015年6月30日）。

（岡部勝成）

第6章

わが国中小企業のキャッシュ・フロー計算書に関するアンケート調査分析

I 本章の目的と背景

　本章の目的は，国際的視点からキャッシュ・フロー計算書の重要性がいわれる中，わが国中小企業のキャッシュ・フロー計算書にフォーカスし，実態の調査をするとともに，中小企業が何のためにキャッシュ・フロー計算書を作成し，あるいはそれを必要としているのか等を明らかにすることである。

　近年，大企業の会計制度と中小企業の会計制度の二分化の議論が内外問わず活発化してきている。このような中，中小企業は，大企業と異なった属性が個々に多種多様存在する。つまり，中小企業では，所有者管理の会社（所有者＝経営者），内部統制機構の未整備，経理担当者である経営資源，ステークホルダーの相違，資金調達等が指摘されている。しかし，中小企業におけるキャッシュ・フロー・マネジメントというキーワードは財務会計や管理会計はもとより，ステークホルダーという視点から重要性は増しており，本章は継続的観点のもと，2004年から中小企業向けキャッシュ・フロー計算書の実態調査を実施してきた。当初は，狭域から始め，市単位，県単位，地域単位（7県）と対象範囲の拡大を図り，今回の全国ベースでのアンケート調査に至っている。

II 先行研究

　鈴木・須田（2004）は，関西地区の「中小会社の会計と開示—アンケート調査の分析結果—」において，サンプル数498社からキャッシュ・フロー計算書の作成に関しては，株式公開の意向があれば大きな影響がある。斎藤（2005）は，中部地区企業における経営意思決定に対するキャッシュ・フロー計算書の

影響において，サンプル数187件からキャッシュ・フロー計算書の認知度はかなり高いが，依然として利益情報や売上高の経営意思決定に占める割合は高い。岡部（2010）は，キャッシュ・フロー計算書の構造と有用性において，サンプル数220件から業歴20年以内，特に10年以内，売上高50億円以上100億円未満，従業員数30人以上100人未満ではキャッシュ・フロー計算書の必要性を強く感じている。また，経営意思決定に対するキャッシュ・フロー計算書の影響において，サンプル数1,100件からキャッシュ・フロー計算書の認知度は低いが，依然として利益情報や売上高の経営意思決定に占める割合は高い。ただし，キャッシュ・フロー計算書は，従業員，資本金，売上高の企業規模拡大に伴い，その必要性，認知度は高くなる，と述べている。

Ⅲ　仮説の設定とリサーチデザイン

　本章では，わが国全土の中小企業に対するアンケート調査を実施した。このデータを先行研究に依拠し，クロス集計による各属性の回答結果に基づいた母比率の差の検定，ならびにロジスティック回帰分析を行った。

1　仮説の設定

（1）　規模仮説

　企業規模が大きくなるほど，ステークホルダーの種類と数は増加する。とりわけ，中小企業における最大のステークホルダーは金融機関であり，与信判断（円滑な資金調達）される際，優位な条件を獲得するために充実した情報開示として，中小企業はキャッシュ・フロー計算書を作成するであろう。一方，金融機関は独自にキャッシュ・フロー計算書を作成している。また，このような状況が多くなれば，利害対立を起こす確立は高くなる。つまり，利害対立を解消させるためや利害調整のために，高度で複雑な会計基準に依拠したキャッシュ・フロー計算書を作成することになる。そこで本章では「規模の大きい企業ほど，キャッシュ・フロー計算書の作成と開示に積極的である。」という規模仮説を設定した。企業規模の説明変数として従業員数と資本金を用いる[1]。

（2） 株式公開仮説

　近年，創業をする企業が増加している傾向がある中，創業当初より株式公開の意向がある企業は，公開会社並みの会計基準を適用している可能性が高い。つまり，公開会社に必要な財務三表といわれる一表であるキャッシュ・フロー計算書の作成に着手していると考えられる。そこで，本章では「株式公開の意向がある企業ほど，キャッシュ・フロー計算書の作成と開示に積極的である。」という株式公開仮説を設定した。株式公開の説明変数として，株式公開（上場）の意向の有無を用いる。

（3） 作成者仮説

　中小企業において，公開会社に必須の財務三表の一表であるキャッシュ・フロー計算書は，高度な会計基準と認識されており，それを社内で作成するということは，公開会社に類似した意識や専門知識があると捉えられる。そこで，本章では「社長・経理が作成する企業ほど，キャッシュ・フロー計算書の作成と開示に積極的である。」という作成者仮説を設定した。作成者仮説の説明変数として，作成している社長・経理，それ以外を用いる。

┃2 リサーチデザイン

　ロジスティック回帰分析について，先行研究に依拠し4つのシートに展開した（**図表6-11～図表6-14**参照）。そこから合計4つの結果を示すことにする。

（1） ロジスティック回帰分析

　キャッシュ・フロー計算書適用モデル $Y_1 \sim Y_3 = a + \beta_1 X_1 + \beta_2 X_2 + \beta_3 X_3 + \varepsilon$ ………(1)

　キャッシュ・フロー計算書適用モデル $Y_4 = a + \beta_1 X_1 + \beta_2 X_2 + \beta_3 X_3 + \beta_4 X_4 + \varepsilon$ ………(2)

〈従属変数〉

Y_1：キャッシュ・フロー計算書の認知（1:はい　0:いいえ）

Y_2：キャッシュ・フロー計算書の必要性の有無（1:はい，0:いいえ）

Y_3：キャッシュ・フロー計算書の報告書を重視の有無（1:はい，0:いいえ）

Y₄：キャッシュ・フロー計算書の報告書を重視の有無（1:はい，0:いいえ）
（キャッシュ・フロー計算書作成企業のみ）

〈説明変数〉
X₁：会社規模（従業員数）
X₂：会社規模（資本金）
X₃：上場意向（1:有，2:無）
X₄：キャッシュ・フロー計算書作成担当者区分（1:社長・経理，0:それ以外）[2]

（1）方法（概要）

本章は，「キャッシュ・フロー計算書に関する中小企業のアンケート調査」
と題して東京経済のデータ，さらにはその全国の支店の協力に基づき行った。

調査対象：日本における中小企業（非上場会社，上場会社の子会社除く）
調査方法：個別訪問面接聴取法
調査データ：東京経済
調査実施期間：2015年1月〜5月
サンプル数：416件

今回のサンプル数の都道府県別分布を**図表6-1**で示しており，関東エリア（172
件，41.2％），関西エリア（90件，21.7％）中部エリア（47件，11.3％）の順に
なっており，三大都市圏合計では309件，74.2％である。従業員数は，11〜30
名が190件と多く，10名以下が99件，31名〜50名が77件の順であり，合計336
件，80.8％となっている。資本金は，5,000万円以下が367件，88.2％である。
売上高は，50億円以下の合計が388件，93.3％，1億円超10億円以下が217件，
52.2％である。キャッシュ・フロー計算書の作成者は，214件，内訳は，社長
または経理担当者が121件，56.5％，その他（税理士，公認会計士等）が90件，
42.1％である。上場予定（意向）は，13件，3.1％である。

変数の定義は，r03とr04が人数，r05が万円，r07・r08・r12・r13・r14・
r15・r16・r20・r21・r22が（1:「はい」0:「いいえ」），r19が（1:「以前
から重視している」および「最近重視している」0:「作成するがあまり重視

していない」および「重視していない」)となっている。

　従業員数は，キャッシュ・フロー計算書の作成，キャッシュ・フロー計算書と資金繰表の相違認知，経営意思決定へのキャッシュ・フロー計算書の重要度の認知，中小指針の認知，中小会計要領の認知，上場意向が1％有意であり，またキャッシュ・フロー計算書の認知，キャッシュ・フロー経営の認知が5％有意であり企業規模の拡大に伴って影響がある。経理担当者数は，上場意向のみが有意でなく，それ以外は1％有意であり，企業規模の拡大に伴って影響がある。資本金は，上場意向が1％有意であり，経営意思決定へのキャッシュ・フロー計算書の重要度の認知，中小指針の認知，中小会計要領の認知が5％有意であり，企業規模の拡大に伴って影響がある。資金繰表関係では有意はない。上場意向は，従業員数と資本金が1％有意であり，企業規模の拡大に伴って影響がある。これ以外の属性では，有意はない（**図表6-2**参照）。

図表6-1　本社所在地分布

		合計	北海道	宮城県	福島県	茨城県	栃木県	群馬県	埼玉県	千葉県	東京都	神奈川県	新潟県	富山県	石川県	山梨県
	合計	416	3	2	12	9	7	6	16	11	124	21	1	2	2	
		100.0	0.7	0.5	2.9	2.2	1.7	1.4	3.8	2.6	29.8	5.0	0.2	0.5	0.5	0.
従業員数	10名以下	99	1	–	4	–	1	1	2	1	33	2	–	–	1	
		100.0	1.0	–	4.0	–	1.0	1.0	2.0	1.0	33.3	2.0	–	–	1.0	1.
	11～30名	160	–	1	3	3	4	4	7	4	48	9	–	2	1	
		100.0	–	0.6	1.9	1.9	2.5	2.5	4.4	2.5	30.0	5.6	–	1.3	0.6	
	31～50名	77	1	1	1	3	1	1	5	2	24	4	1	–	–	
		100.0	1.3	1.3	1.3	3.9	1.3	1.3	6.5	2.6	31.2	5.2	1.3	–	–	1.
	51～100名	50	1	–	3	3	1	–	–	3	13	5	–	–	–	
		100.0	2.0	–	6.0	6.0	2.0	–	–	6.0	26.0	10.0	–	–	–	
	101～300名	22	–	–	1	–	–	–	2	–	6	–	–	–	–	
		100.0	–	–	4.5	–	–	–	9.1	–	27.3	–	–	–	–	
	301名以上	8.0	–	–	–	–	–	–	–	1.0	–	1.0	–	–	–	
		100.0	–	–	–	–	–	–	–	12.5	–	12.5	–	–	–	
	無回答	–	–	–	–	–	–	–	–	–	–	–	–	–	–	
資本金	1,000万円以下	161	1	1	4	1	5	2	5	4	53	8	–	1	1	
		100.0	0.6	0.6	2.5	0.6	3.1	1.2	3.1	2.5	32.9	5.0	–	0.6	0.6	0
	1,000万円超～3,000万円以下	136	1	–	4	2	1	4	7	3	39	8	–	1	1	
		100.0	0.7	–	2.9	1.5	0.7	2.9	5.1	2.2	28.7	5.9	–	0.7	0.7	0
	3,000万円超～5,000万円以下	70	1	–	2	5	1	–	4	4	21	1	1	–	–	
		100.0	1.4	–	2.9	7.1	1.4	–	5.7	5.7	30.0	1.4	1.4	–	–	
	5,000万円超～1億円以下	32	–	–	1	1	–	–	–	–	10	3	–	–	–	
		100.0	–	–	3.1	3.1	–	–	–	–	31.3	9.4	–	–	–	
	1億円超	13	–	1	1	–	–	–	–	–	1	1	–	–	–	
		100.0	–	7.7	7.7	–	–	–	–	–	7.7	7.7	–	–	–	
	無回答	4	–	–	–	–	–	–	–	–	–	–	–	–	–	
		100.0	–	–	–	–	–	–	–	–	–	–	–	–	–	
売上高	1億円以内	49	1	–	2	–	–	–	1	1	17	1	–	–	1	
		100.0	2.0	–	4.1	–	–	–	2.0	2.0	34.7	2.0	–	–	2.0	2(
	1億円超～10億円	217	1	2	7	2	5	5	8	5	68	13	–	2	1	
		100.0	0.5	0.9	3.2	0.9	2.3	2.3	3.7	2.3	31.3	6.0	–	0.9	0.5	0
	10億円超～50億円	122	–	–	3	7	2	1	5	5	34	5	1	–	–	
		100.0	–	–	2.5	5.7	1.6	0.8	4.1	4.1	27.9	4.1	0.8	–	–	
	50億円超～100億円	19	1	–	–	–	–	–	2	–	5	1	–	–	–	
		100.0	5.3	–	–	–	–	–	10.5	–	26.3	5.3	–	–	–	
	100億円超	8	–	–	–	–	–	–	–	–	–	1	–	–	–	
		100.0	–	–	–	–	–	–	–	–	–	12.5	–	–	–	
	無回答	1	–	–	–	–	–	–	–	–	–	–	–	–	–	
		100.0	–	–	–	–	–	–	–	–	–	–	–	–	–	
C/F作成担当	社長または経理	121	1	–	4	5	2	1	6	4	28	6	1	–	–	
		100.0	0.8	–	3.3	4.1	1.7	0.8	5.0	3.3	23.1	5.0	0.8	–	–	0
	その他	90	1	–	2	3	1	–	6	3	30	2	–	–	–	
		100.0	1.1	–	2.2	3.3	1.1	–	6.7	3.3	33.3	2.2	–	–	–	
	無回答	3	–	–	–	–	–	–	–	–	1	–	–	–	–	
		100.0	–	–	–	–	–	–	–	–	33.3	–	–	–	–	
上場意向	はい	13	1	–	1	–	–	–	1	–	4	1	–	–	–	
		100.0	7.7	–	7.7	–	–	–	7.7	–	30.8	7.7	–	–	–	
	いいえ	397	2	2	11	9	7	6	15	11	119	20	1	2	1	
		100.0	0.5	0.5	2.8	2.3	1.8	1.5	3.8	2.8	30.0	5.0	0.3	0.5	0.3	0
	無回答	6	–	–	–	–	–	–	–	–	1	–	–	–	1	
		100.0	–	–	–	–	–	–	–	–	16.7	–	–	–	16.7	

岡県	愛知県	三重県	滋賀県	京都府	大阪府	兵庫県	奈良県	和歌山県	岡山県	広島県	徳島県	香川県	愛媛県	福岡県	大分県	沖縄県	無回答
6	27	10	15	25	36	24	5	1	13	14	1	1	2	7	1	4	2
1.4	6.5	2.4	3.6	6.0	8.7	5.8	1.2	0.2	3.1	3.4	0.2	0.2	0.5	1.7	0.2	1.0	0.5
-	8	4	4	7	9	6	2	-	5	1	1	1	1	-	1	1	1
-	8.1	4.0	4.0	7.1	9.1	6.1	2.0	-	5.1	1.0	1.0	1.0	1.0	-	1.0	1.0	1.0
4	9	3	8	5	17	11	2	1	4	5	-	-	-	1	-	1	1
2.5	5.6	1.9	5.0	3.1	10.6	6.9	1.3	0.6	2.5	3.1	-	-	-	0.6	-	0.6	0.6
1	4	-	1	5	4	4	-	-	2	3	-	-	1	3	-	2	-
1.3	5.2	-	1.3	6.5	5.2	5.2	-	-	2.6	3.9	-	-	1.3	3.9	-	2.6	-
1	2	2	-	5	3	1	1	-	-	4	-	-	-	2	-	-	-
2.0	4.0	4.0	-	10.0	6.0	2.0	2.0	-	-	8.0	-	-	-	4.0	-	-	-
-	2	1	1	3	1	2	-	-	1	1	-	-	-	1	-	-	-
-	9.1	4.5	4.5	13.6	4.5	9.1	-	-	4.5	4.5	-	-	-	4.5	-	-	-
-	2	-	1	-	2	-	-	-	1	-	-	-	-	-	-	-	-
-	25.0	-	12.5	-	25.0	-	-	-	12.5	-	-	-	-	-	-	-	-
-	-	-	-	-	-	-	-	-	-	-	-	-	-	-	-	-	-
-	-	-	-	-	-	-	-	-	-	-	-	-	-	-	-	-	-
1	11	3	5	7	11	11	2	-	6	8	-	1	1	2	1	1	2
0.6	6.8	1.9	3.1	4.3	6.8	6.8	1.2	-	3.7	5.0	-	0.6	0.6	1.2	0.6	0.6	1.2
3	8	3	4	11	16	5	2	1	2	4	1	-	-	1	-	-	-
2.2	5.9	2.2	2.9	8.1	11.8	3.7	1.5	0.7	1.5	2.9	0.7	-	-	0.7	-	-	-
2	5	2	2	4	3	4	-	-	3	1	-	-	-	2	-	2	-
2.9	7.1	2.9	2.9	5.7	4.3	5.7	-	-	4.3	1.4	-	-	-	2.9	-	2.9	-
-	1	2	1	1	2	4	-	-	2	1	-	-	1	2	-	-	-
-	3.1	6.3	3.1	3.1	6.3	12.5	-	-	6.3	3.1	-	-	3.1	6.3	-	-	-
-	1	-	3	1	3	-	1	-	-	1	-	-	-	-	-	-	-
-	7.7	-	23.1	7.7	23.1	-	7.7	-	-	7.7	-	-	-	-	-	-	-
-	1	-	-	1	1	-	-	-	-	-	-	-	-	-	-	1	-
-	25.0	-	-	25.0	25.0	-	-	-	-	-	-	-	-	-	-	25.0	-
-	4	3	2	2	1	3	1	-	3	-	-	-	1	-	1	2	1
-	8.2	6.1	4.1	4.1	2.0	6.1	2.0	-	6.1	-	-	-	2.0	-	2.0	4.1	2.0
3	14	2	7	15	22	9	3	1	6	8	1	1	-	-	-	1	1
1.4	6.5	0.9	3.2	6.9	10.1	4.1	1.4	0.5	2.8	3.7	0.5	0.5	-	-	-	0.5	0.5
3	6	5	3	7	8	11	1	-	3	5	-	1	5	-	-	-	-
2.5	4.9	4.1	2.5	5.7	6.6	9.0	0.8	-	2.5	4.1	-	0.8	4.1	-	-	-	-
-	-	2	-	4	-	-	-	-	1	1	-	-	-	2	-	-	-
-	-	10.5	-	21.1	-	-	-	-	5.3	5.3	-	-	-	10.5	-	-	-
-	3	-	1	1	1	1	-	-	-	-	-	-	-	-	-	-	-
-	37.5	-	12.5	12.5	12.5	12.5	-	-	-	-	-	-	-	-	-	-	-
-	-	-	-	-	-	-	-	-	-	-	-	-	-	-	-	1	-
-	-	-	-	-	-	-	-	-	-	-	-	-	-	-	-	100.0	-
4	10	1	5	4	12	5	2	-	4	4	-	-	1	5	1	2	1
3.3	8.3	0.8	4.1	3.3	9.9	4.1	1.7	-	3.3	3.3	-	-	0.8	4.1	0.8	1.7	0.8
-	5	3	4	5	10	7	-	-	2	3	-	-	1	-	-	-	1
-	5.6	3.3	4.4	5.6	11.1	7.8	-	-	2.2	3.3	-	-	1.1	-	-	-	1.1
-	1	-	·	-	1	-	-	-	-	-	-	-	-	-	-	-	-
-	33.3	-	-	33.3	-	-	-	-	-	-	-	-	-	-	-	-	-
-	1	-	-	-	2	-	-	-	1	-	-	-	-	1	-	-	-
-	7.7	-	-	-	15.4	-	-	-	7.7	-	-	-	-	7.7	-	-	-
5	25	10	15	25	33	24	5	1	12	13	1	1	2	6	1	4	2
1.3	6.3	2.5	3.8	6.3	8.3	6.0	1.3	0.3	3.0	3.3	0.3	0.3	0.5	1.5	0.3	1.0	0.5
1	1	-	-	-	1	-	-	-	1	-	-	-	-	-	-	-	-
16.7	16.7	-	-	-	16.7	-	-	-	16.7	-	-	-	-	-	-	-	-

第6章 わが国中小企業のキャッシュ・フロー計算書に関するアンケート調査分析

図表6-2　相関係数

		r03	r04	r05	r07	r08	r
		従業員数	経理担当者数	資本金	キャッシュ・フロー計算書の認知	キャッシュ・フロー計算書の作成	キャッシュ・フロー経…認…
r03	従業員数	1	0.226 **	0.940 **	0.105 *	0.153 **	0.12
r04	経理担当者数	0.226 **	1	0.140 **	0.210 **	0.251 **	0.22
r05	資本金	0.940 **	0.140 **	1	0.065	0.091	0.09
r07	キャッシュ・フロー計算書の認知	0.105 *	0.210 **	0.065	1	0.541 **	0.51
r08	キャッシュ・フロー計算書の作成	0.153 **	0.251 **	0.091	0.541 **	1	0.5
r12	キャッシュ・フロー経営の認知	0.126 *	0.229 **	0.093	0.518 **	0.511 **	
r13	資金繰表の認知	0.068	0.151 **	0.030	0.336 **	0.292 **	0.24
r14	資金繰表の作成	0.122 *	0.256 **	0.065	0.312 **	0.452 **	0.28
r15	資金繰表の必要性	0.103 *	0.191 **	0.050	0.211 **	0.327 **	0.22
r16	キャッシュ・フロー計算書と資金繰表の相違認知	0.130 **	0.195 **	0.068	0.574 **	0.503 **	0.5
r19	経営意思決定へのキャッシュ・フロー計算書の重要度認知	0.166 **	0.283 **	0.123 *	0.345 **	0.576 **	0.53
r20	中小会計要領の認知	0.149 **	0.203 **	0.121 *	0.363 **	0.432 **	0.45
r21	中小指針の認知	0.154 **	0.218 **	0.126 *	0.337 **	0.432 **	0.42
r22	将来の上場意向	0.305 **	0.024	0.268 **	0.028	0.008	0.08

注：（有意水準：両側）＊＊：1％水準で有意，＊：5％水準で有意

	r14 資金繰表の作成	r15 資金繰表の必要性	r16 キャッシュ・フロー計算書と資金繰表の相違認知	r19 経営意思決定へのキャッシュ・フロー計算書の重要度認知	r20 中小会計要領の認知	r21 中小指針の認知	r22 将来の上場志向
	0.122 *	0.103 *	0.130 **	0.166 **	0.149 **	0.154 **	0.305 **
**	0.256 **	0.191 **	0.195 **	0.283 **	0.203 **	0.218 **	0.024
	0.065	0.050	0.068	0.123 *	0.121 *	0.126 *	0.268 **
**	0.312 **	0.211 **	0.574 **	0.345 **	0.363 **	0.337 **	0.028
**	0.452 **	0.327 **	0.503 **	0.576 **	0.432 **	0.432 **	0.008
**	0.282 **	0.226 **	0.517 **	0.534 **	0.458 **	0.420 **	0.054
	0.480 **	0.447 **	0.390 **	0.200 **	0.183 **	0.166 **	-0.032
**	1	0.757 **	0.373 **	0.306 **	0.274 **	0.292 **	0.066
**	0.757 **	1	0.360 **	0.291 **	0.177 **	0.203 **	0.077
**	0.373 **	0.360 **	1	0.407 **	0.358 **	0.365 **	0.040
**	0.306 **	0.291 **	0.407 **	1	0.377 **	0.387 **	0.096
**	0.274 **	0.177 **	0.358 **	0.377 **	1	0.938 **	0.035
**	0.292 **	0.203 **	0.365 **	0.387 **	0.938 **	1	0.047
	0.066	0.077	0.040 **	0.096	0.035	0.047	1

Ⅳ 分析

1 母比率の差の検定

　クロス集計による各属性の回答結果に基づき母比率の差の検定を行う。また，「はい」，「いいえ」の回答結果においては，「はい」のみを検定する。まず，Q7キャッシュ・フロー計算書の認知度（**図表6-3**）とQ8キャッシュ・フロー計算書の作成（**図表6-4**）では，従業員数，資本金，売上高，作成担当者は1％であり，企業規模が拡大するに従って影響があるが，上場意向は有意はなく影響はない。Q9キャッシュ・フロー計算書の作成者では，従業員数，資本金，売上高から社長・経理とそれ以外が1％，5％有意であり，企業規模が小さい方が社内で作成している。上場意向は有意はない（**図表6-5**）。Q10キャッシュ・フロー計算書の利用目的では，従業員数，資本金，売上高の企業規模が大きい方が株主に1％有意であり影響がある。それ以外の変数は有意はほとんどないが，中小企業の最大のステークホルダーである銀行の割合が60.7％となり，いずれの属性においても有意はないが，企業規模にかかわらずキャッシュ・フロー計算書を活用している（**図表6-6**）。Q16キャッシュ・フロー計算書と資金繰表の違いの理解度では，従業員数，資本金，売上高，作成担当者が1％有意であり企業規模が拡大するほど理解度は高くなる。上場意向では有意はないが，「はい」は76.9％と高く企業規模に関係なく理解している（**図表6-7**）。Q18-1経営方針の決定で重視する報告書は何かでは，キャッシュ・フロー計算書に対する上場意向と作成担当者は有意はなく，従業員数，資本金，売上高は1％有意であり，企業規模の拡大により，さらには作成担当者では，1％有意であり，両方ともキャッシュ・フロー計算書を重視している（**図表6-8**）。Q18-2経営方針の決定にどの報告書を重視するかでは，財務諸表作成パターンは，貸借対照表，損益計算書，キャッシュ・フロー計算書，資金繰表の4つを概観するとキャッシュ・フロー計算書に対してすべて1％有意であり，キャッシュ・フロー計算書の重要度に対するキャッシュ・フロー計算書未作成と重視以外は1％有意であり，貸借対照表や損益計算書よりもキャッシュ・フロー計算書を重視し

ている（**図表6-9**）。Q19経営の意思決定にキャッシュ・フロー計算書の重要度は変化しているかでは，従業員数，資本金，売上高，作成担当者，上場意向が，以前から重視しているが１％有意であり，重視していないでは上場意向を除く変数が１％有意となり，キャッシュ・フロー計算書の重視に関して二極化している（**図表6-10**参照）。

図表6-3　母比率の差の検定：Q7 キャッシュ・フロー計算書の認知度はあるか

p値（両側検定）

		合計	はい	いいえ	はい
	合計	416	326	90	
		100.0	78.4	21.6	
従業員数	10名以下	99	58	41	**
		100.0	58.6	41.4	0.000
	11～30名	160	123	37	
		100.0	76.9	23.1	0.699
	31～50名	77	67	10	
		100.0	87	13	0.083
	51～100名	50	48	2	**
		100.0	96.0	4.0	0.003
	101～300名	22	22	-	*
		100.0	100.0	-	0.014
	301名以上	8	8	-	
		100.0	100.0	-	0.138
	無回答	-	-	-	
		-	-	-	
資本金	1,000万円以下	161	101	60	**
		100.0	62.7	37.3	0.000
	1,000万円超～3,000万円以下	136	112	24	
		100.0	82.4	17.6	0.319
	3,000万円超～5,000万円以下	70	67	3	**
		100.0	95.7	4.3	0.001
	5,000万円超～1億円以下	32	31	1	*
		100.0	96.9	3.1	0.012
	1億円超	13	12	1	
		100.0	92.3	7.7	0.226
	無回答	4	3	1	
		100.0	75.0	25.0	
売上高	1億円以内	49	19	30	**
		100.0	38.8	61.2	0.000
	1億円超～10億円	217	162	55	
		100.0	74.7	25.3	0.292
	10億円超～50億円	122	118	4	**
		100.0	96.7	3.3	0.000
	50億円超～100億円	19	19	-	*
		100.0	100.0	-	0.023
	100億円超	8	8	-	
		100.0	100.0	-	0.138
	無回答	1	-	1	
		100.0	-	100.0	

		合計	はい	いいえ	はい
上場意向	はい	13	11	2	
		100.0	84.6	15.4	0.589
	いいえ	397	310	87	
		100.0	78.1	21.9	0.923
	無回答	6	5	1	
		100.0	83.3	16.7	

注：上段（有意水準：両側）**：1％水準で有意，*：5％水準で有意

図表6-4　母比率の差の検定：Q8 キャッシュ・フロー計算書を作成しているか

p値（両側検定）

		合計	はい	いいえ	はい
	合計	416	214	202	
		100.0	51.4	48.6	
従業員数	10名以下	99	28	71	**
		100.0	28.3	71.7	0.000
	11～30名	160	72	88	
		100.0	45.0	55.0	0.166
	31～50名	77	51	26	*
		100.0	66.2	33.8	0.017
	51～100名	50	37	13	**
		100.0	74.0	26.0	0.003
	101～300名	22	18	4	**
		100.0	81.8	18.2	0.005
	301名以上	8	8	-	**
		100.0	100.0	-	0.006
	無回答	-	-	-	
		-	-	-	
資本金	1,000万円以下	161	50	111	**
		100.0	31.1	68.9	0.000
	1,000万円超～3,000万円以下	136	81	55	
		100.0	59.6	40.4	0.099
	3,000万円超～5,000万円以下	70	51	19	**
		100.0	72.9	27.1	0.001
	5,000万円超～1億円以下	32	20	12	
		100.0	62.5	37.5	0.228
	1億円超	13	9	4	
		100.0	69.2	30.8	0.206
	無回答	4	3	1	
		100.0	75.0	25.0	
売上高	1億円以内	49	10	39	**
		100.0	20.4	79.6	0.000
	1億円超～10億円	217	89	128	*
		100.0	41.0	59.0	0.013
	10億円超～50億円	122	90	32	**
		100.0	73.8	26.2	0.000
	50億円超～100億円	19	17	2	**
		100.0	89.5	10.5	0.001
	100億円超	8	8	-	**
		100.0	100.0	-	0.006
	無回答	1	-	1	
		100.0	-	100.0	

上場意向	はい	13	7	6	
		100.0	53.8	46.2	0.864
	いいえ	397	205	192	
		100.0	51.6	48.4	0.956
	無回答	6	2	4	
		100.0	33.3	66.7	

注：上段（有意水準：両側）＊＊：1％水準で有意，＊：5％水準で有意

図表6-5　母比率の差の検定：Q9 キャッシュ・フロー計算書を誰が作成しているか

(複数回答) p値(両側検定)

		合計	社長	経理	税理士等	コンサルタント	無回答	社長	経理	税理士等	コンサルタント
	合計	214	18	104	76	15	3				
		100.0	8.4	48.6	35.5	7.0	1.4				
従業員数	10名以下	28	7	9	11	1	–	＊＊			
		100.0	25.0	32.1	39.3	3.6	–	0.007	0.101	0.696	0.491
	11～30名	72	8	38	24	1	2				
		100.0	11.1	52.8	33.3	1.4	2.8	0.491	0.539	0.737	0.073
	31～50名	51	3	26	18	3	1				
		100.0	5.9	51.0	35.3	5.9	2.0	0.548	0.760	0.976	0.774
	51～100名	37	–	23	11	3	–				
		100.0	–	62.2	29.7	8.1	–	0.128	0.495	0.811	
	101～300名	18	–	4	8	6	–		＊		＊＊
		100.0	–	22.2	44.4	33.3	–	0.031	0.449	0.000	
	301名以上	8	–	4	4	1	–				
		100.0	–	50.0	50.0	12.5	–	0.938	0.402	0.555	
	無回答	–	–	–	–	–	–				
		–	–	–	–	–	–				
資本金	1,000万円以下	50	10	20	18	2	1	＊			
		100.0	20.0	40.0	36.0	4.0	2.0	0.017	0.273	0.948	0.435
	1,000万円超～3,000万円以下	81	5	43	26	7	1				
		100.0	6.2	53.1	32.1	8.6	1.2	0.522	0.491	0.582	0.634
	3,000万円超～5,000万円以下	51	3	24	21	2	1				
		100.0	5.9	47.1	41.2	3.9	2.0	0.548	0.843	0.451	0.419
	5,000万円超～1億円以下	20	–	10	7	3	–				
		100.0	–	50.0	35.0	15.0	–	0.905	0.963	0.200	
	1億円超	9	–	6	2	1	–				
		100.0	–	66.7	22.2	11.1	–	0.288	0.413	0.640	
	無回答	3	–	1	2	–	–				
		100.0	–	33.3	66.7	–	–				
売上高	1億円以内	10	3	3	4	–	–	＊			
		100.0	30.0	30.0	40.0	–	–	0.022	0.250	0.772	
	1億円超～10億円	89	13	43	31	1	2				＊
		100.0	14.6	48.3	34.8	1.1	2.2	0.105	0.964	0.910	0.037
	10億円超～50億円	90	2	49	30	9	1	＊			
		100.0	2.2	54.4	33.3	10.0	1.1	0.047	0.352	0.716	0.377
	50億円超～100億円	17	–	7	8	2	–				
		100.0	–	41.2	47.1	11.8	–	0.556	0.341	0.470	
	100億円超	8	–	2	3	3	–				＊＊
		100.0	–	25.0	37.5	37.5	–	0.190	0.908	0.002	
	無回答	–	–	–	–	–	–				
		–	–	–	–	–	–				

C/F作成担当		合計	経営意思決定	銀行	取引先	社員	株主	無回答	経営意思決定	銀行	取引先	社員	株主
C/F作成担当	社長または経理	121	18	104	1	–	–			**	**		
		100.0	14.9	86.0	0.8	–	–		0.066	0.000	0.000		
	その他	90	–	–	75	15	–				**	**	
		100.0	–	–	83.3	16.7	–				0.000	0.010	
	無回答	3	–	–	–	–	–	3					
		100.0	–	–	–	–	–	100.0					
上場意向	はい	7	–	3	2	2	–						*
		100.0	–	42.9	28.6	28.6	–			0.765	0.705		0.035
	いいえ	205	18	100	74	12	3						
		100.0	8.8	48.8	36.1	5.9	1.5		0.893	0.970	0.901		0.630
	無回答	2	–	1	–	1	–						
		100.0	–	50.0	–	50.0	–						

注：上段（有意水準：両側）＊＊：1％水準で有意，＊：5％水準で有意

図表6-6　母比率の差の検定：Q10 キャッシュ・フロー計算書を何に活用しているか

（複数回答）p値（両側検定）

		合計	経営意思決定	銀行	取引先	社員	株主	無回答	経営意思決定	銀行	取引先	社員	株主
	合計	214	126	130	31	5	14	5					
		100.0	58.9	60.7	14.5	2.3	6.5	2.3					
従業員数	10名以下	28	23	16	2	2	1	–	*				
		100.0	82.1	57.1	7.1	7.1	3.6	–	0.017	0.714	0.287	0.154	0.540
	11～30名	72	40	43	12	2	1	3					
		100.0	55.6	59.7	16.7	2.8	1.4	4.2	0.621	0.878	0.654	0.834	0.090
	31～50名	51	27	27	4	–	3	1					
		100.0	52.9	52.9	7.8	–	5.9	2.0	0.440	0.308	0.208		0.863
	51～100名	37	20	27	6	1	2	–					
		100.0	54.1	73.0	16.2	2.7	5.4	–	0.583	0.156	0.748	0.893	0.794
	101～300名	18	11	14	4	–	3	–					
		100.0	61.1	77.8	22.2	–	16.7	–	0.853	0.153	0.378		0.113
	301名以上	8	5	3	3	–	4	1					**
		100.0	62.5	37.5	37.5	–	50.0	12.5	0.838	0.188	0.076		0.000
	無回答	–	–	–	–	–	–	–					
資本金	1,000万円以下	50	35	26	4	2	–	2					
		100.0	70.0	52.0	8.0	4.0	–	4.0	0.147	0.257	0.223	0.510	
	1,000万円超～3,000万円以下	81	40	54	15	2	4	2					
		100.0	49.4	66.7	18.5	2.5	4.9	2.5	0.142	0.349	0.394	0.947	0.608
	3,000万円超～5,000万円以下	51	31	28	6	–	2	1					
		100.0	60.8	54.9	11.8	–	3.9	2.0	0.803	0.445	0.614		0.480
	5,000万円超～1億円以下	20	10	15	3	1	3	–					
		100.0	50.0	75.0	15.0	5.0	15.0	–	0.442	0.209	0.950	0.471	0.163
	1億円超	9	7	6	2	–	5	–					**
		100.0	77.8	66.7	22.2	–	55.6	–	0.258	0.721	0.522		0.000
	無回答	3	3	1	1	–	–	–					
		100.0	100.0	33.3	33.3	–	–	–					
売上高	1億円以内	10	8	4	–	1	–	–					
		100.0	80.0	40.0	–	10.0	–	–	0.183	0.191		0.142	
	1億円超～10億円	89	57	50	8	2	1	3					*
		100.0	64.0	56.2	9.0	2.2	1.1	3.4	0.402	0.461	0.193	0.962	0.048

	10億円超～50億円	90	45	59	14	2	8	2					
		100.0	50.0	65.6	15.6	2.2	8.9	2.2	0.154	0.430	0.811	0.952	0.471
	50億円超～100億円	17	11	11	4	–	1	–					
		100.0	64.7	64.7	23.5	–	5.9	–	0.638	0.747	0.317		0.915
	100億円超	8	5	6	5	–	4	–			**		**
		100.0	62.5	75.0	62.5	–	50.0	–	0.838	0.417	0.000		0.000
	無回答	–	–	–	–	–	–	–					
		–	–	–	–	–	–	–					
C/F作成担当	社長または経理	121	79	68	14	3	8	2					
		100.0	65.3	56.2	11.6	2.5	6.6	1.7	0.247	0.416	0.452	0.934	0.980
	その他	90	47	62	17	2	6	–					
		100.0	52.2	68.9	18.9	2.2	6.7	–	0.285	0.179	0.337	0.952	0.968
	無回答	3	–	–	–	–	–	3					
		100.0	–	–	–	–	–	100.0					
上場意向	はい	7	5	4	2	1	2	–					*
		100.0	71.4	57.1	28.6	14.3	28.6	–	0.506	0.848	0.304	0.056	0.027
	いいえ	205	121	125	28	4	11	5					
		100.0	59.0	61.0	13.7	2.0	5.4	2.4	0.976	0.962	0.808	0.786	0.611
	無回答	2	–	1	1	–	1	–					
		100.0	–	50.0	50.0	–	50.0	–					

注：上段（有意水準：両側）＊＊：1％水準で有意，＊：5％水準で有意

図表6-7　母比率の差の検定:Q16 キャッシュ・フロー計算書と資金繰表の違いの理解度

p値（両側検定）

		合計	はい	いいえ	無回答	はい
	合計	416	274	139	3	
		100.0	65.9	33.4	0.7	
従業員数	10名以下	99	41	57	1	**
		100.0	41.4	57.6	1.0	0.000
	11～30名	160	99	61	–	
		100.0	61.9	38.1	–	0.369
	31～50名	77	60	15	2	
		100.0	77.9	19.5	2.6	0.038
	51～100名	50	47	3	–	**
		100.0	94.0	6.0	–	0.000
	101～300名	22	19	3	–	*
		100.0	86.4	13.6	–	0.046
	301名以上	8.0	8.0	–	–	*
		100.0	100.0	–	–	0.043
	無回答	–	–	–	–	
		–	–	–	–	
資本金	1,000万円以下	161	82	78	1	**
		100.0	50.9	48.4	0.6	0.001
	1,000万円超～3,000万円以下	136	99	37	–	
		100.0	72.8	27.2	–	0.134
	3,000万円超～5,000万円以下	70	56	14	–	*
		100.0	80.0	20.0	–	0.019
	5,000万円超～1億円以下	32	26	5	1	
		100.0	81.3	15.6	3.1	0.075

		合計				
	1億円超	13	10	3	–	**
		100.0	76.9	23.1	–	0.407
	無回答	4	1	2	1	
		100.0	25.0	50.0	25.0	
売上高	1億円以内	49	16	32	1	**
		100.0	32.7	65.3	2.0	0.000
	1億円超〜10億円	217	129	88	–	
		100.0	59.4	40.6	–	0.111
	10億円超〜50億円	122	104	17	1	**
		100.0	85.2	13.9	0.8	0.000
	50億円超〜100億円	19	17	2	–	*
		100.0	89.5	10.5	–	0.032
	100億円超	8	8	–	–	*
		100.0	100.0	–	–	0.043
	無回答	1	–	–	1	
		100.0	–	–	100.0	
C/F作成担	社長または経理	121	114	7	–	**
		100.0	94.2	5.8	–	0.000
	その他	90	77	13	–	**
		100.0	85.6	14.4	–	0.000
	無回答	3	–	3	–	
		100.0	–	100.0	–	
上場意向	はい	13	10	3	–	
		100.0	76.9	23.1	–	0.407
	いいえ	397	261	133	3	
		100.0	65.7	33.5	0.8	0.971
	無回答	6	3	3	–	
		100.0	50.0	50.0	–	

注：上段（有意水準：両側）**:1％水準で有意，*:5％水準で有意

図表6-8　母比率の差の検定：Q18-1 経営方針の決定にどの報告書を重視しているか

（複数回答）p値（両側検定）

		合計	P/L	B/S	キャッシュ・フロー計算書	統計資料	その他	無回答	P/L	B/S	キャッシュ・フロー計算書	統計資料	その他
	合計	416	322	285	124	33	39	10					
		100.0	77.4	68.5	29.8	7.9	9.4	2.4					
従業員数	10名以下	99	65	60	14	6	15	3	*		**		
		100.0	65.7	60.6	14.1	6.1	15.2	3.0	0.015	0.133	0.002	0.527	0.092
	11〜30名	160	129	110	36	7	11	3					
		100.0	80.6	68.8	22.5	4.4	6.9	1.9	0.401	0.956	0.079	0.132	0.340
	31〜50名	77	62	53	28	5	9	2					
		100.0	80.5	68.8	36.4	6.5	11.7	2.6	0.545	0.955	0.252	0.664	0.529
	51〜100名	50	42	39	25	8	3	1					
		100.0	84.0	78.0	50.0	16.0	6.0	2.0	0.287	0.168	0.004	0.057	0.431
	101〜300名	22	16	16	16	4	1	1			**		
		100.0	72.7	72.7	72.7	18.2	4.5	4.5	0.611	0.678	0.000	0.092	0.443

		合計	P/L	B/S	キャッシュ・フロー計算書	統計資料	その他	無回答	P/L	B/S	キャッシュ・フロー計算書	統計資料	その他
	301名以上	8.0	8.0	7.0	5.0	3.0	–	–					
		100.0	100.0	87.5	62.5	37.5	–	–	0.128	0.251	0.047*	0.003**	
	無回答	–											
		–											
資本金	1,000万円以下	161	117	94	28	9	26	4					
		100.0	72.7	58.4	17.4	5.6	16.1	2.5	0.232	0.022*	0.002**	0.331	0.021*
	1,000万円超～3,000万円以下	136	107	99	43	11	10	2					
		100.0	78.7	72.8	31.6	8.1	7.4	1.5	0.757	0.346	0.690	0.954	0.472
	3,000万円超～5,000万円以下	70	57	57	29	4	2	3					
		100.0	81.4	81.4	41.4	5.7	2.9	4.3	0.452	0.029*	0.053	0.517	0.069
	5,000万円超～1億円以下	32	26	23	13	3	1	1					
		100.0	81.3	71.9	40.6	9.4	3.1	3.1	0.615	0.692	0.201	0.772	0.232
	1億円超	13	12	11	9	4	–	–					
		100.0	92.3	84.6	69.2	30.8	–	–	0.203	0.216	0.002**	0.004**	
	無回答	4	3	1	2	2	–	–					
		100.0	75.0	25.0	50.0	50.0	–	–					
売上高	1億円以内	49	28	22	4	5	11	2					
		100.0	57.1	44.9	8.2	10.2	22.4	4.1	0.002**	0.001**	0.001**	0.583	0.005**
	1億円超～10億円	217	168	138	46	13	23	4					
		100.0	77.4	63.6	21.2	6.0	10.6	1.8	0.996	0.213	0.020*	0.372	0.623
	10億円超～50億円	122	103	103	53	5	5	3					
		100.0	84.4	84.4	43.4	4.1	4.1	2.5	0.094	0.001**	0.005**	0.146	0.061
	50億円超～100億円	19	16	15	13	7	–	1					
		100.0	84.2	78.9	68.4	36.8	–	5.3	0.486	0.336	0.000**	0.000**	
	100億円超	8	7	7	8	2	–	–					
		100.0	87.5	87.5	100.0	25.0	–	–	0.498	0.251	0.000**	0.082	
	無回答	1	–	–	–	1	–						
		100.0	–	–	–	100.0	–						
C/F作成担当	社長または経理	121	98	91	61	14	4	1					
		100.0	81.0	75.2	50.4	11.6	3.3	0.8	0.400	0.157	0.000**	0.213	0.030*
	その他	90	77	74	55	8	3	1					
		100.0	85.6	82.2	61.1	8.9	3.3	1.1	0.086	0.009**	0.000**	0.763	0.060
	無回答	3	1	1	–	–	–	2					
		100.0	33.3	33.3	–	–	–	66.7					
上場意向	はい	13	11	10	6	1	3	–					
		100.0	84.6	76.9	46.2	7.7	23.1	–	0.539	0.519	0.207		0.102
	いいえ	397	308	273	117	32	36	7					
		100.0	77.6	68.8	29.5	8.1	9.1	1.8	0.952	0.937	0.916		0.880
	無回答	6	3	2	1	–	–	3					
		100.0	50.0	33.3	16.7	–	–	50.0					

注：上段（有意水準：両側）**：1％水準で有意，*：5％水準で有意

図表6-9　母比率の差の検定：Q18-2 経営方針の決定にどの報告書を重視しているか

（複数回答）p値（両側検定）

		合計	P/L	B/S	キャッシュ・フロー計算書	統計資料	その他	無回答	P/L	B/S	キャッシュ・フロー計算書	統計資料	その他
	合計	416	322	285	124	33	39	10					
		100.0	77.4	68.5	29.8	7.9	9.4	2.4					

財務諸表作成パターン	区分	合計							p値				
財務諸表作成パターン	B/S,P/L,C/F,C/B	189	157	148	107	20	7	3	0.112	0.013 *	0.000 **	0.285	0.015 *
		100.0	83.1	78.3	56.6	10.6	3.7	1.6					
	B/S,P/L,C/F	25	19	18	9	2	–	1	0.871	0.715	0.512	0.990	
		100.0	76.0	72.0	36.0	8.0	–	4.0					
	B/S,P/L,C/B	93	77	68	5	4	10	2	0.253	0.383	0.000 **	0.223	0.684
		100.0	82.8	73.1	5.4	4.3	10.8	2.2					
	B/S,P/L	109	69	51	3	7	22	4	0.003 **	0.000 **	0.000 **	0.597	0.002 **
		100.0	63.3	46.8	2.8	6.4	20.2	3.7					
C/F重要度	C/F作成＆重視	130	104	100	103	20	3	1	0.533	0.066	0.000 **	0.012 *	0.008 **
		100.0	80.0	76.9	79.2	15.4	2.3	0.8					
	C/F作成＆非重視	79	69	64	12	2	4	1	0.047 *	0.025 *	0.008 **	0.086	0.212
		100.0	87.3	81.0	15.2	2.5	5.1	1.3					
	C/F非作成＆重視	12	9	9	3	–	1	–	0.845	0.633	0.719		0.903
		100.0	75.0	75.0	25.0	–	8.3	–					
	C/F非作成＆非重視	169	122	98	5	11	31	1	0.181	0.015 *	0.000 **	0.554	0.002 **
		100.0	72.2	58.0	3.0	6.5	18.3	0.6					
	不明	26	18	14	1	–	–	7					
		100.0	69.2	53.8	3.8	–	–	26.9					

注：上段（有意水準：両側）＊＊：1％水準で有意，＊：5％水準で有意

図表6-10　母比率の差の検定：Q19 経営の意思決定にキャッシュ・フロー計算書の重要度は変化しているか

p値（両側検定）

		合計	以前から重視している	最近重視している	作成するがあまり重視していない	重視していない	無回答	以前から重視している	最近重視している	作成するがあまり重視していない	重視していない
	合計	416	82	60	63	185	26				
		100.0	19.7	14.4	15.1	44.5	6.3				
従業員数	10名以下	99	10	9	10	61	9	0.025 *	0.162	0.196	0.002 **
		100.0	10.1	9.1	10.1	61.6	9.1				
	11～30名	160	17	25	25	84	9	0.010 **	0.716	0.886	0.084
		100.0	10.6	15.6	15.6	52.5	5.6				
	31～50名	77	16	13	21	23	4	0.829	0.557	0.009 **	0.017 *
		100.0	20.8	16.9	27.3	29.9	5.2				
	51～100名	50	19	10	5	14	2	0.003 **	0.297	0.330	0.026 *
		100.0	38.0	20.0	10.0	28.0	4.0				
	101～300名	22	14	3	1	2	2	0.000 **	0.918	0.170	0.001 **
		100.0	63.6	13.6	4.5	9.1	9.1				
	301名以上	8.0	6.0	–	1.0	1.0	–	0.000 **		0.836	0.071
		100.0	75.0	–	12.5	12.5	–				
	無回答	–									
資本金	1,000万円以下	161	17	18	18	95	13	0.009 **	0.307	0.219	0.002 **
		100.0	10.6	11.2	11.2	59.0	8.1				
	1,000万円超～3,000万円以下	136	25	20	26	58	7	0.734	0.935	0.274	0.710
		100.0	18.4	14.7	19.1	42.6	5.1				
	3,000万円超～5,000万円以下	70	21	11	14	19	5	0.051	0.777	0.303	0.007 **
		100.0	30.0	15.7	20.0	27.1	7.1				

	5,000万円超～1億円以下	32	10	9	3	9	1	0.119	* 0.039	0.375	0.072
		100.0	31.3	28.1	9.4	28.1	3.1				
	1億円超	13	7	2	-	4	-	** 0.003	0.923		0.327
		100.0	53.8	15.4	-	30.8	-				
	無回答	4	2	-	2	-	-				
		100.0	50.0	-	50.0	-	-				
売上高	1億円以内	49	7	2	3	33	4	0.361	* 0.044	0.087	** 0.002
		100.0	14.3	4.1	6.1	67.3	8.2				
	1億円超～10億円	217	20	30	33	119	15	** 0.001	0.838	0.983	* 0.013
		100.0	9.2	13.8	15.2	54.8	6.9				
	10億円超～50億円	122	38	21	25	33	5	** 0.008	0.449	0.160	** 0.001
		100.0	31.1	17.2	20.5	27.0	4.1				
	50億円超～100億円	19	9	7	1	-	2	** 0.004	** 0.008	0.234	
		100.0	47.4	36.8	5.3	-	10.5				
	100億円超	8	8	-	-	-	-	** 0.000			
		100.0	100.0	-	-	-	-				
	無回答	1	-	-	1	-	-				
		100.0	-	-	100.0	-	-				
C/F作成担当	社長または経理	121	43	32	38	7	1	** 0.000	** 0.002	** 0.000	** 0.000
		100.0	35.5	26.4	31.4	5.8	0.8				
	その他	90	33	22	23	10	2	** 0.001	* 0.019	* 0.017	** 0.000
		100.0	36.7	24.4	25.6	11.1	2.2				
	無回答	3	-	-	-	1	2				
		100.0	-	-	-	33.3	66.7				
上場意向	はい	13	7	1	1	4	-	** 0.003	0.494	0.458	0.327
		100.0	53.8	7.7	7.7	30.8	-				
	いいえ	397	75	59	61	180	22	0.767	0.860	0.930	0.803
		100.0	18.9	14.9	15.4	45.3	5.5				
	無回答	6	-	-	1	1	4				
		100.0	-	-	16.7	16.7	66.7				

注：上段（有意水準：両側）**:1％水準で有意，*:5％水準で有意

2 ロジスティック回帰分析

（1） キャッシュ・フロー計算書の認知

従属変数 Y_1：キャッシュ・フロー計算書の認知（1:はい　0:いいえ）

説明変数 X_1：従業員数（人）⇒（＋）符号

X_2：資本金（万円）⇒（＋）符号

X_3：上場意向（1:有，0:無）⇒（＋）符号

図表6-11　ロジスティック回帰分析

	説明変数		β	標準誤差	Wald	自由度	有意確率	Exp(β)
ステップ1	X_1	従業員数	0.04420	0.00998	**19.61762	1	9.46E-06	1.045189
	X_2	資本金	0.00013	0.00008	2.79297	1	0.094679	1.000131
	X_3	上場意向	0.17769	0.85948	0.04274	1	0.836212	1.194454
		定数項	0.07589	0.23005	0.10882	1	0.741496	0.92692

注：（Waldの有意水準）＊＊：1％水準で有意，＊：5％水準で有意

　キャッシュ・フロー計算書の認知では，規模仮説（従業員数，資本金）および株式公開仮説は仮説どおりの符号であり，とりわけ，規模仮説（従業員数）に影響が強い。つまり，従業員数が多い企業ほどキャッシュ・フロー計算書を認知している。また，資本金と上場意向の変動とキャッシュ・フロー計算書認知の関連は認められない。

（2）　キャッシュ・フロー計算書の作成

　　従属変数 Y_2：キャッシュ・フロー計算書の作成（1:はい，0:いいえ）

　　説明変数 X_1：従業員数（人）⇒（＋）符号

　　　　　　　X_2：資本金（万円）⇒（＋）符号

　　　　　　　X_3：上場意向（1:有，0:無）⇒（＋）符号

図表6-12　ロジスティック回帰分析

	説明変数		β	標準誤差	Wald	自由度	有意確率	Exp(β)
ステップ1	X_1	従業員数	0.02510	0.00485	**26.76332	1	2.3E-07	1.025421
	X_2	資本金	0.00002	0.00003	0.66568	1	0.414562	1.000024
	X_3	上場意向	-0.64956	0.74117	0.76807	1	0.380814	0.522274
		定数項	-0.79588	0.17203	21.40275	1	3.72E-06	0.451186

注：（Waldの有意水準）＊＊：1％水準で有意，＊：5％水準で有意

　キャッシュ・フロー計算書の作成（作成，未作成）では，規模仮説（従業員数と資本金）は仮説どおりの符号であるが，株式公開仮説は仮説と逆の符号である。とりわけ，規模仮説への影響が強い。つまり，従業員数が多い企業ほどキャッシュ・フロー計算書を作成している。また，資本金と上場意向の変動と

キャッシュ・フロー計算書作成の関連は認められない。

（3） キャッシュ・フロー計算書の重視

従属変数 Y_3：キャッシュ・フロー計算書の重視（定義）

　　　　 1：以前からまたは最近重視している

　　　　 0：重視していない（作成するがあまり重視していないを含む）

説明変数 X_1：従業員数（人）⇒（＋）符号

　　　　 X_2：資本金（万円）⇒（＋）符号

　　　　 X_3：上場意向（1:有，0:無）⇒（＋）符号

図表6-13　ロジスティック回帰分析

		説明変数	β	標準誤差	Wald	自由度	有意確率	Exp(β)
ステップ1	X_1	従業員数	0.01727	0.00383	**20.31045	1	6.58E-06	1.017416
	X_2	資本金	0.00005	0.00003	2.63848	1	0.104303	1.000046
	X_3	上場意向	0.60941	0.68454	0.79254	1	0.373334	1.839344
		定数項	-1.36842	0.17961	58.04389	1	2.56E-14	0.25451

注：（Waldの有意水準）**：1％水準で有意，*：5％水準で有意

　キャッシュ・フロー計算書の重視（作成と未作成において，以前からまたは最近重視と重視していない）では，規模仮説（従業員数，資本金）と株式公開仮説は仮説どおりの符号であり，とりわけ規模仮説（従業員数）への影響が強い。つまり，従業員数が多い企業ほど経営の意思決定にキャッシュ・フロー計算書を重視している。また，資本金と上場意向の変動とキャッシュ・フロー計算書重視の関連は認められない。

（4） キャッシュ・フロー計算書の重視（キャッシュ・フロー計算書を作成している企業の場合のみ）

従属変数 Y_4：キャッシュ・フロー計算書の重視（定義）

　　　　 1：以前からまたは最近重視している

　　　　 0：重視していない（作成するがあまり重視していないを含む）

説明変数 X_1：従業員数（人）⇒（＋）符号

X_2：資本金（万円）⇒（＋）符号

X_3：上場意向（1:有, 0:無）⇒（＋）符号

X_4：社長・経理が作成（1:社長・経理がキャッシュ・フロー計算書を作成, 0:それ以外の人が作成）⇒（－）

図表6-14　ロジスティック回帰分析

		説明変数	β	標準誤差	Wald	自由度	有意確率	Exp(β)
ステップ1	X_1	従業員数	0.00871	0.00462	3.56060	1	0.05917	1.008752
	X_2	資本金	0.00013	0.00007	3.45371	1	0.06311	1.000129
	X_3	上場意向	0.61185	1.17468	0.27130	1	0.60246	1.843834
	X_4	社長・経理	0.10923	0.30946	0.12459	1	0.72411	1.115417
		定数項	-0.38288	0.33418	1.31273	1	0.25190	0.681891

注：（Waldの有意水準）＊＊：1％水準で有意, ＊：5％水準で有意

　キャッシュ・フロー計算書の重視（キャッシュ・フロー計算書を作成している場合のみ）では，規模仮説（従業員数，資本金）と株式公開仮説は仮説どおりの符号であるが，作成仮説は仮説と逆の符号である。いずれも有意な関連は認められない。

V　分析結果

　クロス集計による各属性の回答結果に基づく母比率の差の検定ならびにキャッシュ・フロー計算書適用モデルにおける統計量の検定において，仮説の符号と決定要因分析による結果は，下記のとおりである。

①　キャッシュ・フロー計算書の認知では，規模仮説（従業員数，資本金）および株式公開仮説は仮説どおりの符号であり，とりわけ，規模仮説（従業員数）への影響が強い。

②　キャッシュ・フロー計算書の作成（作成，未作成）では，規模仮説（従業員数と資本金）は仮説どおりの符号であるが，株式公開仮説は仮説と逆の符号である。とりわけ，規模仮説への影響が強い。

③　キャッシュ・フロー計算書の重視（作成と未作成において，以前からまたは最近重視と重視していない）では，キャッシュ・フロー計算書規模仮説（従業員数，資本金）と株式公開仮説は仮説どおりの符号であり，とりわけ規模仮説（従業員数）への影響が強い。

④　キャッシュ・フロー計算書の重視（キャッシュ・フロー計算書を作成している場合のみ）では，規模仮説（従業員数，資本金）と株式公開仮説は仮説どおりの符号であるが，作成仮説は仮説と逆の符号である。いずれも有意な関連は認められない。

⑤　ロジスティック回帰分析において，規模仮説（資本金）は採択されなかったが，クロス集計の集計結果に基づく母比率の検定では，有意であり，資本金においても従業員数と同様の傾向が見られる。また，株式公開仮説（上場意向）においては，先行研究と同様の従業員数，資本金，売上高にロジスティック回帰分析では，有意はない。

Ⅵ　結論と今後の課題

本章では，規模仮説（従業員数）が先行研究と同様な結果が得られた。一方，株式公開仮説と作成者仮説は，先行研究と同様な結果が得られなかった。

中小企業の属性によりキャッシュ・フロー計算書の認識と適用が異なる以上，すべての中小企業に画一的な会計基準の要求は不適切であると考えられる。

今回新たに貸借対照表，損益計算書，キャッシュ・フロー計算書，資金繰表を含めた財務諸表作成パターン，ならびにキャッシュ・フロー計算書の重要度としての作成，未作成，重視，非重視のパターンによるキャッシュ・フロー計算書に対する一層の探求は重要であり，さらに中小企業におけるキャッシュ・フロー計算書に関する欧米との会計制度の乖離現象は当面続くと考えられるため，他国との比較分析も今後の研究課題としたい。

最後に，本章において，得られたロジスティック回帰式による判別精度は高くないという結果が，観測値と予測値の「分類表」と「分類プロット」からわかった。今後，精度判別にはアンケート調査の対象先をバイアスがないよう実

施することが肝要であろう。

[注]─────────

(1) 中小企業の定義を中小企業基本法に基づき，業種別に従業員数と資本金で規定している。①製造業・建設業・運輸業は資本金3億円以下，または従業員数300人以下，②卸売業は資本金1億円以下，従業員数100人以下，③サービス業は5,000万円以下，従業員数100人以下，④小売業は資本金5,000万円以下，従業員数50人以下である。

(2) 「キャッシュ・フロー計算書作成担当者区分」が，キャッシュ・フロー計算書を作成している企業だけを対象としているため，従属変数の「キャッシュ・フロー計算書作成の有無」が，全てのケースで「作成している」と一義的であり，説明変数になり得ないため，従属変数Y4のみとする。

参考文献

Okabe, K.（2013）Study on Statement of Cash Flows for SMEs Accounting, *Journal of Analysis on Enterprise and Business Administration in East Asia,* No.8, pp.1-12.

岡部勝成（2010）『キャッシュ・フロー会計情報と企業価値評価─九州地区の中小企業をめぐる実証分析─』税務経理協会。

岡部勝成（2014）「キャッシュ・フロー会計の課題と展望─中小企業に対するアンケート調査を中心として─」『産業経理』第73巻第4号，37-47頁。

岡部勝成（2015）「中小企業会計におけるキャッシュ・フロー計算書の研究─日米の比較を中心として─」『會計』第183巻第3号，86-96頁。

斎藤孝一（2005）「中部地区企業における経営意思決定に対するキャッシュ・フロー計算書の影響（1）」『南山経営研究』第19巻第3号，321-333頁。

鈴木一水・須田一幸（2004）「中小会社の会計と開示─アンケート調査の分析結果」『會計』第165巻第2号，72-87頁。

須田一幸（2000）『財務会計の機能と─理論と実証─』白桃書房。

（岡部勝成）

第7章

中小企業の内部統制の特質

I　本章の目的

　わが国では2014（平成26）年の監査基準改訂より，特定の利用者のニーズを満たすべく特別の利用目的に適合した会計の基準に準拠して作成された財務諸表（以下，「特別目的の財務諸表」という）に対する信頼性の担保が求められ，適用される財務報告の枠組みに応じて適正性あるいは準拠性に関する意見表明が行われることとなっている。当該監査の想定事例の１つとして，日本公認会計士協会の監査基準委員会報告書800「特別目的の財務報告の枠組みに準拠して作成された財務諸表に対する監査」（以下，「監基報800」という）A13項に基づく同付録[1]では，中小企業が金融機関の要請を受けて借入契約等に関連して作成した財務諸表等に対する監査がその一例として挙げられている。そこで本章では，中小企業における財務諸表等の監査あるいは保証業務のあり方にかんする議論に先立ち，当該監査の前提となる内部統制に焦点を当て検討する。

II　「中小企業」の範囲

　まず「中小企業」といえども，法律あるいは会計制度が対象とする範囲はさまざまである。以下では，その中でも会社法および中小企業基本法と中小企業における財務諸表等の作成基準である「中小企業の会計に関する指針」（以下，「中小指針」という），および「中小企業の会計に関する基本要領」（以下，「中小会計要領」という）が対象とする中小企業について概観する。

1 会社法

2006（平成18）年に施行された会社法では，旧商法で区分されていた「大会社・中会社・小会社」は，大会社と大会社以外の会社という区分になっている。ここで「大会社」とは，最終事業年度の貸借対照表上の資本金の金額が5億円以上または負債の合計額が200億円以上の株式会社をいう（会社法第2条6号）。したがって，会社法上は，大会社以外の会社が中小企業であると理解できる。

2 中小企業基本法

次に中小企業基本法第2条第1項では，中小企業者の範囲は，中小企業基本法制定時から表示上の分類方法として日本標準産業分類[2]を引用し，業種分類に基づき，従業員および資本金の規模によって次のように定義されている。

図表7-1　中小企業法における中小企業の分類

業種分類	中小企業基本法の定義
製造業その他	資本の額又は出資の総額が3億円以下の会社又は常時使用する従業員の数が300人以下の会社及び個人
卸売業	資本の額又は出資の総額が1億円以下の会社又は常時使用する従業員の数が100人以下の会社及び個人
小売業	資本の額又は出資の総額が5千万円以下の会社又は常時使用する従業員の数が50人以下の会社及び個人
サービス業	資本の額又は出資の総額が5千万円以下の会社又は常時使用する従業員の数が100人以下の会社及び個人

出所：中小企業庁ウェブサイト，http://www.chusho.meti.go.jp/soshiki/teigi.html（アクセス日：2017年2月10日）

このうち大企業である親会社から出資を受けている場合は，中小企業に該当するかについて，中小企業基本法上は特に規定はないが，個別の中小企業立法または制度の運用基準によって中小企業にはならないことがある。いずれにしろ，具体的な基準は制度の運用によって異なるとしている。

3 中小指針および中小会計要領の対象となる企業

これに対して中小指針の適用対象は，以下を除く株式会社とされている（傍点は筆者による）。

① 金融商品取引法の適用を受ける会社ならびにその子会社および関連会社
② 会計監査人を設置する会社およびその子会社

　また特例有限会社, 合名会社, 合資会社または合同会社および会計参与設置
会社が計算書類を作成する際にも, 当該指針によることが推奨されている[3]。
　一方, 中小会計要領においても, 金融商品取引法の規制の適用会社および会
社法上の会計監査人設置会社以外の株式会社が想定されている（傍点は筆者に
よる）。
　以上の定義を踏まえ, 本章では, 中小指針や中小会計要領が対象とする中小
企業における内部統制[4], すなわち大会社で公開会社の子会社ではなく, なお
かつ会計監査人非設置で公開会社でない大会社以外の株式会社を前提に検討す
る。

Ⅲ　中小企業における内部統制の特徴

1　新COSO報告書における中小企業の内部統制の考え方

　1992年米国においてトレッドウェイ委員会組織委員会（COSO）が公表した
「内部統制 − 統合的フレームワーク」[5]は, 広く世界中で受け入れられている。
2013年に改訂された同フレームワーク（以下,「新COSO報告書」という）では,
「中小規模の（smaller entities）」事業体の定義については, 収益, 時価総額ま
たはその他の要素の観点から定義せず, 以下の特徴の多くが当てはまるとして
いる。

「・事業体ラインの数と各事業で取り扱われる製品ラインの数が少ないこと
　・マーケティングの焦点がチャネルまたは地域の点から集中していること
　・利益または権利の重要な持分をもつ経営者がリーダーシップを発揮してい
　　ること
　・取引処理システムの複雑性が低いこと
　・構成員が少なく, 多くの人員が広範な職責をもっていること
　・法務, 人事, 会計, 内部監査のようなサポート・スタッフのポジションだ

けでなく，ラインにおける豊富な人的資源を維持する能力の制約」[6]

　そして，大規模の事業体と中小規模の事業体の内部統制を比較した場合，内部統制の構成要素の基礎となる原則は，大規模の事業体と同様に，中小規模の事業体に対しても適用可能だが，事業体が公開，非公開，政府機関，非営利のいずれかにかかわらず，中小規模の事業体における適用方法は異なる場合があると述べている[7]。つまり，内部統制に関する考え方は適用可能ではあるが，実際に導入する際には，当然，大企業と中小企業では事業体規模や構造によって適用方法について差異があるとしている。

　それに加えて新COSO報告書では，中小規模の事業体の長所として，中小規模であるがゆえに，「広範囲にわたって上級経営者による統制の目が行き届く点と，構成員間の直接的な相互交流が高まる点が含まれる場合がある」[8]ことを有効な内部統制に貢献できる有利な点として挙げている。

2　人員不足による不十分な相互牽制機能および職務分掌

　さて，前述の新COSO報告書での中小企業の考え方にもあるように，中小企業の内部統制の特質としては，次の３点が考えられる。

　まず１つ目は，中小企業では従業員が少ないため，経理財務担当の人員を十分に配置しているとはいえない状況にある点である。この点に関連する具体例として，以下では中小企業庁による委託事業に基づく平成22年度および24年度の「中小企業における会計の実態調査」（以下，「実態調査」という）[9]を取り上げる。同調査では，回答企業の会社形態について，譲渡制限のある株式会社が40％を超えるとともに，従業員数が１人〜５人であると回答した企業が最も多いことから，大企業のように所有と経営が分離していない状況であるといえる。そして当該状況の下，会社の経理財務体制がいかなるものなのかについて質問がなされている。

　まず平成22年度の実態調査（有効回答数：1,496）の回答では，経理財務担当の人員（代表者以外）は，「１人」が62.3％，次いで「２人〜５人」が29.1％の順になっている。「１人以下」であると回答した企業は，69.7％を占めている（**図表7-2**参照）。

図表7-2 経理財務担当の人員（代表者以外）（平成22年度）

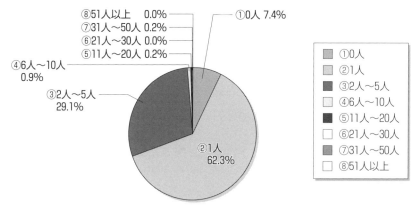

出所：「平成22年度中小企業の会計に関する実態調査事業集計・分析結果【報告書】」p.3に一部加筆修正。

図表7-3 経理財務担当者（平成22年度）

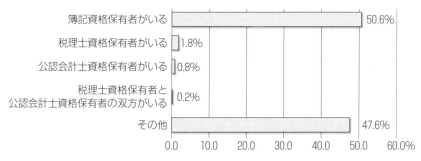

出所：「平成22年度中小企業の会計に関する実態調査事業集計・分析結果【報告書】」p.3に一部加筆修正。

そして経理財務担当者の資格保有状況（有効回答数：1,361）については，「簿記資格保有者がいる」が50.6％と最も多く，「その他」が47.6％と続くが，「税理士資格保有者がいる」が1.8％，「公認会計士資格保有者がいる」が0.8％の順になっている（**図表7-3参照**）。

上述のように中小企業の経理財務体制としては，代表者以外の経理財務担当の人員が1人以下である企業が70％近くを占めている。また経理財務担当者の会計知識についても，簿記の資格保有者であることが約半数を占め，程度の差こそあるとはいえ，十分な会計知識を持ち合わせているとはいえない状況であ

図表7-4　経理財務担当者の人員（代表者以外）（平成24年度）

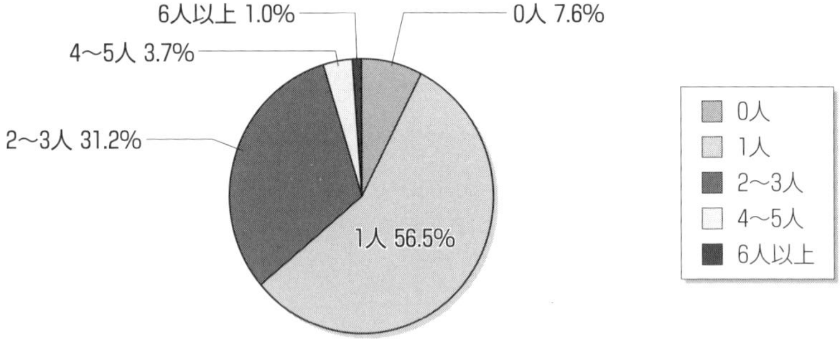

6人以上 1.0%　　　　　　　　　　0人 7.6%

4〜5人 3.7%

2〜3人 31.2%

1人 56.5%

0人
1人
2〜3人
4〜5人
6人以上

出所：帝国データバンク(2013)「平成24年度中小企業の会計に関する実態調査事業報告書」p.11に一部加筆修正。

るといえる。このような傾向は，平成24年度のアンケート（有効回答数：1,247）においても，同様に見て取れる。すなわち，経理財務担当の人員（事業主以外）については，「１人」が56.5％，次いで「２人〜３人」が31.2％，「０人」が7.6％の順になっており，「１人以下」であると回答した企業は，全体の64.1％を占めている（図表7-4参照）。

　それに関連して記帳を担っている担当者については（有効回答数：1,253），「従業員（正社員）が実施している」が42.3％と最も多く，次いで「代表者の家族が実施している」（26.3％），「代表者が実施している」（13.3％）の順であった。

　以上のことからも，中小企業においては経理財務担当者が十分に配置されているとはいえない状況であるといえる。すなわち，経理担当者が１名以内ということは，記帳あるいは会計ソフトに入力することのみであり，従業員同士の相互牽制機能，たとえば記帳事務を分掌化することによって会計数値の正確性を確保するといったこと等が働く余地がない。また帳簿と現物の管理が１名の従業員によるものであれば，資産の保全ができないというリスクも生じ得る。

　もちろん当該状況を補い，コスト・ベネフィット（費用対効果）の高い内部統制とするための対応として，新COSO報告書では，経営者に対して詳細な取引レポートのレビュー，選択した関係書類のレビュー，定期的な資産の棚卸，勘定残高の調整結果のレビューなどにかんする行動および統制活動をすべきとしている(10)。

　上記のことから経理財務体制の未整備な中小企業では，経営者自身による当

該業務への統制活動も大きな役割を果たすものと考えられる。

3 所有と経営の非分離に伴う経営者の権限および影響力の大きさ

　次に2つ目の特質として，新COSO報告書では内部統制に対する経営者の統制活動の役割の重要性や中小規模であるがゆえの有利な点を挙げているが，それには注意が必要であると思われる。たとえば当該報告書では，有利な点として広範囲にわたって上級経営者による統制の目が行き届くことを挙げているが，その反面，経営者による内部統制の蹂躙につながる可能性も否定できない。これは中小企業においては，所有と経営が分離していないこと，すなわち「オーナー経営」が実践されていることによって，経営者の権限が強い，あるいはその影響力が組織の気風といった内部統制の構成要素である統制環境に大きな影響を与えることとなるためである。

4 会計専門家の利用実態

　最後に，3つ目の特質として，経理財務体制の未整備とそれを補足するための会計専門家の利用が考えられる。これに関して実態調査では経理財務に関する事務を依頼している会計専門家（有効回答数：1,513）としては，「税理士」が67.3％と最も多く，次いで「公認会計士」が10.9％となっている。一方，「すべて社内で実施している」は17.2％となっている（**図表7-5**参照）。

　平成24年度の実態調査においても，会計処理について依頼している会計専門家については（有効回答数：1,216），「主に税理士へ依頼」が84.0％と最も多く，次いで「主に公認会計士へ依頼」（14.1％），「主に商工会議所や商工会等の経営指導員に依頼」（0.9％）の順となっている。以上のことから中小企業の経理財務に関する事務は，税理士が依頼されているケースが多いことが明らかである（**図表7-6**参照）。

　次に経理財務担当者が実施している経理業務（有効回答数：1,495）の具体的内容はいかなるものかについての調査結果がある。これについては，「納品書・請求書・領収書等の作成・保管までを行っている」が73.3％と最も多く，次いで「伝票の起票までを行っている」が67.2％，「記帳と総勘定元帳の作成まで

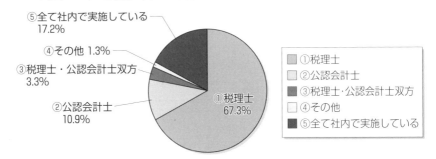

図表7-5 経理財務に関する事務を依頼している会計専門家（平成22年度）

出所：「平成22年度中小企業の会計に関する実態調査事業集計・分析結果【報告書】」p.4に一部加筆修正。

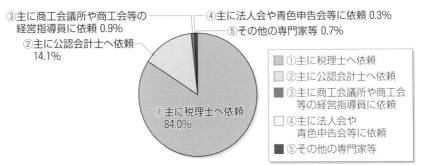

図表7-6 経理財務に関する事務を依頼している会計専門家（平成24年度）

出所：帝国データバンク（2013）p.13に一部加筆修正。

を行っている」が55.3％の順になっている。

　以上みてきたように，多くの中小企業では，主として日常取引の記録程度の経理業務が行われており，決算処理や税務申告については会計専門家に任せている現状が見て取れる（**図表7-7参照**）。

　さらにヨリ詳細に，記帳に関する質問事項として，経理財務に関する事務の状況に関する項目（有効回答数：1,462）がある。回答では「記帳は社内，決算特有の仕訳は会計専門家へ外注」が34.6％と最も多く，次いで，「総勘定元帳の作成まで社内，財務諸表の処理と税務申告は会計専門家へ外注」が20.5％，「財務諸表の作成まで一貫して社内，税務申告は会計専門家へ外注」が19.1％の順になっている（**図表7-8参照**）。

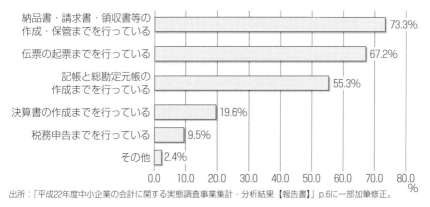

図表7-7　経理担当者が実施している経理業務（平成22年度）

出所：「平成22年度中小企業の会計に関する実態調査事業集計・分析結果【報告書】」p.6に一部加筆修正。

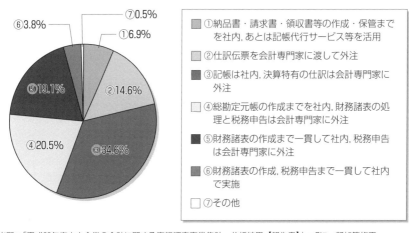

図表7-8　経理財務に関する事務の状況（平成22年度）

出所：「平成22年度中小企業の会計に関する実態調査事業集計・分析結果【報告書】」p.7に一部加筆修正。

　平成24年度の実態調査でも同様の傾向が見て取れる。すなわち，自社の経理財務に関する事務の状況については（有効回答数：1,266），「日常取引（現金，売掛金，買掛金等）の記帳までを社内で行い，決算特有の仕訳等の処理以降については会計専門家等に外注している（仕訳帳の日常取引部分までは自社で記帳している）」が28.3％と最も多く，次いで「財務諸表の作成まで一貫して社内で行っており，税務申告については会計専門家に外注している」（20.1％），「総

勘定元帳までの作成を社内で行い，財務諸表（貸借対照表，損益計算書等）の作成にかかる残りの処理と税務申告については会計専門家等に外注している」（16.8％）の順となっている。

このように，決算処理から財務諸表作成，税務申告に至る過程を会計専門家に任せている企業は，回答企業の70％を超えており，それらをすべて社内でできる企業は，わずか8％に満たない（**図表7-9参照**）。

以上見てきたように，中小企業の経理財務体制については，経理財務部門の担当者不足と会計知識の不備があるためなのか，日常の記帳行為等は社内で管理できても，決算処理や財務諸表の作成に始まり，税務申告に至るまで会計専門家への業務のアウトソーシングがなされているのが一般的であるといえる。

図表7-9　経理財務に関する事務の状況（平成24年度）

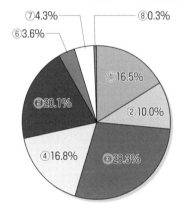

出所：帝国データバンク（2013）p.12に一部加筆修正。

5　監査役監査の実態

　ところで前項では，中小企業の経理財務体制について見てきたが，本項では中小企業の内部統制にかかわる監査役監査の実態調査について取り上げる。

　会社法が施行された翌年である2007（平成19）年5月に公表された社団法人日本監査役協会による「中小規模会社の監査制度の運用実態と監査役の意識等調査結果」（以下，「意識調査」という）[11]によれば，中小規模会社では「取締役会＋監査役」の機関設計を採用している会社が多い実態を指摘している[12]。

　2006年施行会社法では，内部統制システムの整備に関する取締役会決議とそれに対する監査が法定化されるとともに，大会社では2006年5月1日以降，最初に開催される取締役会において内部統制システムにかかる取締役会決議が義務付けられた。もちろん大会社以外の会社については，当該決議は任意であるが，「意識調査」では，親会社をもたない中小規模会社における内部統制システムにかかる取締役会決議について調査している。調査結果では，親会社をもたない362社のうち，決議等をしている会社は109社（30.1％）であり，同決議等をしていない会社は240社（66.3％）という結果であった[13]。

　以上のことから，親会社をもたない中小規模会社では，取締役会にて内部統制システムにかかる決議をしていない会社が半数以上を占めている実態であった。

　さらに「意識調査」では，監査役監査の環境についてのアンケート結果から，企業規模にかかわらず，監査役監査の環境整備の重要な要素として，代表取締役をはじめとする取締役等の理解が必要であることを指摘している[14]。

　また十分な監査役監査を阻害する要因としては，回答数の多い順（複数回答可）に，①監査役スタッフ不足等の環境の不足，②取締役，従業員などの監査役職務に対する無理解，③監査役自身の知識，意欲不足，④オーナー経営である弊害，⑤重要な情報が入ってこない，⑥馴れ合いなどが挙げられている[15]。

　このように中小規模の監査役監査の意識調査においても，監査役スタッフ不足等の人員不足や代表取締役等の取締役の影響を大きく受けていることがわかる。

第7章　中小企業の内部統制の特質

Ⅳ　考察の結果

　中小企業庁の委託事業である平成22年度および24年度の実態調査アンケート結果からも明らかなように，多くの中小企業では1名程度の経理財務担当者を配置するにとどまっており，人材不足により職務の分掌が十分にできているといえない状況にある。とはいえ，中小企業において経理あるいは財務の専門知識を有する人材の確保をするには，中途採用するとしても給与水準面等で解決しないことも少なくないといわれている。これは一般に内部統制の整備・運用に当たっては，コスト・ベネフィット（費用対効果）が考慮されることになるが，中小企業においては特にこの点が考慮されるということでもあり，想像に難くない。それゆえに多くの中小企業では，経理財務業務を外部の会計専門家，主に顧問税理士などにアウトソーシングしている実態がある。

　また所有と経営が分離していないケースの多い中小企業において，内部統制には経営者の役割がポジティブにもネガティブにも非常に大きく影響するものといえる。

［注］

⑴　日本公認会計士協会（2014a）7頁。

⑵　具体的には，卸売業は大分類Ⅰ（卸売業・小売業，飲食店）の中分類48から53まで，小売業は中分類54から61（飲食店を含む），サービス業は大分類L（サービス業）として取り扱われている。ただし，日本標準産業分類の第11回改訂（平成14年総務省告示第139号）が行われ，平成14年10月1日から施行されているが，中小企業政策における中小企業者の範囲については見直さず，同告示の施行後においても従前のとおり取り扱われている。

⑶　日本公認会計士協会・日本税理士会連合会・日本商工会議所・企業会計基準委員会（2014）3頁。

⑷　2015年改正会社法では，監査役会設置会社の大会社の取締役会に対し，「株式会社の業務並びに当該株式会社及びその子会社から成る企業集団の業務の適正を確保する」体制を決定することが求められている（会社法第362条）ため，大会社の子会社である中小企業がその対象となっている。

⑸　COSO（1992）（鳥羽・八田・高田共訳（1996）。）

⑹　COSO（2013）p.159.（八田・箱田監訳, 日本内部統制研究学会新COSO研究会訳（2014）193頁。）

⑺　COSO（2013）p.26.（八田・箱田監訳, 日本内部統制研究学会新COSO研究会訳（2014）54頁。）

⑻　COSO（2013）p.26.（八田・箱田監訳, 日本内部統制研究学会新COSO研究会訳（2014）55頁。）

⑼　中小企業庁は，中小企業での状況把握とその分析を行うという観点から委託事業として「中小企業における会計の実態調査事業」を実施している。以下は平成22年度と24年度の実態調査の概要を

抜粋したものである。

	平成22年度	平成24年度
調査対象及び 抽出標本数と 回答率	建設業，製造業，情報通信業，運輸業，卸売・小売業，飲食業・宿泊業，不動産業，サービス業の中小企業8,000件 （1,808件：回収率22.6％）	帝国データバンク企業概要データベースより抽出した8,000社（1,288件：回収率16.1％）
調査方法と 調査期間	郵送法 2010（平成22）年11月15日〜12月10日	郵送回収における自記入方式 2013（平成25）年1月23日〜3月15日（調査回収受付締切日は2月8日だが，一部企業に対して電話による督促を行ったため最終回収締切日を延長）
本社所在地と 立地	本社所在地上位が，「関東地区」37.1％，「関西地区」17.9％，「中部地区」及び「東北地区」が10.6％であり，本社立地については，「東京都及び政令指定都市」が34.5％，「東京都及び政令指定都市以外の市町村」が65.5％であった。	本社所在地は「東京都」15.2％，「大阪府」8.1％，「愛知県」6.2％であり，本社立地については，「東京都及び政令指定都市」が41.0％，「東京都及び政令指定都市以外の市町村」が59.0％であった。
業種と業歴	「卸売・小売業」30.9％と最も多く，次いで「建設業」が22.6％，「製造業」が18.1％となっている。また業歴は，「30年以上」が最も多く65.2％，次いで「20年以上〜30年未満」が18.1％，「15年以上20年未満」が6.5％であった。	「卸売・小売業」24.2％，「サービス業」18.8％，「製造業」18.1％であった。また業歴は，「30〜50年未満」33.4％，「11〜30年未満」32.5％，「50年以上」が22.7％であった。
会社形態	「株式会社（譲渡制限あり）」が41.2％，「株式会社（譲渡制限なし）」が29.9％，「特例有限会社」が23.6％となっている。大企業の子会社かどうかについては調査項目にはなく，明らかではない。	「株式会社（譲渡制限あり）」が44.0％と最も多く，「株式会社（譲渡制限なし）」が29.5％，「特例有限会社」が21.9％であった。また大企業の子会社かどうかについては，「大企業の子会社である」が5.2％，「大企業の子会社でない」が94.8％であった。
資本金	資本金は，「1,000万円以上3,000万円未満」が55.1％，次いで「300万円以上1,000万円未満」が26.1％，「3,000万円以上5,000万円未満」が9.8％であった。	資本金は，「500万円超〜1,000万円未満」が36.0％，次いで「〜500万円以下」が27.5％「1,000万円超〜3,000万円未満」が21.4％の順であった。
従業員数	代表者本人や役員を除く従業員数は，「1〜5人」が36.6％と最も多く，次いで「6〜10人」が21.4％，「11〜20人」が20.0％であった。	従業員数では，「1〜5人」が33.4％と最も多く，次いで「21〜50人」が17.8％，「11人〜20人」が16.1％であった。
直近の 年間売上高	直近の年間売上高は「1億〜5億円未満」が41.4％，次いで「5,000万円以上1億円未満」が17.7％，「1,000万円以上5,000万円未満」が15.6％であった。	直近の年間売上高は，「1億〜3億円未満」が26.6％と最も多く，次いで「5億〜30億円未満」が21.0％，「3億〜5億円未満」が13.7％の順であった。

⑩ COSO（2013）pp.160-161.（八田・箱田監訳，日本内部統制研究学会新COSO研究会訳（2014）194頁。）

⑪ 同調査の概要を抜粋すると，次の通りである。

調査対象および抽出標本数と回答率	2007（平成19）年4月現在に同協会に登録している大会社以外の会社1,002社を対象とし，回答率は593社（59.2％）であった。
調査期間	2007（平成19）年3月1日〜19日
業種および従業員数	「サービス・その他商業」が221社（37.3％）と最も多く，次いで「不動産」が43社（7.3％）となっている。また従業員数については，100名未満の会社が180社（30.4％）で最も多く，次いで100〜200名未満の会社は128社（21.6％），200名〜300名未満の会社は65社（11.0％）であった。（従業員数については契約社員，派遣社員，パート，アルバイトまで含めたものなのかは調査結果からは不明）。
親会社の有無および親会社の上場市場	親会社がある会社は，224社（37.8％）であり，親会社がない会社は362社（61.0％）であった。親会社がある会社の当該親会社の上場市場の内訳は，東京証券取引所（一部・二部）が145社（53.7％）と最も多く，次いで大阪証券取引所が51社（18.9％），名古屋証券取引所が34社（12.6％）であった。

資本金	資本金は，1億円～2億円未満の会社が146社(24.6%)で最も多く，次いで4億円～5億円未満の会社が119社(20.1%)，1億円未満の会社が115社(19.4%)であった。

⑿　企業統治区分について，回答会社593社のうち監査役設置会社は561社（94.6%）であり，そのうち監査役会設置会社は129社（23.0%）で監査役会非設置会社は438社（77.0%）に及んでいた。監査役の人数が3名以上いる会社は214社（36.1%）だが，そのうち監査役会を設置していない会社が85社（14.3%）あった。これに対し，取締役会設置会社は577社（97.3%）であり，取締役会非設置会社はわずか3社（0.5%）という結果を示している。社団法人日本監査役協会（2007）6頁。

⒀　社団法人日本監査役協会（2007）5頁。

⒁　これについては，監査役の監査環境の満足度について，「満足」あるいは「概ね満足」との回答が522社（88.0%）を占めており，「満足」と回答した理由として，「代表取締役に理解があるから」が363社（69.5%），次いで「他の取締役との定期的会合があるから」が302社（57.9%），「重要な情報が監査役に入るから」が235社（45.0%），「代表取締役との定期的会合があるから」が221社（42.3%）であることを挙げている。社団法人日本監査役協会（2007）8頁。

⒂　社団法人日本監査役協会（2007）10頁。

参考文献

COSO（1992）*Internal Control − Integrated Framework.*（鳥羽至英・八田進二・高田敏文共訳『内部統制の統合的枠組み 理論篇』白桃書房, 1996年。）

COSO（2013）*Internal Control − Integrated Framework,* p.159.（八田進二・箱田順哉監訳, 日本内部統制研究学会新COSO研究会訳『内部統制の統合的フレームワーク エグゼクティブ・サマリーフレームワーク及び付録 フレームワーク篇』日本公認会計士協会出版局, 2014年。）

企業会計審議会（2014）「監査基準の改訂に関する意見書」。

「平成22年度中小企業の会計に関する実態調査事業　集計・分析結果【報告書】」, http://www.chusho.meti.go.jp/zaimu/kaikei/2011/download/0823kaikei_enquete-1.pdf（アクセス日：2017年2月10日）。

社団法人日本監査役協会（2007）「中小規模会社の監査制度の運用実態と監査役の意識等調査結果」, http://www.kansa.or.jp/support/el007_070529b.pdf（アクセス日：2017年2月10日）。

帝国データバンク（2013）「平成24年度中小企業における会計の実態調査事業報告書」, http://www.meti.go.jp/meti_lib/report/2013fy/E003483.pdf　（アクセス日：2017年2月10日）。

鳥羽至英（1983）『監査証拠論』国元書房。

日本公認会計士協会（2014a）監査基準委員会報告書800「特別目的の財務報告の枠組みに準拠して作成された財務諸表に対する監査」。

日本公認会計士協会（2014b）監査基準委員会報告書805「個別の財務表又は財務諸表項目等に対する監査」。

日本公認会計士協会（2014c）「監査基準委員会報告書800及び805に係るQ&A」。

日本公認会計士協会・日本税理士会連合会・日本商工会議所・企業会計基準委員会（2014）『中小企業の会計に関する指針（平成25年版）』。

（付記）本稿は，日本学術振興会科学研究費補助金交付研究（課題研究番号15K03787）の研究成果の一部である。

（髙原利栄子）

第8章

日本における中小企業の監査の質
―実証的分析による証拠

I 研究の背景と目的

　監査の質（audit quality）は，（投資者に開示する）企業の財務報告における監査の保証水準と深くかかわっている（たとえば，DeFond and Zhang 2014）ことから，学術的・政策的に注目されている。監査の質にかかわる学術研究や政策の動向は近年において活発化している（仙場 2016）。

　また，中小企業の経済活動は各国の経済を支える重要な存在であり（河﨑 2015），そのため，中小企業の経済活動を描写する財務報告における監査の重要性が広く認識されるようになり，それを題材とする学術研究は，数多く存在する（枚挙ができないが，たとえば，浦崎（2014））。一方，実証的研究手法をもって，中小企業における監査の質に関する研究は，データ取得の可能性が低いことからあまり多くないように見受けられる。諸外国の研究の例として挙げるとすれば，Ball and Shivakumar（2005）およびIsmail et al.（2006）がある。特に日本において，筆者の知る限りでは，実証的研究手法を用いた中小企業における監査の質に関する研究はあまりない。

　そこで，本章は，当該重要なテーマを取り扱い，日本における中小企業の監査の質に関して，実証的分析を行い，その証拠の提示を目的とする。

　具体的には，まず，会社法（第3条第6項イロ）に基づき，資本金5億円未満かつ負債200億円未満の企業を中小企業と定義する。この定義に基づき，各年において，ある企業は中小企業であるかどうかについて判定する。

　次に，諸先行研究に基づき監査の質を確認（測定）するために，裁量的発生高および裁量的発生高の絶対値を利用するものとし[1]，また計算された中小企業における裁量的発生高および裁量的発生高の絶対値と大企業のものとを比べることで，日本における中小企業の監査の質の相対的な位置を確認する。ここ

でいう「裁量的発生高（abnormal accruals）」とは，税引後経常利益と営業キャッシュ・フローとの差額である会計発生高（accruals; total accruals）から，毎期特定の企業において推定できる裁量的でない「非裁量的発生高[2]」を差し引いたものである。理論的に，裁量的発生高は，経営者が調整（management）を加えた程度を示すものであり，調整がないという状態であれば，ゼロであると考えられる。したがって，ゼロでない数値が出た場合には，経営者が調整を加えたと推定できる可能性が高い。裁量的発生高はプラスの値あるいはマイナスの値になる可能性があるが，その絶対値を用いて，経営者の裁量の幅を確認することもできる。

　また，中小企業と同じリスク水準（CAPMの β）（たとえば，桜井（2015））の大企業をセレクションし，ペア・サンプルとして利用する。中小企業と同じリスク水準の大企業との比較について，差の検定および重回帰分析をもって，分析を進める。最後に，どのような特徴をもっている中小企業の監査の質が高いかを検証する。

II　研究方法

1　サンプル選択

　データに関してはNEEDS Financial Questから入手している。分析対象期間は2004年度から2013年度の10年間とし，サンプルについては分析対象期間中の３月決算，連結財務諸表を開示しているすべての上場企業を対象とする。また金融系企業（銀行・保険・証券・その他金融業）はサンプルから除外している。加えて，分析に必要な変数が欠損しているデータについても除外している。その結果，**図表8-1**に示しているように，利用するサンプルの総数は，10,050企業・年である。

2　監査の質の測定方法－裁量的発生高およびその絶対値の計算

　裁量的発生高は，Jones（1991）によって導入された概念であり，（会計利益と営業活動によるキャッシュ・フローの差額である会計発生高（accruals; to-

図表8-1　サンプル選択

サンプル選択	
2004-2013年度の上場企業（企業・年）	19,248
（除外）金融系企業	-1,413
（除外）監査人に関するデータが取得不可能	-921
（除外）財務データが取得不可能	-6,854
（除外）株価データが取得不可能	-10
利用するサンプルの総数（企業・年）	10,050

tal accruals）[3]のうち，経営者によって意図的に発生された部分を推定したものである。質の高い監査が実施されれば，この裁量的発生高は抑制されることが期待される。日本においては，吉田（2006），薄井（2007），矢澤（2010）が，監査の質に関する分析において裁量的発生高を用いている。

また，裁量的発生高は，会計発生高マイナス非裁量的発生高として計算され，非裁量的発生高は，歴史的データを利用しモデルを用いて計算される。今回の非裁量的発生高の推定には，Lawrence et al.（2011）等，多くの先行研究で用いられている，Kothari et al.（2005）によって推奨された下記の修正Jonesモデルを用いる。

$$TA_{i,t} = a + \beta_1 (1/\ln ASSET_{i,t-1}) + \beta_2 (\triangle SALES_{i,t} - \triangle REC_{i,t}) + \beta_3 PPE_{i,t} + \varepsilon_{i,t}$$

ただし，TA，$\triangle SALES$，$\triangle REC$，およびPPEの変数は総資産でデフレートされている。また，TAは総会計発生高：（税引後経常利益）－（営業活動によるキャッシュフロー），$\triangle SALES$は売上高増加額：（当期売上高）－（前期売上高），$\triangle REC$は売上債権増加額：（当期末売上債権額）－（前期末売上債権額），PPEは当期末償却性固定資産額である。

3　セレクション・バイアスの低減措置－リスク（CAPMのβ）が類似する大企業と中小企業をペアさせる措置

本章の目的は中小企業の監査の質を確認することであるが，大企業との比較をもって確認することでその特徴を明らかにすることができると考えられるこ

とから，中小企業と大企業との比較を進める。しかしながら，大企業と中小企業との比較の際において，他の要素（たとえば，（売上や総資産の）規模）をコントロールしていない状態での比較は，新たなセレクション・バイアスを生む。そこで，本章では，単純比較の結果も提示するが，検証データにおける中小企業と「リスクが同じ水準」と思われる大企業をそれぞれ抽出し，比較することで，セレクション・バイアスの低減を図る。ここでいう，ある年において同一産業の2つの企業の「リスクが同じ水準」と認定するときに用いるのは，CAPMのβである。つまり，同一産業の2つの企業のある年におけるCAPMのβが類似していれば，当該2つの企業のリスクが同じ水準であると認定する。なお，この措置によって特定した大企業サンプルは，「大企業 vs. 中小企業」の比較における差の検定時に利用されるのみならず，重回帰分析のときにも利用されることがある。

Ⅲ　実証結果

1　基本統計量（大企業 vs. 中小企業）

　図表8-2は，グループ①使用する全サンプル，②全サンプルのうちの大企業，③中小企業とペアリングした大企業，および④全サンプルのうちの中小企業における各変数の基本統計量および差の検定結果（②と④，および③と④）を示している。なお，各変数の定義は，図表8-3を参照されたい。また，図表8-3におけるコントロール変数の選択に関しては，音川・北川（2007），矢澤（2008）および中島（2011）を参考にしている。

　図表8-2に示した結果を3つの側面から読み取ることができる。

　第1に，裁量的発生高（DA）および裁量的発生高の絶対値（$ABSDA$）に関しては，グループ①使用する全サンプルの平均がそれぞれ-0.001，0.0329であり，先行研究における裁量的発生高の絶対値（仙場（2016）（日本企業2001-2010年度）の0.03；矢澤（2010）（日本企業2004-2007年）の0.026と比較可能である。差の検定について，裁量的発生高に関しては，グループ②（平均：-0.0012）と④（平均：0.0136），およびグループ③（平均：-0.0030）と④（平均：

図表8-2 基本統計量（大企業 vs. 中小企業）

Variable	① Full sample					② Big firm sample (without matched)					③ Big firm sample (with matched)					④ Small firm sample					② vs. ④	③ vs. ④
	Obs	Mean	Std. Dev.	Min	Max	Obs	Mean	Std. Dev.	Min	Max	Obs	Mean	Std. Dev.	Min	Max	Obs	Mean	Std. Dev.	Min	Max	t-value	t-value
Dependent variables																						
DA	10,050	-0.0010	0.0491	-0.5064	0.5140	9,939	-0.0012	0.0489	-0.5064	0.5140	111	-0.0030	0.0646	-0.3242	0.2529	111	0.0136	0.0615	-0.1250	0.3150	-3.1529***	-1.9626*
ABSDA	10,050	0.0329	0.0385	0.0000	0.5140	9,939	0.0328	0.0363	0.0000	0.5140	111	0.0416	0.0494	0.0003	0.3242	111	0.0420	0.0467	0.0003	0.3150	-2.6554***	-0.0713
Test variables																						
SANDM	10,050	0.0110	0.1045	0.0000	1.0000																	
Control variables																						
LNTA	10,050	4.8064	0.6104	2.4955	7.6174	9,939	4.8178	0.6029	2.4955	7.6174	111	4.5657	0.5555	3.2435	6.2135	111	3.7814	0.3484	2.9727	4.4394	18.0767***	12.6025***
FEE	10,050	7.6683	0.2912	1.7482	9.6812	9,939	7.6618	0.2904	1.7482	9.6812	111	7.5959	0.2333	7.1761	8.6902	111	7.3408	0.1660	6.8389	7.5798	11.8259***	9.3856***
BIG4	10,050	0.7368	0.4404	0.0000	1.0000	9,939	0.7380	0.4397	0.0000	1.0000	111	0.7387	0.4413	0.0000	1.0000	111	0.6306	0.4848	0.0000	1.0000	2.5552**	1.7373*
REV	10,050	0.0048	0.0461	-0.5791	0.3596	9,939	0.0048	0.0460	-0.5791	0.3596	111	0.0084	0.0360	-0.0990	0.1357	111	0.0094	0.0492	-0.0937	0.3513	-1.0442	-0.1678
LOSS	10,050	0.1094	0.3121	0.0000	1.0000	9,939	0.1089	0.3115	0.0000	1.0000	111	0.0901	0.2876	0.0000	1.0000	111	0.1532	0.3618	0.0000	1.0000	-1.4869	-1.4376
LEV	10,050	1.0716	0.6908	0.0135	2.8238	9,939	1.0715	0.6798	0.0135	2.8235	111	0.9526	0.6188	0.1283	2.6891	111	1.0837	0.7649	0.0757	2.8238	-0.1869	-1.4049
ISSUE	10,050	0.0402	0.1964	0.0000	1.0000	9,939	0.0400	0.1961	0.0000	1.0000	111	0.0360	0.1872	0.0000	1.0000	111	0.0541	0.2271	0.0000	1.0000	-0.7472	-0.6449
CFO	10,050	0.0625	0.0647	-1.1003	0.8955	9,939	0.0625	0.0644	-1.1003	0.8955	111	0.0692	0.1035	-0.3007	0.6869	111	0.0639	0.0868	-0.1292	0.4220	-0.2188	0.4174
FAGE	10,050	60.5044	21.9041	3.0000	131.0000	9,939	60.6807	21.8287	3.0000	131.0000	111	50.4775	21.8760	5.0000	96.0000	111	44.7207	22.9736	6.0000	98.0000	7.6559***	1.9119*
OC	10,050	2.0353	0.2887	-0.1308	3.0323	9,939	2.0375	0.2878	-0.1308	3.0323	111	1.9119	0.3288	0.4133	2.4774	111	1.8375	0.3033	0.9609	2.2945	7.2795***	1.7532*
SALES	10,050	0.0442	0.2562	-0.8547	18.4735	9,939	0.0440	0.2568	-0.8547	18.4735	111	0.0744	0.2795	-0.8182	1.8660	111	0.0569	0.1861	-0.7877	0.8994	-0.5248	0.5505
ROA	10,050	0.0282	0.0512	-1.9042	0.6726	9,939	0.0282	0.0506	-1.9042	0.6726	111	6.0726	7.4177	-24.2800	61.5100	111	0.0335	0.0753	-0.4280	0.2569	-1.9008*	-0.5492

注：***は1％水準、**は5％水準、*は10％水準で統計的に有意。各変数の説明は、図表8-3を参照されたい。

第8章 日本における中小企業の監査の質 ―実証的分析による証拠

図表8-3 検証に用いる各変数の定義

被説明変数	
DA	修正Jonesモデルによって計算した裁量的発生高
ABSDA	変数DAの絶対値
説明変数	
SANDM	資本金が5億円未満，かつ負債総額が200億円未満の上場企業であれば1そうでなければ0を示すダミー変数。
コントロール変数	
LNTA	総資産の自然対数。
FEE	監査報酬の自然対数。
BIG4	新日本，あずさ，トーマツ，あらたの各監査法人を監査法人にしているのであれば1そうでなければ0を示すダミー変数。
REV	売上債権の変化額(期末総資産で除している値)。
LOSS	当期純損失ダミー変数。
LEV	負債比率(期首総資産で除している値)。
ISSUE	総資産の5%を超える資金調達ダミー変数。
CFO	営業キャッシュ・フローの変化額(期首総資産で除している値)。
FAGE	企業年齢。
OC	営業循環日数 の自然対数。 (365 / 仕入 × 在庫の平均値 ＋ 365 / 掛売高 × 売掛金の平均値)。
SALES	売上高成長率。
ROA	総資本利益率(当期純利益 / 期首総資産)。

0.0136)，それぞれ有意な差が検出されている。ここで注目すべきは，グループ②および③，さらにグループ①がマイナスであるのに対して，グループ④（全サンプルのうちの中小企業）における裁量的発生高がプラスであることである。これによれば，日本企業を全体的にみる場合の裁量的発生高の平均がマイナス（-0.001）（グループ①）（利益減少型）であるにもかかわらず，中小企業がその中で利益増加型の調整をしていることがわかる。加えて，グループ④全サンプルのうちの中小企業における裁量的発生高の絶対値の平均（0.042）は，グループ②の0.0328より有意に大きく，またグループ③の0.0416より大きく，中小企業における利益の調整の度合いはそのほかの企業より大きいことを示唆している。

第2に，検証変数であるSANDM（中小企業ダミー）の平均は0.0110であり，

全サンプル数が10,050企業・年であることから，111（1.1％×10,050）企業・年が中小企業の検証データとして用いられていることがわかる。

第3に，コントロール変数であるいくつかの変数の基本統計量および差の検定の結果からは下記のことがわかる。大企業は中小企業より有意に，規模（総資産）が大きく，支払った監査報酬が高く，国際的な大規模監査法人いわゆるBig 4を監査法人として持ち，企業の歴史が長く，営業循環日数が長い。また，興味深い結果として，日本の会社法のもとでの中小企業はROAが大企業より高いことがわかる。

2　重回帰分析の結果

図表8-4では，裁量的発生高（DA）または裁量的発生高の絶対値（$ABSDA$）を従属変数とし，検証変数$SANDM$（中小企業ダミー），コントロール変数（図表8-3を参照），証券取引所ダミーおよび産業ダミーを独立変数とする重回帰分析結果を示している。

また，当該重回帰分析を行う場合，それぞれ全サンプル（図表8-4における「Full Sample」；10,050企業・年）とマッチドペア・サンプル（図表8-4における「Matched Sample」；中小企業とペアさせた大企業のデータと中小企業のデータの総和＝222（111+111）企業・年）を用いて検証を行っている。

図表8-4における検証変数$SANDM$（中小企業ダミー）に関する結果に注目すると，2つの側面のことが確認できる。まず，DA（裁量的発生高）を従属変数とする場合，全サンプルでは$SANDM$が正で1％水準をもって有意であるが，マッチドペア・サンプルではその有意性がなくなっている。DAが最小値-0.8064，最大値0.5140，平均値が-0.0010の基本統計量をもつ変数（図表8-2）であることから，それを従属変数とする回帰式における検証変数$SANDM$の正の値に対する解釈が難しいのであるが，先行研究の解釈の仕方にしたがえば，少なくとも全サンプルにおいて，中小企業のダミーである$SANDM$は，裁量的発生高DAを増幅させている側面があるといえる。

次に，$ABSDA$（裁量的発生高の絶対値）を従属変数とする場合，全サンプルでは$SANDM$に有意性がないが，マッチドペア・サンプルでは$SANDM$が負で1％水準をもって有意である。これは，中小企業と同一産業でリスク水準が

図表8-4　監査の質の代理変数を従属変数とする重回帰分析の結果

| | Dependent Variable: DA | | | | | | Dependent Variable: ABSDA | | | | | |
| | Full Sample | | | Matched Sample | | | Full Sample | | | Matched Sample | | |
	Coef.	t		Coef.	t		Coef.	t		Coef.	t	
Intercept	-0.0987	-13.72	***	-0.0877	-2.10	**	0.0920	13.14	***	0.1563	2.95	***
Test variables												
SANDM	0.0108	4.76	***	0.0011	0.21		-0.0021	-0.61		-0.0240	-2.78	***
Control variables												
LNTA	0.0027	4.07	***	0.0073	1.15		-0.0108	-10.65	***	-0.0291	-2.65	***
FEE	-0.0048	-3.56	***	-0.0368	-2.65	***	0.0048	2.40	**	0.0428	1.78	*
BIG4	-0.0017	-3.07	***	-0.0062	-1.38		0.0001	0.07		-0.0142	-1.83	*
REV	0.0353	6.05	***	0.1260	2.60	**	-0.0179	-2.04	**	0.2469	2.94	***
LOSS	-0.0047	-5.56	***	-0.0026	-0.42		0.0109	8.60	***	0.0216	2.04	**
LEV	0.0008	2.30	**	-0.0050	-1.67	*	0.0038	6.83	***	-0.0029	-0.57	
ISSUE	0.0021	1.79	*	0.0071	0.83		0.0113	6.43	***	0.0370	2.49	**
CFO	-0.8634	-174.08	***	-0.8705	-25.81	***	-0.0032	-0.43		-0.0758	-1.30	
FAGE	0.0001	5.31	***	-0.0001	-0.53		-0.0001	-6.08	***	-0.0001	-0.27	
OC	-0.0178	-15.85	***	-0.0070	-0.93		0.0118	6.99	***	0.0202	1.55	
SALES	-0.0034	-3.55	***	-0.0187	-2.34	**	0.0154	10.57	***	0.0422	3.05	***
ROA	0.0060	98.81	***	0.0054	12.11	***	0.0006	6.06	***	0.0020	2.53	**
Exchanges_d												
tokyo	-0.0042	-2.79	***	-0.0006	-0.06		0.0007	0.33		-0.0254	-1.65	
nagoya	-0.0006	-0.71		0.0042	0.56		-0.0013	-1.03		0.0005	0.04	
fukuoka	0.0029	1.97	**	-0.0035	-0.36		-0.0021	-0.96		-0.0034	-0.20	
sapporo	-0.0019	-0.95		0.0000		***	-0.0011	-0.35		0.0000		***
jasdaq	-0.0020	-3.10	***	-0.0110	-2.45	**	0.0032	3.32	***	-0.0156	-2.01	**
Industry_d												
水産・農林業	-0.0287	-2.42	**	0.0000		***	0.0061	0.34		0.0000		***
卸売業	-0.0572	-5.59	***	-0.0325	-2.59	**	0.0064	0.42		0.0039	0.18	
建設業	-0.0550	-5.36	***	-0.0256	-2.22	**	0.0108	0.70		0.0026	0.13	
非鉄金属	-0.0321	-3.09	***	0.0000		***	0.0187	1.20		0.0000		***
鉱業	-0.0460	-4.22	***	0.0000		***	0.0023	0.14		0.0000		***
機械	-0.0394	-3.85	***	-0.0260	-1.97	*	0.0012	0.08		-0.0097	-0.42	
サービス業	-0.0469	-4.57	***	0.0025	0.23		0.0095	0.62		0.0291	1.57	
金属製品	-0.0346	-3.36	***	-0.0161	-1.53		-0.0021	-0.13		0.0042	0.23	
情報・通信業	-0.0512	-4.99	***	-0.0180	-1.69	*	0.0111	0.72		0.0077	0.42	
食料品	-0.0307	-2.99	***	0.0024	0.21		-0.0011	-0.07		0.0143	0.74	
医薬品	-0.0434	-4.20	***	0.0000		***	0.0023	0.15		0.0000		***
不動産業	-0.0378	-3.65	***	0.0216	1.02		0.0463	2.97	***	-0.0031	-0.08	
陸運業	-0.0295	-2.86	***	0.0000		***	0.0014	0.09		0.0000		***

小売業	-0.0423	-4.13	***	-0.0002	-0.02		0.0055	0.36		0.0202	0.98	
化学	-0.0317	-3.09	***	0.0000		***	-0.0047	-0.30		0.0000		***
繊維製品	-0.0264	-2.55	**	0.0000		***	-0.0033	-0.21		0.0000		***
電気機器	-0.0431	-4.20	***	0.0000		***	0.0075	0.49		0.0000		***
ガラス・土石製品	-0.0312	-3.02	***	0.0000		***	-0.0020	-0.13		0.0000		***
輸送用機器	-0.0268	-2.61	***	0.0000		***	0.0062	0.40		0.0000		***
石油・石炭製品	-0.0380	-3.44	***	0.0000		***	-0.0084	-0.51		0.0000		***
パルプ・紙	-0.0187	-1.78	*	0.0160	1.29		-0.0077	-0.49		-0.0025	-0.12	
精密機器	-0.0387	-3.74	***	0.0000		***	0.0017	0.11		0.0000		***
ゴム製品	-0.0184	-1.75	*	0.0000		***	0.0032	0.20		0.0000		***
鉄鋼	-0.0259	-2.52	**	0.0000		***	0.0028	0.18		0.0000		***
その他製品	-0.0391	-3.80	***	0.0000		***	-0.0017	-0.11		0.0000		***
倉庫・運輸関連	-0.0244	-2.36	**	0.0000		***	0.0059	0.38		0.0000		***
海運業	0.0013	0.12		0.0000		***	0.0218	1.36		0.0000		***
電気・ガス業	0.0125	1.07		0.0000		***	0.0173	0.98		0.0000		***
Year_d	Included			Included			Included			Included		
Adj R-squared	0.786			0.867			0.122			0.300		
No. Obs.	10,050			222			10,050			224		

注：***は 1 ％水準，**は 5 ％水準，*は10％水準で統計的に有意。各変数の説明は，図表8-3を参照されたい。

近い大企業を探し出し，それを中小企業と合わせたサンプル・セットにした場合，裁量的発生高の絶対値に対して，他の要因をコントロールすると，中小企業は，より少量の調整を行っていることを示している。裁量的発生高の絶対値が少ないほど，監査の質が高いという先行研究における理屈にしたがえば，日本の会社法のもとでの中小企業は同一産業・同レベルのリスクの大企業よりもむしろ高い監査の質を享受していることを示している。

加えて，*ABSDA*（裁量的発生高の絶対値）を従属変数とする場合のBig4変数（具体的な定義は**図表8-3**を参照されたい）の有意性に注目したい。全サンプルでは，Big4変数に有意性がないが，マッチドペア・サンプルでは負で10％水準をもって有意である。それは，日本の会社法のもとでの中小企業が同一産業・同レベルのリスクの大企業とペアさせたサンプルでは，大規模監査法人の監査を受ける企業ほど，利益調整の量がより少ないことを示している。

第8章 ―日本における中小企業の監査の質実証的分析による証拠

3 ロジスティック回帰分析の結果－どのような中小企業がよりよい監査の質を享受しているか？

図表8-5は，中小企業データのみを用いる場合において，「裁量的発生高の絶対値（ABSDA）のダミー」を従属変数とし，図表8-3におけるコントロール変数を独立変数とするロジスティック回帰の分析結果を示している。ここでいう「ABSDAのダミー」は，ある企業・年のデータで計算されたABSDAが，ABSDAの下位20%の範囲に位置していれば1，上位20%の範囲に位置していれば0とするダミー変数である。図表8-5からわかるように，FEEはz値がプラスで1.61であり，監査報酬をより多く支払われる中小企業の監査人がその他の中小企業の監査人よりも，よりよい監査の質を市場に提供している可能性があることを示唆している。

図表8-5　中小企業データのみを用いたロジスティック回帰分析

Dependent variable: abasda_dummy	Small firm sample		
	Coef.	z	P>z
Intercept	-62.6962	-2.18	0.03
LNTA	2.8005	1.12	0.26
FEE	7.3951	1.61	0.11
BIG4	0.5957	0.45	0.65
REV	10.9118	0.75	0.45
LOSS	-0.0371	-0.03	0.98
LEV	0.6116	0.82	0.41
ISSUE	-0.0597	-0.02	0.99
CFO	8.5936	1.04	0.30
FAGE	0.0223	0.54	0.59
OC	-1.9713	-1.02	0.31
SALES	-3.2178	-1.16	0.25
ROA	-0.1470	-1.35	0.18
Pseudo R-squared	0.741		
No. Obs.	44		

注：各変数の説明は，図表8-3を参照されたい。

Ⅳ 結論と今後の課題

　本章では，日本における中小企業の監査の質に関する研究の欠乏を背景にして，当該テーマにおける実証的分析を行い，その証拠の提供を試みた。確認できた実証的証拠を下記において列記することで，本章の結論としたい。

① 日本企業を全体的にみる場合，裁量的発生高の平均がマイナス（-0.001）（利益減少型）であるにもかかわらず，中小企業がその中で利益増加型の調整をしていることがわかる。また，中小企業における利益の調整の度合いはそのほかの企業より大きいようである。

② 大企業は中小企業より統計的に有意に，規模（総資産）が大きく，支払った監査報酬が高く，国際的な大規模監査法人いわゆるBig 4 を監査法人として持ち，企業の歴史が長く，営業循環日数が長い。また，興味深い結果として，日本の会社法のもとでの中小企業はROAが大企業より高いことが挙げられる。

③ 裁量的発生高を従属変数とする重回帰分析の結果から，中小企業は裁量的発生高を増幅させている側面があるといえる。また裁量的発生高の絶対値を従属変数とする重回帰分析の結果では，日本の会社法のもとでの中小企業が同一産業・同レベルのリスク水準（CAPMのβ）をもつ大企業よりもむしろ高い監査の質を享受している（より少ない裁量的発生高の絶対値をもつ）ことを示している。

④ 監査報酬をより多く提供されている中小企業の監査人がその他の中小企業の監査人よりも，よりよい監査の質を市場に提供している可能性がある。

　今後の課題として，中小企業の定義の再考が挙げられる。国によって，あるいは法律によって（日本の場合「会社法」と「中小企業基本法」がある）中小企業の定義が異なるため，実証的に分析する際に，その要素を十分に考慮する必要がある。

［注］——————————

⑴ その他，監査の質を測定する指標として用いられるものもある。詳細は，仙場（2016）を参照されたい。ただし，裁量的発生高および裁量的発生高の絶対値を利用して，「監査の質」を測定するのは一般的な手法である。

⑵ 本章において，「非裁量的発生高」を推定するためのモデルについては，Ⅱの2.を参照されたい。

⑶ 会計発生高を計算するため，下記のような式を用いることができる。

会計発生高＝税引後経常利益－営業活動によるキャッシュ・フロー

ただし，税引後経常利益＝当期純利益－特別利益合計額＋特別損失合計額である。

参考文献

Ball, R. and L. Shivakumar（2005）Earnings Quality in UK Private Firms: Comparative Loss Recognition Timeliness, *Journal of Accounting and Economics*, Vol.39, No.1, pp.83-128.

DeFond, M. and J. Zhang（2014）A Review of Archival Auditing Research, *Journal of Accounting and Economics*, Vol.58, No.2, pp.275-326.

Ismail, I., H. Haron, D.N. Ibrahim and S.M. Isa（2006）Service Quality, Client Satisfaction and Loyalty towards Audit Firms: Perceptions of Malaysian Public Listed Companies, *Managerial Auditing Journal*, Vol.21, No.7, pp.738-756.

Jones, J.（1991）Earnings management during import relief investigation, *Journal of Accounting Research*, Vol.29, No.2, pp.193-228.

Kothari, S.P., A.J. Leone and C.E. Wasley（2005）Performance matched discretionary accrual measures, *Journal of Accounting and Economics*, Vol.39, No.1, pp.163-197.

Lawrence, A., M. Minutti-Meza. and P. Zhang（2011）Can big 4 versus non-big 4 differences in audit-quality proxies be attributed to client characteristics?, *The Accounting Review*, Vol.86, No.1, pp.259-286.

薄井彰（2007）「監査の品質とコーポレート・ガバナンス-新規公開市場の実証的証拠-」『現代監査』第17号，50-54頁。

浦崎直浩（2014）「特別目的の財務報告と監査の図式」『経理研究』第57号，493-502頁。

音川和久・北川教央（2007）「株式持合と会計利益の質の実証的関連性」『神戸大学経営学研究科 Discussion paper』2007・38。

河﨑照行（2015）『中小企業の会計制度』中央経済社。

桜井久勝（2015）『財務諸表分析（第6版）』中央経済社。

仙場胡丹（2016）『グローバル時代における監査の質の探究』千倉書房。

中島真澄（2011）『利益の質とコーポレート・ガバナンス―理論と実証』白桃書房。

矢澤憲一（2008）「監査報酬と利益の質―専門性・独立性低下仮説の検証―」『會計』第174巻第3号，397-412頁。

矢澤憲一（2010）「Big4と監査の質－監査コスト仮説と保守的会計選好仮説の検証」『青山経

営論集』第44巻第 4 号, 167-181頁。

吉田和生 (2006)「わが国における監査の質と報告利益管理の分析」『財務情報の信頼性に関する研究』（日本会計研究学会特別委員会・最終報告書）385-398頁。

　（付記）本稿は，2016年 9 月開催の日本監査研究学会第39回全国大会で配布された当該学会「特別目的の財務諸表の保証業務に関する研究」課題別研究部会の最終報告書における筆者の寄稿を修正したものである。なお，本研究はJSPS科研費15K03768の研究成果の一部でもある。

（仙場胡丹）

第9章

中小企業におけるサステナビリティ情報の必要性
－ステークホルダーの視点から－

Ⅰ　問題の所在

　国際競争激化の下，わが国では，少子高齢化の進展による人口減少に伴う人手不足や内需減退など，中小企業・小規模事業者・中堅企業（以下，「中小企業」という）を取り巻く事業環境は一段と厳しさを増し，事業のサステナビリティに懸念が生じている。「日本再興戦略 改訂2014」の公表によって，金融庁では，企業経営の改善や事業再生を促す観点から，金融機関に対して，保証や担保などに必要以上に依存することのない融資と同時に，融資先の経営力あるいは生産性の向上への支援を促している。こうした時代背景の中，2016（平成28）年7月1日に「中小企業等経営強化法」が施行された。

　本章では，ステークホルダーが限定される中小企業におけるサステナビリティ情報の特質と必要性を明らかにしてみたい。そのモニタリング業務については，プリパレーションが可能であることを検討する。ステークホルダーは，組織の存続および成功にとって不可欠なグループであり，ここでは，企業経営に与える影響の強弱や継続性によって第一次ステークホルダーと第二次ステークホルダーに区別し，サステナビリティ情報は，事業のサステナビリティに必要な経済的，社会的および環境的な側面からの企業のパフォーマンスとする。

Ⅱ　サステナビリティ情報の意義

　サステナビリティは，いくつかの側面から説明できる。たとえば，持続可能な発展とは，将来世代のニーズそのものを満たすための能力を損なうことなく，現在のニーズを満たす発展である（WCED 1987）。この意味でのサステナビリ

155

ティは，企業の社会的貢献（CSR），コーポレート・シチズンシップ（企業市民活動），スチュワードシップ，コーポレート・レスポンシビリティと同義語で使われる場合がある。

　将来においてもキャッシュインフローがあり続けて，顧客に製品あるいはサービスの供給が続けられる可能性を現在においてもっている企業は，サステナビリティがあると評される。サステナビリティには，このような経済的な側面のほかに，社会貢献活動や従業員の労働条件の改善に対する取り組みなどの社会的な側面と自然エネルギーおよびリサイクルの活用や二酸化炭素排出規制による自然環境保護活動などの環境的な側面が加わる。したがって，サステナビリティを経営戦略上で位置付けるには，トリプルボトムラインと称される経済的，社会的および環境的な側面からのパフォーマンスの評価が不可欠となる。図表9-1の右側の図では，A～Dがサステナビリティ情報に該当する（Ernst & Young LLP and Miami University 2013）。

　図表9-1の左側の図に示してあるように，財務諸表は，経済的な側面からのパフォーマンス評価を行ったものである。これに対して，CSR報告書は，社会的な側面からパフォーマンス評価を行ったものであり，環境報告書は，環境的な側面からパフォーマンス評価を行ったものということができる。したがって，個々の報告書だけでは，サステナビリティ情報が十分に提供できていないので，

図表9-1　サステナビリティ情報

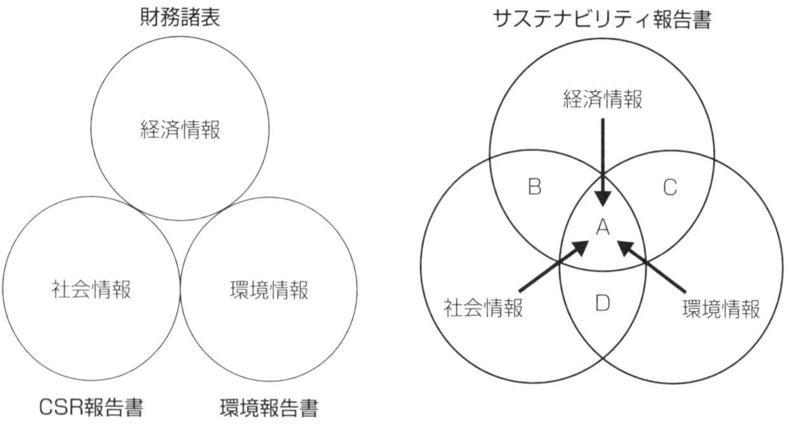

図表9-1の右側の図に示してあるように，経済，社会および環境の3つの側面から統合的に評価された情報Aに結合されていくことが期待されている。この意味で，サステナビリティ報告書は統合報告書の性質を有している。

　オーナー経営者が支配権を掌握する人的私企業である中小企業では，経済的な側面からのパフォーマンスを維持した上で社会的あるいは環境的な側面からのパフォーマンスを上昇させるように，慈善原理が主動因となってサステナビリティの維持に努めることになる。一方，多数のステークホルダーからの付託を受けた専門経営者を核とする制度的私企業である大企業では，経済的な側面からのパフォーマンスと社会的および環境的な側面からのパフォーマンスとの均衡を図ったサステナビリティの維持を戦略的に努めることになる（森本2004）。

　サステナビリティを経営戦略上の最重要課題の1つとして位置付けるには，経済，社会および環境にかかわるパフォーマンスと当該リスクを関連付けることが必要となる。この関連付けによって，リスク評価プロセスに基づいたサステナビリティ情報の提供が促され，それにはアウトカムでの評価が必然的なものとなる。アウトカムは，企業の事業活動とアウトプットによってもたらされる資本の内部的および外部的な帰結である。内部的な帰結とは，たとえば，従業員のモラルや組織の評判であり，一方，外部的な帰結とは，たとえば，製品あるいはサービスから得られる顧客の便益，雇用や納税による地域経済への貢献，環境への影響である。帰結には，「資本」の正味の増加がもたらされることによって価値が創造されるポジティブなものと，「資本」の正味の減少がもたらされることによって価値が減少，または毀損されるものがある（IIRC 2013）。

　企業はリスクマネジメントの導入によって多種多様なリスクを識別・評価している。経営者は，リスクを伴う事象からのマイナスの効果を逓減させてプラスの効果を逓増させられるかどうかを，リスク選好と経営戦略を適切に組み合わすことによって，把握したリスクがどのように戦略的な目的に影響を与えるかを評価している。そこでは，予想されるプラスもマイナスも含むすべての結果と実際の結果との不一致を減らそうと試みるため，事業のサステナビリティに努めることができる。

Ⅲ　ステークホルダーの特定

　中小企業では，大企業と比較した場合，所有と経営の未分離，内部統制機構の未整備，ステークホルダーの限定が主な特徴である（河﨑 2012）。原則ベースの中小企業会計では，主要な情報利用者を経営者，金融機関および取引先と特定した上で，その目的は経営者の意思決定に有用な情報と受託責任の評価に有用な情報の提供であり，歴史的原価の採用をもって税制との親和性を図っている（AICPA 2013）。

　多様なステークホルダーからの付託を受けた専門経営者を核とする制度的私企業である大企業に比べて，オーナー経営者が支配権を掌握する人的私企業である中小企業ではステークホルダーは限定される。そこで，本章では，**図表9-2**で示すとおり，中小企業のステークホルダーを，従業員，地域社会，取引先，金融機関，そして商工会議所や商工会などの支援機関が該当する第一次ステークホルダーと，行政官庁である金融庁，経済産業省および中小企業庁が該当する第二次ステークホルダーに特定してみる。第二次ステークホルダーは，企業経営に与える影響が比較的弱かったり継続的でなかったりすることで,第一次ステークホルダーとは区別されるが，企業と第一次ステークホルダーの協力関係に影響を与える（Freeman 2010）。

　本章では，①金融機関からの社会的に責任ある融資を引き出せるようにするため，金融庁が主導する事業性評価と，②経済産業省あるいは中小企業庁が後押しして，商工会議所，商工会，税理士，公認会計士などから構成される支援機関からのサポートを引き出すための評価に活用するローカルベンチマーク，そして③固定資産税軽減の申請に用いられる経営力向上計画を取り上げてみる。これら①〜③にかかわるサステナビリティ情報の作成と開示によって，事業内容や今後の見通しなどが可視化され，経営者と第一次ステークホルダーである従業員，取引先および地域社会とのエンゲージメントが期待できる。

　社会というコミュニティで抽出された課題に対して，その中の各主体が共鳴した上で，発信者と受信者の双方に何らかの取り組みの変化が現われて，はじ

図表9-2 中小企業のステークホルダー

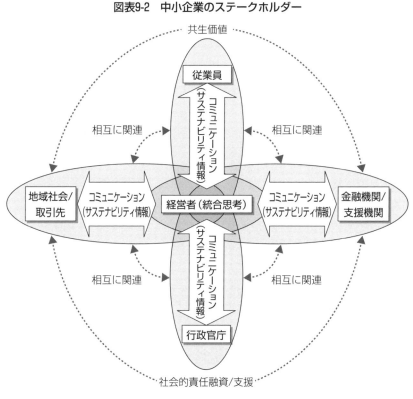

めてコミュニケーションが意義あるものとなってくる(図表9-2を参照)。その点,財務報告は本質的に影響の双方向性の性質を有している。しかし,社会的課題を解決するという視点でみた場合には,単に財務報告が,ある主体から特定の相手に対して実績重視の財務情報だけを発信して交流を促すという範囲にとどまっていたのでは,共生価値(shared value)の創出は望めない。共生価値の創出には,事業を営む地域社会の経済条件や社会状況を改善しながら,組織が自らの競争力を高める経営方針とその実行を伴う(Porter and Kramer 2011)。そこでは,経済発展と社会発展の関係性を明らかにできるサステナビリティ情報を開示することが重要である。

サステナビリティ情報では,アカウンタビリティに加えて,企業の構成員たる経営者あるいは従業員などが自らの活動に関する説明責任を果たすこと,す

なわち企業活動の説明責任（コーポレート・アカウンタビリティ）も示されて
こそ情報の伝達が双方向に近づいていき，その結果，社会的な責任融資や支援
が促進される。

　統合思考は，組織の短期，中期および長期の価値創造を包括的な観点から捉
えた意思決定および行動の前提となる考え方であり，統合報告は統合思考に基
づく組織内外とのコミュニケーションのプロセスである（IIRC 2013）。サステ
ナビリティ報告書は，そのプロセスの結果を示した統合報告書の性質を有して
おり，そこでは重要性の高い要素，すなわち，財務資本，製造資本，知的資本，
人的資本，自然資本および社会関連資本に分類した組織の資源が，どのように
関連して組み合わされているかを説明して，組織の経済的，社会的および環境
的な側面からのパフォーマンスの評価を可能にする。その結果，組織の価値創
造プロセスが可視化され，サステナビリティへの取り組みが識別・評価できる
ようになるため，経営者とステークホルダーのコミュニケーションに加えて，
ステークホルダー間のコミュニケーションをも促進することができる。

Ⅳ　事業性評価とローカルベンチマーク

　中小企業を巡る経営課題が多様化，複雑化あるいは国際化する中で，中小企
業の事業支援の担い手の多様化と活性化を図るため，また中小企業の海外展開
に伴う資金調達の支援を図るために，2012（平成24）年8月30日に「中小企業
経営力強化支援法」が施行された。そこでは，中小企業の経営力の強化を図る
ために，金融機関，税理士，公認会計士などの支援事業を行う者を認定して，
その認定者による中小企業に対する専門性の高い支援を実現し，また，独立行
政法人中小企業基盤整備機構からの専門家の派遣などによる協力や信用保証協
会の保証付与による資金調達支援を行う。これらの支援により，中小企業は質
の高い事業計画を策定することが可能となり，経営力の強化が図られる。

　2014（平成26）年6月に公表された「日本再興戦略 改訂2014」では，「6.
地域活性化・地域構造改革の実現／中堅企業・中小企業・小規模事業者の革新
の(3)新たに講ずべき具体的施策」において，地域金融機関等による事業性を

評価する融資の促進等について，次のとおり明記している。

　「企業の経営改善や事業再生を促進する観点から，金融機関が保証や担保
等に必要以上に依存することなく，企業の財務面だけでなく，企業の持続可
能性を含む事業性を重視した融資や，関係者の連携による融資先の経営改善・
生産性向上・体質強化支援等の取組が十分なされるよう，また，保証や担保
を付した融資についても融資先の経営改善支援等に努めるよう，監督方針や
金融モニタリング基本方針等の適切な運用を図る。」

　これらに応じるように金融庁では，2014（平成26）年9月11日に公表の「平
成26事業年度　金融モニタリング基本方針」の中で，重点施策として事業性評
価に基づく融資と統合的リスク管理を新たに明記している。そこでは，事業性
評価に基づく融資を促進するため，金融機関に対して，財務データや担保・保
証に必要以上に依存することなく，企業のサステナビリティの観点からの事業
性評価を適切に行った融資や助言を行って，中小企業や地域産業の成長を支援
していくための円滑な資金供給に努めることを求めている。それによって，地
域経済圏を基盤とした中小企業，並びに地域産業は，必要に応じた穏当な集約
化を図りつつ，効率性や生産性を向上させて地域における雇用や賃金の改善に
つなげることが期待できるとしている。

　金融庁は，銀行，信用金庫，信用組合などの金融機関に対して金融検査を行
って，金融機関が企業への資金供給という役割を適切に果たせているかどうか
を検証している。この検証では，貸出相手が契約通りに返済できるかどうかを
貸出金毎にその安全性を自己査定しているかだけではなく，貸出相手の経営状
態や将来性の評価を行っているかを検査している。しかし，それは，大企業を
対象とした大口融資に限定しているのであって，小口融資に対しては金融機関
に任されていることを金融庁では問題視した。そこで，「金融検査マニュアル
別冊（中小企業融資編）」を2015（平成27）年1月に公表することによって，
中小企業に対して，金融機関の事業性評価に基づく融資の理解を促し，金融機
関とのコミュニケーションの向上を促すことにした。それによって，中小企業
は，金融機関からの高い事業性評価が得られて円滑な資金提供が可能となる。

　「金融検査マニュアル別冊（中小企業融資編）」では，中小企業の特性につい

て，①景気の影響を受けやすくて一時的な収益の悪化に伴って赤字になりやすく，②自己資本が小さいために一時的な要因により債務超過に陥りやすく，③リストラの余地が小さく財務状況の回復に時間を要するなどと説明して，さまざまな事例を用いて，これらの対処方策を示している。

2016（平成28）年3月には，地域金融機関と支援機関の連携による中小企業の支援体制を期待して，経済産業省の研究会から，事業性評価の指標としても利用できるローカルベンチマークが提示されている。同時期に，金融庁からは，事業性評価は通常の審査に加えて実施するものであって，事業性評価の結果のみで融資の可否を判断するものでないと注意喚起が行われている。

ローカルベンチマークは，事業性評価の入口として企業経営の実態を把握する道具として活用されることが期待されていて，中小企業経営者と金融機関あるいは支援機関の双方が同じ目線でコミュニケーションを行うための基本的な枠組みである。そこでは，サステナビリティ情報における財務情報とそれ以外の情報を統合的に分析することによってビジネスリスクを評価し，中小企業経営者と金融機関あるいは支援機関との適宜のコミュニケーションに伴った迅速な支援につなげていくための10のベンチマークを示している。

財務情報にかかわる分析指標が6つ掲げられており，それは，①売上高増加率（売上持続性），②営業利益率（収益性），③労働生産性（生産性），④EBITDA有利子負債倍率（健全性），⑤営業運転資本回転期間（効率性），⑥自己資本比率（安全性）である。それ以外の情報を分析するための視点も4つ掲げられており，それは，⑦経営者への着目，⑧事業への着目，⑨企業を取り巻く環境・関係者への着目，⑩内部管理体制への着目である。

⑦経営者への着目には，(a)経営者自身について：ビジョンと経営理念，(b)後継者の有無，⑧事業への着目には　(a)企業および事業沿革，(b)技術力と販売力の強み，(c)技術力と販売力の弱み，(d)ITの能力：イノベーションを生み出せているか，⑨企業を取り巻く環境・関係者への着目には，(a)市場規模・シェアの競合他社との比較，(b)顧客リピート率と主力取引先企業の推移，(c)従業員定着率，勤続日数，平均給与，(d)取引金融機関数とその推移，⑩内部管理体制への着目には，(a)組織体制，(b)経営目標の有無と共有状況，(c)社内会議の実施状況，(d)人事育成のやり方とシステムが示されている。

Ⅴ　経営力向上計画

　その後の2016（平成28）年5月24日には，経営力および生産性を向上させる取り組みを計画した中小企業を積極的に支援することを狙いとして「中小企業等経営強化法」が第190回通常国会で成立し，7月1日に施行された。この法律では，政府が経営力および生産性の向上に役立つ取り組みをわかりやすく中小企業に提供するために，事業所管大臣が，事業分野ごとに経営力および生産性の向上の方法などを示した指針を策定している。経営力および生産性を向上させるための人材育成，財務管理，設備投資などの取り組みを記載した経営力向上計画を事業分野ごとの担当省庁に申請し，認定された事業者は，さまざまな支援措置が受けられるようになる。

　たとえば，同業者組合や事業者団体などの事業分野別の経営力向上推進機関からの人材育成などの支援が受けられる。また，商工会議所，商工会，中小企業団体中央会，金融機関，税理士，公認会計士などからなる経営革新等支援機関による経営力向上計画の作成および申請の支援が受けられる。この経営革新等支援機関は，事業分野ごとの担当省庁の認定を得なければならないことから，経営力向上計画には，独立性のある認定機関によるプレパレーションが施されるようになる。

　経営力向上計画とは，人材育成やコスト管理にかかわる経営力の向上と設備投資などによる生産性の向上を図るための取り組みを記載した事業計画であり，その作成に当たっては，次の5つのステップに整理することができる。それは，①自社の強みをしっかりと把握し，②自社の強みがどのようにキャッシュフローにつながるのかを整理し，③経営方針を明確にして管理指標を特定した上で，④計画としてまとめて，⑤実践に移すことである。以下，其々について説明してみる。

　①　自社の強みの源泉や大切なものが何かを棚卸して，どのような特徴や強みを保有しているのかを整理する。自社の強みを把握するためには，まず自社の強みを書き出し，それにはSWOT分析などの手法が有効である。

第9章　中小企業におけるサステナビリティ情報の必要性

② 自社の強みがどうやって収益あるいはキャッシュインフローにつながってきたのか，また将来につなげていくのかについて，過去の実績を踏まえてストーリー性のある経営方針としてまとめる。その過程で，財務上の数字と自社の強みを示す非財務的な要素を関連付ける。

③ 経営方針を明確にして管理指標を特定するためには，経営方針を実現するために，その主要な部分について社内の目安となる管理指標を特定する。

④ 計画としてまとめるには，経営力向上計画を作成する必要がある。そこでは，開示可能な管理指標を経営方針のストーリー性と併せて示すことによって，将来のキャッシュフローに影響を及ぼす情報となり，企業の財務弾力性が可視化できる。

⑤ 上記の計画を実践に移すためには，経営方針と管理指標を社内に徹底させ，事業を実施する。それにはPDCAマネジメントサイクルが有効である。

2016（平成28）年7月29日に，事業分野ごとの担当省庁に事業分野別指針などに従った経営力向上計画を提出して認定を受けた中小企業が初めて公表された（建設業：1件，製造業：32件，情報通信業：7件，卸・小売業：2件，学術研究と専門・技術サービス業：4件，サービス業（他に分類されないもの）：1件）。この認定を受けたことによって，当該事業者は，機械および装置の固定資産税の軽減（資本金1億円以下の会社等を対象とし，3年間にわたり半減）や金融支援（たとえば，低金利融資や債務保証）などの特例措置を受けることができるようになる。

VI 知的資産経営報告書

前節までに取り上げた事業性評価，ローカルベンチマークおよび経営力向上計画は，知的資産経営報告書の目的と内容に類似しているため，ここでは，知的資産経営報告書の公表に向けて取り組んできた昭和電機株式会社の事例を紹介して，中小企業におけるサステナビリティ情報の公表のあり方について考察する。

昭和電機株式会社は，1950年創業の大阪府に本社のある電動送風機，粉塵および水蒸気の捕集を行う環境機器であるミストコレクなどの製品開発を行っている会社であり，2015（平成27）年現在の資本金は8,850万円で社員数は204名である。同社は，2007（平成19）年度から知的資産経営報告書の公表を始め，2014（平成26）年度には統合報告書に名称変更している。

　事業活動を営む組織には，規模の大小あるいは営利目的か非営利目的に関係なく，どのようにしてキャッシュインフローを生み出すかというプロセス，すなわち現金変換サイクルを具現化するビジネスモデルが存在している。そのビジネスモデルを全社的に集約して報告するには，財務業績に加えて経営管理や産業規律などに関連させての説明が不可欠となる。それには，財務諸表とアウトプットあるいはアウトカムとを結合させて主要な価値創造にかかわる要因を忠実に表現する数値的データ（メトリック）としての主要業績評価指標（KPI）が欠かせない。

　昭和電機株式会社では，経済産業省の開示ガイドラインを参照して作成した知的資産経営報告書での人的資産，構造資産，関係資産および財務資産の４つの知的資産を，人的資本，製造資本，知的資本，社会関連資本，自然資本，財務資本の６つの「資本」に変更するなどして，国際統合報告評議会（IIRC）が公表する<IR>フレームワークの要件を満たした統合報告書に作り替えている。中小企業は，大企業に比べてビジネスが比較的に単純なため，価値創造のプロセスをこれらの「資本」との結び付きで示すことは比較的に容易だと思われる。

　昭和電機株式会社では，統合報告書（あるいは知的資産経営報告書）を作成する目的は，サステナビリティを図るために，どの「資本」（あるいは知的資産）を強化して，どのように組み合わせることが望ましいのかを見定める経営判断のツールとして使用することである（**図表9-3**を参照）。そして，顧客を第一のステークホルダーと特定して，顧客への利便性の向上に向けて，「資本」（あるいは知的資産）の組み合わせを考えて作成することが重要であると考えている。また，事業の継承という課題も含めて，従業員の経営への十分な理解の浸透を期待している

　ここで１つ注目しておきたいのは，昭和電機株式会社の場合，知的資産経営

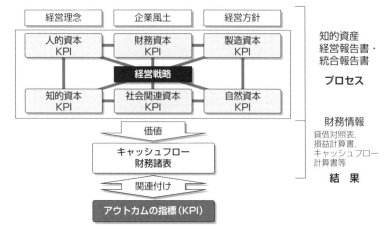

出所：栗山隆史・森下勉（2014）「第９章　昭和電機における統合報告への取り組み－2014年度の統合報告書発行に向けて－」小西範幸・神藤浩明編著（2014）「統合報告の理論と制度」『経済・経営研究』所収，Vol. 35 No.1，日本政策投資銀行設備投資研究所，161頁の図表9-8の一部を加筆修正。

報告書あるいは統合報告書を金融機関からの融資を受けるための手段として作成してこなかったことである。その当時から，一部の金融機関では，知的資産経営報告書を融資判断のツールとして活用し，経営改善の指導をしながら融資枠を広げているところもあった。同社の知的資産経営報告書あるいは統合報告書は，前節で説明した経営力向上計画の基本理念に合致しており，その内容は事業性評価およびローカルベンチマークと合致している。とくに統合報告書では，６つの「資本」とKPIを用いて，財務情報とそれ以外の情報からなるサステナビリティ情報を統合的に分析しやすくしている。

　2017（平成29）年４月４日現在，近畿経済産業局管内で知的資産経営報告書を作成・開示している中小企業は257社にのぼることから，中小企業におけるサステナビリティ情報の公表のあり方の１つとして，知的資産経営報告書あるいは統合報告書を考えることが可能である。

Ⅶ　中小企業におけるサステナビリティ情報開示の仕組み

　本章では，本課題別研究部会の問い掛けである「中小企業向けの会計および保証の制度が，なぜ整備されてきているのか」に対して，中小企業におけるサステナビリティ情報の必要性をもって検討を試みた。

　わが国では，中小企業の事業のサステナビリティに懸念が生じてきている中で，第二次ステークホルダーである行政官庁の働きかけによって，中小企業が経営力向上計画を担当省庁に申請して認定を受けることによって，第一次ステークホルダーである金融機関からの融資の円滑化が図られると同時に，経営革新等支援機関などからの経営基盤強化の支援あるいは減税処置が享受できる仕組みが構築されていることを明らかにした。商工会議所，商工会，金融機関，税理士，公認会計士などが経営革新等支援機関になるには，事業分野ごとの担当省庁の認定を得なければならないことから，経営力向上計画は，独立性のある認定機関によるプレパレーションによってモニタリング業務が行われていることも明らかにした。

　経営力向上計画では，事業性評価の入口として，企業経営の実態を把握する道具として活用されることが期待されている6つの財務指標と4つのそれ以外の情報からなるローカルベンチマークを用いてサステナビリティ情報が示される。事業性評価に基づく融資では，金融機関は財務データや保証・担保にとらわれず，企業訪問や経営相談を通じた情報収集を行い，事業の内容や成長性などを適切に評価することが重要であるという金融庁の考え方が反映されている。

　これらの取り組みは，経営管理指標と経営方針といった財務情報とそれ以外の情報の統合的な分析を可能にすることによって，中小企業経営者と金融機関あるいは支援機関との適宜のコミュニケーションを促進して，中小企業の迅速な支援へとつなげて事業のサステナビリティを図っていくためのものである。したがって，本章では，中小企業では，知的資産経営報告書あるいは統合報告書によってサステナビリティ情報の統合的な開示が必要となることを明らかにした。

参考文献

AICPA, Canadian Institute of Chartered Accountants（2000）*Managing Risk in the New Economy*.

AICPA（2013）*Financial Reporting Framework for Small-and Medium-Sized Entities*.

Boston College Center for Corporate Citizenship and Ernst & Young（2014）*Value of Sustainability Reporting*, Ernst & Young LLP.

Ernst & Young LLP and Miami University（2013）*Demystifying Sustainability Risk*, COSO.

Freeman, R.E.（2010）*Strategic Management－A Stakeholder Approach－*, Cambridge University Press.

IIRC（2013）*International<IR>Framework*.

Porter, E.M. and M.R. Kramer（2011）Creating Shared Value, *Harvard Business Review*, Vol.89, Issue1/2, pp.62-77.

SEC Advisory Committee on Improvements to Financial Reporting（2008）*Final Report of the Advisory Committee on Improvements to Financial Reporting to the United State Securities and Exchange Commission*.

Sustainability Accounting Standards Board（2013）*Conceptual Framework of the Sustainability Accounting Standards Board*.

The World Intellectual Capital Initiative（2010）*Concept Paper on WICI KPI in Business Reporting Ver.1*, http://www.wici-global.com/kpis_ja.

World Commission on Environment and Development（1987）*Our Common Future*, Oxford University Press.

浦崎直浩（2015）「第9章 アメリカ」河﨑照行編著『中小企業の会計制度―日本・欧米・アジア・オセアニアの分析―』所収，中央経済社，114-128頁。

河﨑照行（2012）「新「概念フレームワーク」と中小企業会計」『国際会計研究学会年報』第2号，69-81頁。

金融庁（2016a）『平成26事務年度 金融モニタリング基本方針（監督・検査基本方針)』。

金融庁（2016b）『金融モニタリング基本方針の概要（平成26事務年度)』。

金融庁（2017）『金融検査マニュアル別冊（中小企業融資編)』。

経済産業省 経済産業政策局 産業資金課（2016）『ローカルベンチマーク「参考ツール」利用マニュアル』。

小西範幸編著（2013）『リスク情報の開示と保証のあり方 ―統合報告書の公表に向けて―』日本会計研究学会 スタディ・グループ最終報告書。

小西範幸・神藤浩明編著（2014）「統合報告の理論と制度」『経済経営研究』Vol.35, No.1, 日本政策投資銀行設備投資研究所。

小西範幸（2014）「財務報告におけるリスク概念の開示と保証の意義」『現代監査』第24号，72-80頁。

小西範幸（2016）「サステナビリティ・リスク情報の統合開示」『国際会計研究学会年報』
　　2015年度　第 1 号, 25-40頁。
櫻井通晴（2009）「ステークホルダー理論からみたステークホルダーの特定－コーポレート・
　　レピュテーションにおけるステークホルダー－」『専修経営研究所年報』第34号, 93-113頁。
中小企業庁（2012）『中小企業経営力強化支援法について』。
森本三男（2004）『企業社会責任の経営学的研究』白桃書房。

（小西範幸）

第2部

米国における特別目的の
財務諸表に対する保証業務

第10章

中小企業に関する特別目的の財務報告の枠組み
−AICPAのFRF for SMEsを中心として−

I　FRF for SMEsの意義と特徴

　米国公認会計士協会（AICPA）は2012年11月1日に公開草案『中小企業の財務報告フレームワークの提案』（AICPA 2012）を公表した。当該フレームワークはカナダ勅許会計士協会（CICA[1]）から許諾を得て『CICAハンドブック』の内容を米国企業向けに必要な部分の改訂を行い作成されたものである（AICPA 2013a, p.ii）。とりわけ，財務報告の概念フレームワークについては，CICAハンドブックの概念フレームワーク「財務諸表の諸概念」（詳細は，浦崎 1989を参照されたい）の内容をほぼ複製したものとなっている。AICPAは，公開草案に関するコメントを踏まえて，2013年6月に『中小企業の財務報告フレームワーク（FRF for SMEs)』（AICPA 2013a）を正式に公表している。本章は，FRF for SMEs（AICPA 2013a）に提示されている概念フレームワークの全体像を明らかにすることで，特別目的の財務報告に関する議論に資することを目的とするものである。

　AICPAが公表したFRF for SMEsは，一般に認められた会計原則（以下，「U.S. GAAP」という）に基づく財務諸表の作成が義務付けられていない場合に，汎用的な用途（general use）の財務諸表の作成と当該財務諸表の外部的な利用にとって適切な規準となるものである（AICPA 2013a, p.v）。従来，U.S. GAAPに準拠した財務諸表の作成が義務付けられていない場合の会計実務の基準として，「その他の包括的会計基準（OCBOA)」（Madray（2006）および浦崎（2015）を参照されたい）が適用されてきた。

　OCBOAは，当該基準を設定する権威ある機関が存在せず，OCBOAに基づく財務諸表の作成は，AICPAの監査基準審議会（ASB）が公表した監査基準書第62号「特別報告」（以下，「AU623」という）が主要な指針となってきた

173

（Madray 2006, p.1.02)。AU623によれば，OCBOAとして，①政府規制当局による基準，②税務申告のための税法基準，③現金主義および修正現金主義，④特定の項目に適用される物価水準会計等が挙げられている（ASB 1989, par.4)。

FASBが非公開会社向けの会計基準の策定の枠組みを議論している中で，FASBに先んじてAICPAがFRF for SMEsを設定したことは，OCBOAの公式ルール化を狙いとするものであったと指摘されている（河﨑 2013)。AICPAはFRF for SMEsの採用を義務付ける権限を有するものではなく，企業経営者による任意の選択に委ねられているが（AICPA 2013a, p.vii)，すでに述べたように一定のデュー・プロセスを踏んでFRF for SMEsが公表されていることからも相当の権威付けを行う意図があったことを窺い知ることができる。また，FRF for SMEsに準拠して財務諸表を作成した場合，経営者は当該財務諸表が特別目的のフレームワークであるFRF for SMEsに準拠している旨を表明することができる（AICPA 2013a, p.vii)。

Ⅱ　FRF for SMEsの体系

FRF for SMEsは，概念フレームワークに相当する「財務諸表の諸概念」を含め31章で構成され，A4版で188頁の分量である。**図表10-1**は，FRF for SMEsの体系を示したものである。AICPAによれば，FRF for SMEsに基づく会計情報の認識・測定・伝達に関する特徴は次のような点にあると述べられている（AICPA 2013b)。

①　伝統的な会計原則と税法基準を適切に組み合わせた会計ルール

②　利用目的に合わせた開示規定

③　歴史的原価による測定原則

④　経営者による財務諸表作成の選択

⑤　簡素化された原則主義の会計基準

⑥　変動持分事業体の概念を除いた簡素化された連結モデルの採用

図表10-1　FRF for SMEsの体系

概念フレームワーク	財務諸表の諸概念(第1章)
一般原則等	財務諸表の表示に関する一般原則と会計方針(第2章)
採用時の検討事項	移行措置(第3章)
基本財務諸表	財政状態計算書(第4章) 流動資産および流動負債(第5章) 特定の金融資産・金融負債に関する会計上の特別の考慮 (第6章) 事業活動計算書(第7章) キャッシュ・フロー計算書(第8章)
個別基準	会計方針の変更，会計上の見積の変更，および誤謬の訂正 (第9章) リスクと不確実性(第10章) 持分，負債，およびその他の投資(第11章) 棚卸資産(第12章) 無形資産(第13章) 有形固定資産(第14章) 長期耐用資産の処分と非継続事業(第15章) 契約(第16章) 偶発事象(第17章) 持分(第18章) 収益(第19章) 退職給付およびその他退職後給付(第20章) 所得税(第21章) 子会社(第22章) 連結財務諸表および少数株主持分(第23章) ジョイントベンチャー投資(第24章) リース(第25章) 関連当事者取引(第26章) 後発事象(第27章) 企業結合(第28章) プッシュダウン会計(第29章) 非貨幣取引(第30章) 外貨建取引(第31章)

　また，FRF for SMEsによって作成された財務諸表の主要な利用者として，中小企業の所有者，弁護士・医者等の職業専門家，銀行その他の資金提供者，保険会社，保証人，個人投資家等が挙げられている（AICPA 2013b）。

Ⅲ 財務諸表の諸概念

　財務諸表の諸概念は，営利企業の一般目的財務諸表（以下，「財務諸表」という）[2]の作成と利用の基礎となる諸概念を記述するものである。かかる財務諸表は，企業実体（entity）に関する財務情報の外部利用者に共通する情報ニーズだけではなく，当該企業の所有者および経営者のニーズも満たすように意図されている（AICPA 2013a, par.1.01）。また，財務諸表の諸概念は，FRF for SMEsに関する専門的判断を行使するときに，財務諸表の作成者および会計実務家が利用することのできるものである（AICPA 2013a, par.1.02）。さらに，財務諸表の諸概念は，特定の測定問題やディスクロージャー問題に関する諸原則を設定するものではなく，FRF for SMEsの他の箇所における特定の諸原則に優先するものではない（AICPA 2013a, par.1.03）。

1 財務諸表の目的

　財務諸表の目的は，経営者，債権者およびその他の利用者が資源配分の意思決定を行うとき，または経営者の受託責任の評価を行うとき，もしくはその双方を行うときに，以下の事項に関する有用となる情報を伝達することである（AICPA 2013a, par.1.08）。

① 企業実体の経済的資源，債務，および持分。

② 企業実体の経済的資源，債務，および持分の変動。

③ 企業実体の経済的業績

　それらの情報を表示し利用者に伝達する財務諸表は，通常，財政状態計算書，事業活動計算書，持分変動計算書，そしてキャッシュ・フロー計算書である。財務諸表の注記は，財務諸表の付属明細書と同様に，財務諸表の必須の部分である。しかしながら，単一の財務表，たとえば財政状態計算書のみを作成する場合であっても，本フレームワークの利用を妨げるものではない。しかしながら，財政状態計算書と事業活動計算書の双方を作成する場合には，同時にキャ

ッシュ・フロー計算書をも作成しなければならない（AICPA 2013a, par.1.04）。なお，財務諸表にとって重要性を有しない項目は，独立した科目としての表示または注記の対象とはならない（AICPA 2013a, par.1.09）。

2 質的特性

　質的特性は，財務諸表において提供される情報の属性を定義し記述するものである。その属性は，利用者にとって情報を有用にするものである。4つの主たる質的特性は，理解可能性，目的適合性，信頼性，および比較可能性である（AICPA 2013a, par.1.10）。周知のように，FASBと国際会計基準審議会（IASB）による概念フレームワークの見直しに関する共同プロジェクトの成果によれば，「財務情報が有用となるためには，目的適合的であり，かつ，情報が表現しようと意図することを忠実に表現するものでなければならない。財務情報は，比較可能であり，検証可能であり，適時性があり，そして理解可能であれば，当該情報の有用性は高まる。」（FASB 2010, par.QC4）と述べられている。そこでは，有用性を規定する基本的質的特性が目的適合性と忠実な表現であり，その他の特性は有用性を補強する質的特性である。FRF for SMEsにおける質的特性の構成（**図表10-2**）からも知られるように，AICPAは信頼性の特性を残したままである。

　情報の有用性を規定する主要な質的特性として信頼性を従前どおり位置付けている理由は，端的に言って，中小企業の財務諸表作成目的に受託責任の概念を残していることにあるものと理解している。すなわち，信頼性は，原価主義の受託責任会計の枠組みで生まれた概念であり，受託責任解除の目的で作成される会計情報の特性であって，利害調整を目的とするときに最もハードな情報

図表10-2　質的特性の構成

主要な質的特性	主要な質的特性の要素
理解可能性	利用者による事業活動・会計に関する合理的理解・研究態度
目的適合性	予測価値，フィードバック価値，適時性
信頼性	表現の忠実性，検証可能性，中立性，保守主義
比較可能性	複数企業の企業間比較可能性，同一企業の期間的比較可能性

を提供する原価主義の計算体系と密着して展開されてきたからである。つまり，情報の信頼性なる概念は，情報の正確性（虚偽表示の有無）がその基底にあるものとして解釈されてきたということである。

その意味で，FRF for SMEsでは，中立性の阻害要因として保守主義を信頼性の要素として説明しており，会計実務に定着している保守主義に基づいた会計処理（浦崎 1989, pp.59-60）に過度の保守的判断が行使された場合に，表現の忠実性が損なわれ情報に偏向が生じるおそれがある（AICPA 2013a, par.1.13）。

3　財務諸表の構成要素

財務諸表の目的に基づいて提供される基本的情報は，①企業実体の経済的資源，債務，および持分，および②企業実体の経済的資源，債務，および持分の変動に関する情報である。それらを表現する財務諸表の構成要素は，**図表10-3**に示すように，資産，負債，持分，収益，費用，利得，損失の７つの構成要素である。純利益は，収益および利得から費用および損失を控除した後の残余額であり，増資および減資を除き，一般に企業実体の持分を増減させるすべての取引および事象を含んでいる。また，指摘するまでもなく，財務諸表の注記は，財務諸表の諸項目の明瞭性を高め，その詳細な説明を行う媒体であるから，財務諸表の重要な部分であるが，財務諸表の構成要素とはみなされない（AICPA 2013a, pars.1.17-1.30）。

Ⅳ　財務諸表の構成要素の認識と測定

1　財務諸表の構成要素の認識

認識とは，ある項目を財務諸表に計上するプロセスである。認識は，ある科目名（たとえば，棚卸資産または売上高）のもとに関連するものを加算合計することによりその総額を決定することである。同様の項目は，表示の目的のために財務諸表においてグループ化される（AICPA 2013a, par.1.31）。認識は，財務諸表の注記に項目を開示することを意味しない。注記は，財務諸表におい

図表10-3　財務諸表の構成要素

財務諸表	構成要素	定義
財政状態計算書	資産	資産は，過去の取引または事象の結果として企業実体が支配する経済的資源であり，かつ企業実体はその経済的資源から将来の経済的便益を獲得することができるものである。
	負債	負債は，過去の取引または事象から生じる企業実体の債務である。その債務の返済は，資産の移転または利用，サービスの提供，あるいは経済的便益を将来へ繰り越すことによってなされる。
	持分	持分は，ある企業実体の資産からその負債を控除した後の所有者権益である。
事業活動計算書	収益	収益は，経済的資源の増加分である。それは，企業実体の経常的な活動から生じる資産のインフローまたは価値の増加もしくは負債の減少によりもたらされる。
	費用	費用は，経済的資源の減少分である。費用は，企業実体の経常的な収益創出活動またはサービス提供活動から生じる資産のアウトフローまたは価値減少もしくは負債の増加によってもたらされる。
	利得	利得は，企業実体に影響を及ぼす臨時的または偶発的取引および事象から生じる持分の増加そして収益または増資による持分の増加を除いたその他のすべての取引，事象および環境から生じる持分の増加である。
	損失	損失は，企業実体に影響を及ぼす臨時的または偶発的取引および事象から生じる持分の減少そして費用または減資による持分の減少を除いたその他のすべての取引，事象および環境から生じる持分の減少である。

て認識された項目に関してさらに詳しい説明をするかまたは認識の規準に合わないために財務諸表において認識されない項目に関する情報を提供するかのいずれかである（AICPA 2013a, par.1.32）。ある特定の項目が認識されるか否かについては，特定の環境が認識規準に合うかどうかを考察することによる専門的判断の適用が求められる（AICPA 2013a, par.1.33）。認識規準は次のとおりである（AICPA 2013a, par.1.34）。

①　項目が適切な測定の基礎を有していること。および関連する金額に関して合理的な見積ができること。

②　将来の経済的便益の獲得または費消に関連する項目について，そのような便益が獲得されまたは費消される可能性が高いこと。

上記の認識規準を適用する場合，ある項目が要素の定義と合致するが，将来の経済的便益が獲得されるかまたは費消されるという確率が高くないため，または関連する金額の合理的見積ができないときは，財務諸表の注記において関連する情報が開示される（AICPA 2013a, par.1.35）。

FRF for SMEsにおける認識の特徴は，中小企業の会計実務を考慮して，発生主義会計に基づく伝統的な会計原則を許容していることにある。特に，収益費用対応の原則に基づく会計処理について言及されている。そこでは，収益に対応する費用の計算については，発生した取引または事象に基づいて当該会計期間に関連付けられる，もしくは，配分によって関連付けられ（AICPA 2013a, par.1.39），売上高と売上原価の直接的対応，売上高と販売費・一般管理費の期間的対応についての説明が明示的になされている。また，支出が将来の経済的便益をまったく生み出さないとき，あるいは，将来の経済的便益を資産として認識する資格がないとき，もしくはその資格がなくなったときには，当期の費用として認識することはいうまでもない（AICPA 2013a, par.1.42）。

2　財務諸表の構成要素の測定

測定とは，財務諸表において認識される項目の金額を決定するプロセスである。ある金額を測定するために複数の測定属性が認められている。しかし，財務諸表は，主として測定ベースとして歴史的原価を用いて作成されている。その場合，取引および事象は，財務諸表において支払または受領された現金または現金同等物の金額で認識されているか，またはそれらが発生したときのそれらの市場価値で認識されている（AICPA 2013a, par.1.43）。また，取替原価，実現可能価値，現在価値，市場価値が，限られた状況下において使用される（AICPA 2013a, par.1.44）。また，財務諸表は，当該会計期間の通貨の一般購買力の変動（インフレーション，または，デフレーション）が資本に及ぼす影響を修正することなしに作成されていることに注意しなければならない（AICPA 2013a, par.1.45）。

FRF for SMEsを適用するためには，当該企業がゴーイング・コンサーンであることを要することが強調されている。すなわち，財務諸表は，企業実体がゴーイング・コンサーンであるという前提のもとに作成されており，その意味

するところは，企業実体は，予測可能な将来においても事業活動を継続し，通常の事業活動を通して資産を実現し負債を返済することができるであろうということである。種々の測定属性は，企業実体が予測可能な将来において事業活動を継続することを期待できないときに，例外的に，適切なものとなるかもしれない（AICPA 2013a, par.1.46）。

[注]────────────────────────────────

⑴ カナダ勅許会計士協会は2013年1月1日にカナダ管理会計士協会（Society of Management Accountants of Canada：CMA Canada）と合併し，カナダ勅許職業会計士協会（Chartered Professional Accountants of Canada：CPA Canada）が設立された。CPA Canadaは，また，2013年10月にカナダ公認一般会計士協会（Certified General Accountants of Canada：CGA-Canada）と合併に関する調印を行い，2014年10月1日にカナダ全土に及ぶ全国的な会計士団体の統合が完了した。カナダ勅許職業会計士協会は，その会員が19万人を超えている。（以上はCPA Canadaのウェブサイトにおける説明に基づいている。次のURLを参照されたい。後日変更がありうる。https://cpacanada. ca/en/the-cpa-profession/uniting-the-canadian-accounting-profession/unification-status（アクセス日：2015年7月20日））したがって，現在，CICAという組織は存在しないが，本章では表記は当時のままとしている。なお，CICAハンドブックは，CPA Canadaハンドブックとなっている。

⑵ FRF for SMEsは，特別目的の財務報告のフレームワークであるが，AICPAはCICAハンドブック・セクション1000で提示されている表記をそのまま引用し，一般目的財務諸表（general purpose financial statements）という用語を用いている。FRF for SMEsは，特別目的のフレームワークとして作成されたにもかかわらず，FRF for SMEsの概念フレームワークである財務諸表の諸概念（第1章）では，営利企業の一般目的財務諸表を作成することが明示されており，用語法に矛盾が残っている。ここでは，一般目的財務諸表は，企業が公表する情報に依存するしかない不特定多数の外部利用者に対する情報開示の手段と考えるべきではなく，当該財務諸表は経営者その他の利用者にとって汎用的な用途に利用できると考えることが妥当であるとみている。その理由は，財務諸表の作成の選択として，財政状態計算書あるいは事業活動計算書のうちいずれかの1つの計算書のみの作成が認めら，財政状態計算書と事業活動計算書の2つを作成する場合には，キャッシュ・フロー計算書の作成も行う必要があり，この場合にのみ完全なセットの財務諸表が作成されることとなるからである。

参考文献

AICPA（2012）*Proposed Financial Reporting Framework for Small-and Medium-Sized Entities*, Exposure Draft, November 1.

AICPA（2013a）*Financial Reporting Framework for Small and Medium-Sized Entities*, developed by AICPA FRF for SMEs Task Force（2012-2013）and AICPA Staff.

AICPA（2013b）*Evolution of a New Non-GAAP Reporting Option.*

ASB（1989）SAS No.62（AU Section 623），*Special Report*, AICPA.

ASB（2005）AU Section 9623, *Special Reports: Auditing Interpretations of Section 623*, AICPA.

FASB（2010）*Statement of Financial Accounting Concepts No.8*, Chapter 1, The Objective of General Purpose Financial Reporting, and Chapter 3, Qualitative Characteristics of Useful Financial Information, September.

FASB（2012）*Private Company Decision-Making Framework*, A Framework for Evaluating Financial Accounting and Reporting Guidance for Private Companies, Discussion Paper, July 31.

FASB（2013）*Private Company Decision-Making Framework*, A Guide for Evaluating Financial Accounting and Reporting for Private Companies, April 15.

IAASB（2009）ISA 800, *SPECIAL CONSIDERATIONS - AUDITS OF FINANCIAL STATEMENTS PREPARED IN ACCORDANCE WITH SPECIAL PURPOSE FRAMEWORKS*, IFAC.（国際監査基準第800号「特別な考慮事項－特別目的の枠組みに準拠して作成された財務諸表の監査」日本公認会計士協会国際委員会訳。）

Madray, J.R.（2006）*OCBOA Guide*, 2007 edition, CCH.

浦崎直浩（1989）「財務諸表の基礎概念―カナダ勅許会計士協会の「ハンドブック」・セクション1000を中心として―」『商経学叢』第36巻第1号, 53-69頁。

浦崎直浩（2000）『オーストラリアの会計制度に関する研究』近畿大学商経学会。

浦崎直浩（2013）「特別目的の財務報告フレームワークと中小企業会計―AICPAのFRF for SMEsを中心として―」『會計』第184巻第3号, 42-56頁。

浦崎直浩（2015）「米国中小企業会計におけるその他の包括的会計基準」『会計・監査ジャーナル』第27巻第2号, 68-74頁。

河﨑照行・万代勝信編著（2012）『中小会社の会計要領』中央経済社。

河﨑照行（2013）「米国における中小企業会計の新展開」（甲南大学大学院社会科学研究科会計専門職専攻・教員によるリレーガイダンス資料, 2013年6月8日）。

古賀智敏編著（2011）『IFRS時代の最適開示制度―日本の国際的競争力と持続的成長に資する情報開示制度とは―』千倉書房。

坂本孝司（2011）『会計制度の解明』中央経済社。

国際会計研究学会（2011）『各国の中小企業版IFRSの導入実態と課題』（「研究グループ報告」最終報告, 委員長・河﨑照行）。

日本会計研究学会特別委員会（2012）『会計基準の国際統合と財務報告の基礎概念』（最終報告書, 委員長・藤井秀樹）。

日本公認会計士協会（2013）「多様化する財務報告に対する監査ニーズ～適用される財務報告の枠組みと監査意見～」（企業会計審議会第35回監査部会資料, 2013年6月24日）。

町田祥弘（2013）「わが国の『監査基準』における『監査の目的』の経緯と準拠性意見の位置づけ」（企業会計審議会第35回監査部会資料, 2013年6月24日）。

（追記）本章は, 拙稿（浦崎 2013）に加筆および修正を行って収録したものである。

（浦崎直浩）

第11章

特別目的の財務諸表の表示

Ⅰ　財務諸表の表示に関する一般原則

1　FRF for SMEsの特質

　米国公認会計士協会（AICPA）は2013年6月に『中小企業の財務報告フレームワーク』（FRF for SMEs）（AICPA 2013a）を公表した。そのフレームワークの意義と体系についてはすでに第10章において検討しているので，本章ではFRF for SMEsに基づいて作成される財務諸表はどのような様式となっているのかを検討し，中小企業の特別目的の財務報告の意義を財務諸表の表示という観点から明らかにしようとするものである。

　AICPAによれば，FRF for SMEsは強制適用される会計基準ではないが，それに基づく会計情報の認識・測定・伝達に関する特徴は次のような点にあると述べられている（AICPA 2013b）。

① 　伝統的な会計原則と税法基準を適切に組み合わせた会計ルール

② 　利用目的に合わせた開示規定

③ 　歴史的原価による測定原則

④ 　経営者による財務諸表作成の選択

⑤ 　簡素化された原則主義の会計基準

⑥ 　変動持分事業体の概念を除いた簡素化された連結モデルの採用

　また，FRF for SMEsによって作成された財務諸表の主要な利用者として，中小企業の所有者，弁護士・医者等の職業専門家，銀行その他の資金提供者，保険会社，保証人，個人投資家等が挙げられている（AICPA 2013b）。以下においては，FRF for SMEsにおいて提示されている財務諸表の表示に関する一般原則を取り上げることにする。（AICPA 2013a, par.1.03.）

183

指摘するまでもなく，財務報告は，情報の伝達のプロセスである。その伝達のプロセスの成否は，準拠している会計原則の適切性に依存している。また，最終的には，財務諸表の読者の理解度にも依存している。さらに，財務諸表の表示の範囲と明瞭性にも依存している（AICPA 2013a, par.2.01）。また，特定の状況における表示と注記に関する意思決定には，専門的判断が要求される。それ以外にも，FRF for SMEsの検討，管轄区域の法律と規制の特定の規則についての理解が求められる。効果的な報告を行うためには，新しい問題についての認識，投資者，債権者，政府，その他ステークホルダーの要求の変化についての認識が必要である（AICPA 2013a, par.2.02）。

2 FRF for SMEsに準拠した適正表示

財務諸表は，FRF for SMEsに準拠して，企業の財政状態，経営成績，キャッシュ・フローを適正に表示しなければならない。すなわち，取引その他事象の実質を忠実に表現しなければならないということである。その際，FRF for SMEsの「第1章」の財務諸表の諸概念において提示された財務諸表の諸要素，認識および測定の規準に準拠して忠実な表現を考慮しなければならない（AICPA 2013a, par.2.03）。

FRF for SMEsに準拠した適正な表示は，次によって達成される（AICPA 2013a, par.2.04）。

① FRF for SMEsを適用すること
② 会計期間の企業の財政状態，経営成績，キャッシュ・フローに影響を及ぼす取引または事象に関する十分な情報を提供すること
③ 明瞭かつ理解可能な様式で情報を提供すること

経営者は，会計期間の企業の財政状態，経営成績，キャッシュ・フローに影響を及ぼす取引または事象の範囲および内容に関する十分な情報を提供するための専門的判断を行使する。その際，影響の規模（金額），影響の内容，その影響を理解するために必要な注記の範囲を考慮しなければならない。その情報は，取引の重要な条項だけでなく，そのような事象の内容と当該会計期間に及ぼす財務的影響についても記載しなければならない（AICPA 2013a, par.2.05）。また，経営者は，関連する取引の内容と範囲および取引の重要な条項について明瞭に伝達する様式で情報を提供する。財務諸表は，そのような様式および用語法で作成され，重要な情報が容易に理解できるような項目分類が行われる。重要でない項目は，類似の内容を有するその他と一緒にグループ化される（AICPA 2013a, par.2.06）。

▍3　継続企業の前提

　財務諸表を作成するときに，経営者は継続企業の基準（going concern basis of accounting）に適合しているかどうかについて評価しなければならない。継続企業の基準が前提としていることは，企業は通常の事業活動において資産を活用し債務を弁済することができるということである。継続企業の基準が適合しなくなるのは，経営者が企業を清算すると意図するときか，または，会社を清算することしかないようなときである。FRF for SMEsが利用できるのは継続企業である企業のみである。継続企業ではない企業は，清算会計基準（liquidation basis of accounting）に基づいて財務諸表を作成しなければならない（AICPA 2013a, par.2.07）。

　継続企業の基準に適合するかどうかの評価を行うときは，経営者は貸借対照表日から最長で12ヵ月先の将来について，既知の利用できるすべての情報を考慮しなければならない。経営者が事象または状況に関連する重要な不確実性について知り得ているときには，そして，既知の事象または状況が通常の事業活動において資産を活用し債務を返済する企業の能力に深刻な影響を及ぼす可能性が高いと結論付けるときには，企業はその状況および事象の影響を緩和する計画とともにそれらの不確実性について注記しなければならない（AICPA 2013a, par.2.08）。考慮の程度と経営者の評価は，それぞれのケースの事実に依存している。企業が収益性の高い事業活動を続けており，かつ，容易に資金調達ができる場合には，継続企業の基準は適合するという結論は詳細な分析を行うまでもなく到達することができる。その他のケースでは，経営者が考慮する必要があるものは，現在の収益性と将来の収益性，債務返済計画，資金の借り換えのための新たな借入先などの関連する幅広い諸要因である。それは，継続企業の基準に適合するまで行われる（AICPA 2013a, par.2.09）。

185

4 財務諸表の範囲と表示形式

財務諸表は，その注記と附属明細書とともに，FRF for SMEsに準拠した適正表示のためにすべての情報を記載しなければならない（AICPA 2013a, par.2.10）。財務諸表に含まれるのは，財政状態計算書，事業活動計算書，持分変動計算書（持分の変動は財務諸表の注記において開示することができる。あるいは，その他の財務諸表の一部として開示することもできる），キャッシュ・フロー計算書である。財務諸表の名称の選択は判断の問題である。上記の財務諸表の名称は例示であって，それ以外の名称の選択を妨げるものではない。たとえば，財政状態計算書は，資産・負債・持分の計算書とすることができる。事業活動計算書は，収益と費用の計算書とすることができる。財務諸表の注記と附属明細書は，財務諸表の重要な一部である（AICPA 2013a, par.2.11）。

財務諸表に付随するその他の資料における補足情報あるいは財務諸表とともに提供される補足情報は，財務諸表の重要な部分ではない。FRF for SMEsは，一組の完全な財務諸表の作成のみを義務付けているのではなく，単一の財務諸表を作成するためにFRF for SMEsを採用することを認めている。経営者は，FRF for SMEsに準拠して汎用的な用途の財務諸表を作成するためにただ１つの組の会計方針を選択しなければならない。会計方針を変更する場合には，FRF for SMEsの第９章「会計方針の変更，会計上の見積の変更，および誤謬の訂正」の規定を遵守する必要がある（AICPA 2013a, pars.2.12-2.15）。

また，財務諸表は二期比較形式で作成されなければならない。ただし，財務構造に重要な変更があった場合，資産および負債の包括的な再評価が行われた場合（プッシュダウン会計）は，その限りではない。会計方針の変更により科目の表示分類が変わった場合は，比較可能性を確保するために前年度の財務諸表を再分類する（AICPA 2013a, pars.2.16-2.17）。

5 会計方針の開示

会計方針とは，財務諸表の作成と表示のために企業が採用する特定の原則，基準，慣習，規則，実務のことである。企業が採用する会計方針は，財政状態，経営成績，キャッシュ・フローに影響を及ぼすので，財務諸表の有用性はそれらの会計方針を開示することで高まるのである（AICPA 2013a, par.2.18）。

FRF for SMEsに準拠して財務諸表を作成している企業は，財務諸表の注記において表示の基準について説明しなければならない。同様の点について，AICPAの職業基準AU-C800「特別な考慮事項－特別目的の枠組みに準拠して作成された財務諸表の監査」においても指摘されており，監査人または会計担当者は財務諸表を作成するときに依拠した特別目的の枠組みがU.S. GAAPとどのように相違しているのかについて評価することが要求されている。企業はその主な相違点について簡潔に説明する必要があるが，その相違の影響を金額で数量化することまでは求められていない（AICPA 2013a, par.2.20）。

II　財務諸表の雛型

1　中小企業の財務報告の構成

　AICPAは，2013年6月にFRF for SMEsを公表後，2013年7月にそのウェブサイトにおいてFRF for SMEsに関連する各種の情報を提供している[1]。ここでは，文末注(1)で示しているURLにおいて公開されているFRF for SMEsツールキットの中から『中小企業の財務報告フレームワークを用いて作成した財務諸表の雛型』（AICPA 2013c）を取り上げ，そこで例示されている財務諸表の様式について検討することにしたい。

　上掲の解説書では，アクメ製造株式会社とアルファ建設株式会社という名称の2つの仮想会社の連結財務諸表が例示として掲げられている。そのいずれの会社の場合においてもFRF for SMEsとU.S. GAAPの双方で作成された財務諸表がその違いを明確にする目的から提供されている。

　アクメ製造株式会社とアルファ建設会社の相違の重要なポイントは，財務諸表の信頼性の保証の形態であり，前者がレビュー報告書で後者は監査報告書となっている。本章では紙幅の関係もあり，FRF for SMEsに基づいて作成されたアクメ製造株式会社の財務諸表について管見したい。

2 財務諸表の作成基準と監査報告

　中小企業が財務報告を行う際，まず，**図表11-1**のとおり財務諸表の作成基準について説明を行う（AICPA 2013c, p.3）。財務諸表の作成基準に関する説明区分では，AICPAが公表したFRF for SMEsに基づいて財務諸表を作成していること，U.S. GAAPに準拠した場合の財務諸表とどこが相違しているかということについて，財務諸表の利用者に注意喚起する。財務諸表の作成基準についての説明を行った後で，監査報告がなされる。アクメ製造株式会社の場合は，独立監査人のレビュー報告書となっている。**図表11-2**はアクメ製造株式会社および関連会社の株主に対する独立監査人によるレビュー報告書の雛型となっている（AICPA 2013c, p.4）。

図表11-1　財務諸表の作成基準

　FRF for SMEsに基づいて作成した財務諸表には，U.S. GAAPに準拠した場合の財務諸表と比較して，次のような重要な相違点がある。
- U.S. GAAPと異なり，FRF for SMEsには，持分変動事業体（VIEs）の概念がない。U.S. GAAPの表示規定によれば，VIEsの連結と関連する事項の開示が求められている。FRF for SMEsではその点について選択規定となっており，VIEsの連結と関連する事項の開示は義務づけられていない。FRF for SMEsには関連当事者に関する開示規定がない。
- U.S. GAAPと異なり，FRF for SMEsでは，営業権は15年超の期間で償却される。したがって，営業権の減損テストは求められていない。
- U.S. GAAPの表示規定によれば，所得税の不確実性に関する会計指針に準拠する必要があるが，FRF for SMEsは同様の規定がない。

図表11-2　中小企業の財務諸表の信頼性の保証

独立監査人レビュー報告書

アクメ製造株式会社および関連会社の株主の皆様へ
　我々は，2013年および2012年の12月31日現在のアクメ製造株式会社および関連会社の連結資産・負債および持分計算書ならびに同一会計期間の収益および費用計算書とキャッシュ・フロー計算書のレビューを行った。このレビューでは経営者が作成した財務データの分析的手続きと経営者に対する質問を中心に行った。事実上，レビューの範囲は監査の範囲よりも小さいものであるが，レビューの目的は財務諸表全体として意見を表明することには変わりはない。しがたって，われわれはそのような意見を表明するものである。
　経営者は米国公認会計士協会が公表した中小企業の財務報告フレームワークに

準拠した財務諸表の作成とその適正表示に対して責任を有している。また，経営者は財務諸表の作成と適正表示に関連する内部統制の設計，実施，保持についても責任を有するものである。

我々の責任は米国公認会計士協会が公表した会計およびレビュー業務に関する基準書に準拠してレビューを実施することである。それらの基準は我々に限定保証の行うための手続きの実施を求めている。限定保証とは財務諸表に重要な修正はなかったと表明することである。我々は実施した手続きの結果はこの報告書の合理的な基礎を提供するものと確信している。

我々は実施したレビューの手続きの結果として注記1に既述されている中小企業の財務報告フレームワークに準拠して作成された添付の財務諸表になんらかの重要な修正事項が存在していたと言うことは認識していない。

会計事務所の署名
2014年4月16日

3 財務諸表の雛型

アクメ製造株式会社の財務諸表の例示では，貸借対照表，損益計算書，キャッシュ・フロー計算書が挙げられている（AICPA 2013c, pp.5-9）。なお，アクメ製造株式会社の財務諸表の個別の書類の名称は，U.S. GAAPと異なる名称が用いられており，FRF for SMEsに準拠していることが強調されている。アクメ製造株式会社の財務諸表の特徴は，中小企業であっても連結ベースの財務諸表が作成されていることである。また，損益計算書は，日本の様式と異なり，経常損益の計算区分が見られない。さらに，キャッシュ・フロー計算書は直接法で作成されており，別途，営業活動によるキャッシュ・フローについて間接法による調整計算書が例示されているが，ここではそれを取り上げていない。

図表11-3　貸借対照表の例示

アクメ製造株式会社および関連会社の連結資産・負債および持分計算書
2013年および2012年，12月31日現在

($)

資産

		2013	2012
流動資産			
現金および現金同等物		319,979	232,479
受取勘定		1,094,291	899,337
従業員債権		5,739	4,867
棚卸資産		26,461	28,820
前払費用		13,177	6,697
	流動資産合計	1,459,647	1,172,200
投資			
投資不動産		7,570	8,397
	投資合計	7,570	8,397
有形固定資産			
土地		10,711	7,849
建物		19,058	13,743
リース物件改良費		8,748	8,748
家具・什器・備品		27,550	26,944
車両運搬具		155,626	154,165
店舗器具・備品		115,826	111,009
		337,522	322,458
△減価償却累計額		△269,486	△257,736
	正味有形固定資産	68,036	64,722
その他資産			
営業権		1,159	1,304
ローンコスト		170	218
生命保険解約返戻金		59,841	56,416
	その他資産合計	61,170	57,938
総資産		1,596,423	1,303,257

負債および持分

	2013	2012
流動負債		
支払勘定	609,732	494,729
1年以内返済長期債務	1,218	127,737
従業員源泉徴収預り金	6,939	9,831
未払債務		
利息	13	520

賞与		30,213	20,584
給与		29,869	31,160
その他租税		—	5,856
	流動負債合計	677,984	691,635
固定負債			
長期債務		—	1,218
	負債合計	677,984	691,635
持分			
普通株—額面$10発行済株式285株		2,850	2,850
追加払込資本		24,604	24,604
留保利益		890,985	584,168
	持分合計	918,439	611,622
負債および持分合計		1,596,423	1,303,257

出所：AICPA（2013c）pp.5-6.

図表11-4　損益計算書の例示

アクメ製造株式会社および関連会社の連結収益および費用計算書
2013年および2012年の12月31日で終了する会計年度

($)

		2013	2012
純売上高		5,825,504	4,157,067
売上原価		5,242,891	3,978,145
売上総利益		582,613	178,922
営業費用			
販売費および一般管理費		229,650	228,216
支払利息		5,765	17,686
	営業費用合計	235,415	245,902
営業利益（損失）		347,198	(66,980)
その他収益			
受取利息		1,020	2,217
資産売却益（売却損）		1,774	1,340
その他		10,528	15,598
	その他収益合計	13,322	16,475
純利益（損失）		360,520	(50,505)

出所：AICPA（2013c）p.7.

図表11-5　キャッシュ・フロー計算書の例示

アクメ製造株式会社および関連会社の連結キャッシュ・フロー計算書
（2013年および2012年の12月31日で終了する会計年度）

($)

	2013	2012
営業活動によるキャッシュ・フロー		
営業活動から受領したキャッシュ	5,820,408	4,424,128
営業費用として支払ったキャッシュ	(5,522,788)	(4,291,484)
受取利息	1,020	2,217
支払利息	(6,272)	(17,395)
営業活動による正味のキャッシュ	292,368	117,466
投資活動によるキャッシュ・フロー		
資本的支出	(17,677)	(20,613)
受取手形売却収入	−	227
資産の売却による収入	1,733	−
投資活動による正味のキャッシュ	(15,904)	(20,386)
財務活動によるキャッシュ・フロー		
長期債務の返済による支出	(135,088)	(629,704)
ローンコストの支払い	(173)	−
配当金支払い	(53,703)	(40,712)
財務活動による正味のキャッシュ	(188,964)	(670,416)
現金および現金同等物の純増（純減）	87,500	(573,336)
現金および現金同等物期首残高	232,479	805,815
現金および現金同等物期末残高	319,979	232,479

注：独立監査人レビュー報告書と財務諸表の注記を参照されたい。
出所：AICPA（2013c）p.8.

4　財務諸表の注記

　米国の中小企業がFRF for SMEsに準拠して財務報告を行う場合，前掲の財務諸表を提示した後で財務諸表に関する注記を行う。以下，注記において開示される項目を例示し，当該項目に関する詳細については省略している（AICPA 2013c, pp.9-12）。

図表11-6　財務諸表の注記の概要

```
  1. 重要な会計方針の要約
     会計基準
     業務内容
     連結原則
     受取勘定
     棚卸資産
     有形固定資産
     所得税
     現金および現金同等物
     財務諸表作成時の見積もり
     営業権
     後発事象の評価
  2. クレジット・リスクの集中
  3. 関連当事者との取引
  4. 長期負債
  5. 持分の変動
```

Ⅲ　FRF for SMEsによる外部報告の意義

　本章は，AICPAが2013年7月に公表した財務報告に関する資料『中小企業の財務報告フレームワークを用いて作成した財務諸表の雛型』（AICPA 2013c）を取り上げ，FRF for SMEsに基づいて財務報告を行う場合の全体像を明らかにした。非上場の中小企業の所有構造や資金調達の方法を考慮すると，企業外部の直接的な利害関係者は銀行等の債権者であって，不特定多数の潜在的投資者に対しても情報開示するものではないことを加味すると，ここでいう財務報告は一般目的ではなく特別目的の財務報告と特徴付けることができる。仮に債権者が財務諸表の主たる情報利用者であると想定するならば，債権者に対する企業の債権担保力を表示することが財務諸表の作成目的であると解釈することができる。かかる解釈を是とするならば，中小企業の資金調達のためには債権者の与信意思決定にとって有用な情報の提供を行う必要がある。そのような観点からするならば，企業のある時点の債権担保力を明らかにする測定属性が合理的かつ目的適合的なものであると考えることができる。しかし，FRF for SMEsでは歴史的原価が測定原則として措定されている。

　ここではFRF for SMEsにおいてなぜ歴史的原価を測定原則としているのかについて私見を提示することで結びとしたい。結論を先に述べるならば，財務諸表を用いて提供する情報は中小企業の収益力表示に重点を置いたのではないかということである。すなわち，中小企業が期首資本を期末時点においても維持しているかどうかの判断の基礎となるものが，資産の歴史的原価で記録された帳簿価額であり，歴史的原価に基づいた費用の計算を行うことで当該費用の金額を収益から控除し，その余剰額を適正な期間利益として計算し，収益と費用の差額が大きければ大きいほど中小企業の収益性は高いということになる。言い換えれば，中小企業の株主が出資した貨幣資本の維持が行われ，一定の収益性が保持されている限り，債権者に対する債務の弁済には十分な資産の裏付けがあり，支払能力の有無を判断するという点からさらにキャッシュ・フロー計算書を提供することにより債権者に十分な判断を行うことができるような理論的な装置をFRF for SMEsに組み込んでいるものと考えている。その証左として本章の第2節において検討したようにFRF for SMEsを適用するためには当該中小企業は継続企業の条件を満たすものであるかどうかが求められているのである。

[注]──────────────────────────────

⑴　そのURLは次の通りである。
　http://www.aicpa.org/InterestAreas/FRC/AccountingFinancialReporting/PCFR/Pages/Financial-Reporting-Framework.aspx（アクセス日：2015年7月20日）

参考文献

AICPA（2012）*Proposed Financial Reporting Framework for Small-and Medium-Sized Entities*, Exposure Draft, November 1.

AICPA（2013a）*Financial Reporting Framework for Small and Medium-Sized Entities*, developed by AICPA FRF for SMEs Task Force（2012-2013）and AICPA Staff.

AICPA（2013b）*Evolution of a New Non-GAAP Reporting Option*.

AICPA（2013c）*Illustrative Financial Statements Prepared Using the Financial Reporting Framework for Small- and Medium-Entities*.

ASB（1989）SAS No.62（AU Section 623）, *Special Report*, AICPA.

ASB（2005）AU Section 9623, *Special Reports: Auditing Interpretations of Section 623*, AIC-
PA.

FASB（2010）Statement of Financial Accounting Concepts No.8, Chapter 1, The Objective
of General Purpose Financial Reporting, and Chapter 3, Qualitative Characteristics of
Useful Financial Information, September.

IAASB（2009）International Standards on Auditing 800, *SPECIAL CONSIDER-
ATIONS-AUDITS OF FINANCIAL STATEMENTS PREPARED IN ACCOR-
DANCE WITH SPECIAL PURPOSE FRAMEWORKS*, IFAC.（国際監査基準第800号
「特別な考慮事項―特別目的の枠組みに準拠して作成された財務諸表の監査」日本公認
会計士協会国際委員会訳。）

Madray, J.R.（2006）*OCBOA Guide*, 2007 edition, CCH.

浦崎直浩（1989）「財務諸表の基礎概念―カナダ勅許会計士協会の「ハンドブック」・セクシ
ョン1000を中心として―」『商経学叢』第36巻第1号, 53-69頁。

浦崎直浩（2000）『オーストラリアの会計制度に関する研究』近畿大学商経学会。

浦崎直浩（2013a）「特別目的の財務報告フレームワークと中小企業会計―AICPAのFRF for
SMEsを中心として―」『會計』第184巻第3号, 42-56頁。

浦崎直浩（2013b）「アメリカにおける中小企業の財務諸表の表示」『商経学叢』（経営学部開
設10周年記念論文集）, 45-56頁。

河﨑照行（2013）「米国における中小企業会計の新たな動向」『税経通信』第68巻第10号,
17-23頁。

（追記）本章は, 拙稿（浦崎 2013b）に加筆修正を行い収録したものである。

（浦崎直浩）

第12章

特別目的の財務諸表にかかる
その他の包括的会計基準

Ⅰ OCBOAの意義と概要

1 OCBOAの意義

　AICPAが公表したFRF for SMEs[1]は，U.S. GAAPに基づく財務諸表の作成が義務付けられていない場合に，汎用的な用途（general use）の財務諸表の作成と当該財務諸表の外部的な利用にとって適切な規準となるものである（AICPA 2013a, p.v.）。従来，U.S. GAAPに準拠した財務諸表の作成が義務付けられていない場合の会計実務の基準として，既述のOCBOA[2]が適用されてきた。

　OCBOAは，当該基準を設定する権威ある機関が存在せず，OCBOAに基づく財務諸表の作成は，AICPAの監査基準審議会（ASB）が公表した監査基準書第62号「特別報告」（以下，「AU623」という）が主要な指針となってきた（Madray 2006, par.1.02.）。AU623によれば，OCBOAとして，①政府規制当局による基準，②税務申告のための税法基準，③現金主義および修正現金主義，④特定の項目に適用される物価水準会計等が挙げられている（ASB 1989, par.4.）。

　米国財務会計基準審議会（FASB）が非公開会社向けの会計基準の策定の枠組みを議論している中で，FASBに先んじてAICPAがFRF for SMEsを設定したことは，OCBOAの公式ルール化を狙いとするものであったと指摘されている（河﨑 2013a）。AICPAはFRF for SMEsの採用を義務付ける権限を有するものではなく，企業経営者による任意の選択に委ねられているが（AICPA 2013a, p.vii.），一定のデュー・プロセスを踏んでFRF for SMEsが公表されていることからも相当の権威付けを行う意図があったことを窺い知ることができる。以上，見てきたように，OCBOAは米国における非公開の中小企業の会計

197

実務の基準として広く普及していたものであり，日本においてそれが十分に検討されてこなかったことが本章の動機となっている。

それでは，OCBOAの対象企業数はどの程度となっているのであろうか。AICPAによれば，FRF for SMEsの背景を記述した文書においてOCBOAの適用対象となる非公開会社は数百万社であるとしているが（AICPA 2013b)，米国センサス局による2012年10月公表の2010年統計では従業員500人未満を中小企業として分類した会社数が5,717,302社である（http://www.census.gov/econ/susb/）。なお，米国中小企業庁（SBA）が公表する中小企業の規模基準は，原則として，製造業・鉱業について従業員数500人未満，非製造業について売上高700万ドル未満であるが，業種・業態によって異なる細則が定められている（http://www.sba.gov/content/summary-size-standards-industry）。そのため，規模基準による中小企業の分類は複雑となっており，一義的に中小企業を定義できないことから，AICPAはFRF for SMEsを適用することができる中小企業を次のように説明している（AICPA 2013b)。

FRF for SMEsの適用が想定される会社は，U.S. GAAPに準拠した財務諸表を作成する必要がなく，またその作成が義務付けられていない。それらの会社は，通常，小規模の企業であって，株式を公開し所有構造を変更する意図はなく，高度に専門化した事業を行っているわけではない。また，そのほとんどは，出資と経営が一致した所有者による経営形態で，営利を目的とした事業活動を行っている。さらに，社内には公認会計士などの会計スタッフがいない場合が多く，外部の会計事務所に会計業務を依存している。OCBOAを採用している企業は同様の属性を有しているものと解される。

2 OCBOAの概要

OCBOAの構成は前述のAU623の規定のとおりであるが，筆者の理解するU.S. GAAPとそれ以外の会計基準等の関係は**図表12-1**のとおりである。U.S. GAAPとは，ここではFASBが公表した一連の会計基準書，すなわちASC（Accounting Standards Codification）トピックス（https://asc.fasb.org/）が中心をなすものとして，当該用語を用いている[3]。**図表12-1**では，U.S. GAAP以外の基準を2種類に分け，OCBOAとFRF for SMEsがそれを構成するものとし

て整理している。

　周知のように，FASBのような基準設定機関は，意図的に，資本市場で行われる投資意思決定および与信意思決定に際して利用される一般目的の財務報告に焦点を当てて会計基準の開発を行っている。新しい取引および事象が生じるにつれて，そして情報ニーズが変化するにつれて，現行の基準に基づいた会計実務はその問題を解決していないことを理由として，その状況を改善するようにその都度社会的な要請が生じることになる（Madray 2006, par.1.15）。AICPAがFRF for SMEsを公表したのは，そのような要請によるものと理解している。すなわち，AICPAは，OCBOAに内在していた制度上の問題点（設定主体や基準の正統性等）を解決し，不特定多数の外部利用者に向けた定期的な財務報告ではなく，特別目的の財務報告の制度化をすすめ，特別目的のフレームワークに準拠して作成された財務諸表の監査（IAASB 2009）と連携させることで，中小企業会計制度の構築を図ろうとしていることにFRF for SMEsの意義を認めることができる[4]。

図表12-1　米国における会計基準等の種類

種類		内容
(1)　一般に認められた会計原則[5](U.S. GAAP)		FASB・ASCトピックス等
(2)　一般に認められた会計原則以外の基準(非公開の中小企業向け)	(a)　OCBOA	1．現金主義会計 2．修正現金主義会計 3．税法基準会計(税務会計) 4．その他の実務
	(b)　FRF for SMEs	1．概念フレームワーク 2．個別基準

　AICPAは，FRF for SMEsの設定を通じて，制度の安定性（robust），基準の簡素化（simplified），経営に役立つ会計（useful），理論的な整合性（consistent），簡潔な開示規定（concise），利用目的との関連性（relevant）等の問題点を改善し（AICPA 2013b），中小企業にとって加重負担のないコストに見合った財務諸表の作成と財務報告を行う環境を整備しようとしたものである。以下においては，OCBOAの基準のうち，現金主義会計，修正現金主義会計，税

法基準会計について，その概要を示しておきたい。

（1） 現金主義会計と修正現金主義会計

　純粋な現金主義会計では，取引は，現金収支の時点に基づいて認識される。結果として，現金および現金同等物は，認識される唯一の資産となる。負債は存在しない。すべての現金収入は，現金の増加として処理される。すべての現金の支出は現金の減少として処理される。純粋な現金主義会計の下では，固定資産は資本化されない。したがって，減価償却または減耗償却は行われない。発生項目は作成されず，前払資産は記録されない。したがって，車両運搬具のような項目の購入は，純粋な現金主義会計の下ではその対価の支払いのみが反映され，資産として記録されることはない。また，借入金等の項目による収入は現金収入として反映され，負債として記録されることはない。純粋な現金主義会計を採用する企業は通常「現金収入支出計算書」といったタイトルの単一の書類を作成する（Madray 2006, par.5.07）。実務上，純粋な現金主義会計は稀である。純粋な現金主義会計を用いている企業は，通常，次のような特徴を有している。

① 営利追求を目的としない企業。

② その活動は単純である。

③ 会計や資金調達の機能は洗練されていない。

④ 主要な活動が1つしかない。

⑤ 資本的支出や長期的債務があまりない。

　その具体例は，学校活動基金，信託，政治活動委員会，政治キャンペーンなどである（Madray 2006, par.1.03）。

　現金主義会計に対して修正現金主義会計とは，純粋な現金主義会計に実質的な証拠に基づいた修正が行われるものである。その修正は通常一定の取引について発生主義に基づいて認識を行うことにより生じるものである。発生主義は企業がU.S. GAAPの下で行う会計である。しかしながら，修正がどの程度であれば適切であるのか，あるいは，修正の範囲については，明確に定められていない。

修正現金主義会計を利用する企業は次のような特徴を有している。

① 営利追求を目的とするエンティティ。

② 稼得した利益を賞与や退職給付などを通じて分配する。

③ かなりの棚卸資産と仕入先との信用取引契約がある。

④ 重要な資本的支出があること，または，重要な債務額の発生がある。

⑤ 事業活動は幾分か洗練されており，その会計処理は複雑である。

　それらの企業の具体例として，医師会，弁護士会，公認会計士協会などがある（Madray 2006, pars.1.03-1.04）。

　以上要約するならば，純粋な現金主義会計と修正現金主義会計の違いを理解することが重要である。純粋な現金主義会計では，収益は現金収入の時点に認識し，費用は現金支出の時点に認識する。純粋な現金主義会計では，固定資産は資産化されず，したがって減価償却や減耗償却は行われない。また，給与税，所得税，年金費用等に関する発生主義による認識は行われない。また，前払費用も記録されない。純粋な現金主義会計を採用する企業は，通常，「現金収入支出計算書」といった表題の単一の財務表を作成する。この様式では，収入項目では，売上からの現金収入，現金の借り入れ，寄付収入などがあり，支出項目では，借り入れの返済，費用の支払い，固定資産の購入等があり，それらをまとめて表示することにより，当該会計期間の現金の変動が表示される（Madray 2006, pars.5.02-5.03）。

　修正現金主義会計は，現金主義会計と発生主義会計の双方の特徴を併せもつハイブリッドな会計方法である。現金主義の修正には次のようなものがある。それは，資産の計上や未払所得税などの項目である。修正現金主義会計の財務諸表は，現金主義会計に基づく財務諸表よりもより多くの情報を利用者に提供しようと意図するものである。他方で，完全な発生主義のU.S. GAAP財務諸表の煩雑さを回避しようとするものである。修正現金主義会計は権威ある意見書において公式に認められていないので，修正現金主義会計は実務の中で発展してきた会計慣行である（Madray 2006, pars.5.03-5.04）。なお，純粋な現金主義会計の修正が相当に支持されるケースは次の2条件を満たすときである（Madray 2006, par.5.10）。

第12章
特別目的の財務諸表にかかるその他の包括的会計基準

① 発生主義会計と同等であること

② 不合理でないこと（不合理とは，収益について発生主義で記録を行い，購入とその他のコストを現金主義で記録すること）

（2） 税法基準会計

　財務諸表の対象期間についての税務申告書を提出するために用いられる会計基準は，現金主義および修正現金主義と同様に，OCBOAと呼ばれる。税務申告書を提出するために用いられる会計基準を税務会計基準（income tax basis of accounting）という。税務会計基準は，通常，内国歳入法典の連邦所得税法，規則その他通達によるものである。それらの法律および規則は課税所得の算定を扱うものであり，それゆえ益金と損金の計算に焦点が当てられている。いうまでもなく，所得税法は，財務諸表の表示あるいは開示について扱うものではない。税務会計基準が最も妥当するのは，専ら納税額の計算に関心をもっている非公開の小規模企業であるが，典型的な企業には次のような企業がある（Madray 2006, pars.6.02-6.03）。

① 営利追求を目的とする企業（小規模の閉鎖会社であってU.S. GAAPの適用が割高となるような企業）

② 税務会計基準の採用を条件とするパートナーシップ

③ 旧FAS116と旧FAS117の適用を免除されていた非営利組織

　税務会計基準は，報告企業の属性や企業自体の選択により現金主義から完全な発生主義までの範囲をカバーしている。ほとんどの個人と大多数の小規模企業は，現金主義会計を採用している。現金主義会計の下では，所得は当該年度に実際に受領したすべての項目あるいは法律により受領したと見なされるすべての項目が含まれている。そして，損金は実際に現金を支払った年度において，あるいは，財産が移転された年度において控除される。それに対して，発生主義会計の下では，所得は稼得した年度に報告され，損金は発生した年度に控除される（Madray 2006, par.6.03）。

Ⅱ　OCBOA財務諸表を作成するときの論点

　ここでは，Madray（2006）の所説によりながら，OCBOAに準拠して財務諸表を作成するときの基礎について言及しておきたい。OCBOAを含め，ASCトピックス等の会計基準（basis of accounting）は，財務諸表に記載する情報の内容，その注記，ならびにその表示方法を決定するためのフレームワークをなしている。OCBOAの概念フレームワークについては，権威ある指針が存在していないが，以下の内容を斟酌すれば，FASB概念フレームワークからの引用であることが理解できる。

┃1　財務諸表における認識と測定

　認識は，財務諸表において報告されるべき項目の期間帰属にかかわるものである。取引は，採用している会計基準に基づいて財務諸表に認識されなければならない。付言すれば，ある項目とそれに関する情報は，次の4つの規準が満たされたときに財務諸表に認識される。

①　定義　　　－項目は財務諸表の構成要素の定義を満たすこと
②　測定可能性－項目は信頼できる測定を可能とする目的適合的な属性を有すること
③　目的適合性－項目に関する情報は財務諸表利用者に差異をもたらすこと
④　信頼性　　－情報は表現の忠実性，検証可能性，中立性があること

　現金主義による財務諸表は現金の収入と支出の時点で取引を認識する。税法基準による財務諸表は取引が納税申告書において認識されるときに取引を認識する（Madray 2006, par.1.12）。測定とは，項目を計量化することである。測定の対象となる項目は十分な信頼性をもって貨幣的に計量化できる目的適合的な属性をもたなければならない。財務諸表の構成要素の定義を満たす項目であっても測定可能でないものがある。現金主義の財務諸表は，現金の収支額に基づいて項目を測定する。税法基準の財務諸表は，納税申告書に報告される金額

203

で項目を測定する（Madray 2006, p.1.12）。

2　財務諸表の表示・開示・報告

　取引はOCBOAに準拠して認識と測定が行われるが，その結果はU.S. GAAP
の表示ガイドラインに基づいて財務諸表に表示されるのが一般的である。すな
わち，収益と費用は損益計算書に表示され，資産・負債・資本は財政状態計算
書に表示される（Madray 2006, par.1.13）。また，OCBOA財務諸表については
誤解を受ける場合が多く，その内容はOCBOA財務諸表の開示はU.S. GAAP財
務諸表とかなり異なるというものである。AU623.09によれば，OCBOA財務諸
表であっても採用される会計基準にとって適切である情報はすべて開示するこ
とが求められる。それらの情報は以下の4つに分類される（Madray 2006,
par.1.13）。

① 　重要な会計方針の要約

② 　財務諸表項目

③ 　表示規定

④ 　その他の情報

　なお，ここで留意すべき点は，OCBOA財務諸表を報告するときには若干の
修正が必要であることである。財務諸表のタイトルは，U.S. GAAPではなく
OCBOAの用語法に改めなければならない。監査報告書は，表示基準を開示し，
その基準に関する注記に言及し，そして，当該基準はU.S. GAAP以外の
OCBOAの基準であることを記載する。財務諸表の代理作成（コンピレーショ
ン）をするときには，事実上，すべての開示が不要である。コンピレーション
報告書は，OCBOAの表題と会計基準を開示しなければならない。その他のコ
ンピレーションおよびレビュー報告書は，OCBOA財務諸表の表題を反映しな
ければならない（Madray 2006, pars.1.13-1.14）。

Ⅲ　OCBOAとFRF for SMEsの関係

　本章において検討してきたとおり，OCBOAの内包は，一貫した理論の体系となっているのではなく，U.S. GAAPの適用が要求されていない状況において会計実務として実践されてきた会計原則を総称し取りまとめたものであるという点にその特徴があった。米国では，U.S. GAAP以外の会計基準で作成される財務諸表は，特別目的の財務諸表と呼ばれる。また，特別目的の財務諸表を作成するための会計基準は，特別目的の枠組みと称される（詳細は，浦崎（2013a）を参照されたい）。OCBOAも特別目的の枠組みをなすものと考えられるが，AICPAは特別目的の財務諸表の前提としての枠組みとしてFRF for SMEsを設定し，特別目的の財務諸表に対する監査の体系化を図ったものと解釈される（浦崎 2014a）。ただし，FRF for SMEsは2013年に公表され，その採用や普及については十分ではない[6]。その意味では，米国中小企業会計の実務実態は，本章で取り上げたOCBOAの実務が現状を表すものであろう。OCBOAからFRF for SMEsへの転換が進むかどうかは，米国中小企業の経営者のニーズに合致するかどうか，その採用によって借入れ金利低減効果があるかどうか，さらには特別目的の財務諸表に対する保証業務が間接金融に際してどの程度の効果を有するかどうかにかかっているといえる。

［注］

⑴　FRF for SMEs会計フレームワーク（FRF for SMEs accounting framework）は，公開草案では用いられていなかったが，公表された正式版では当該用語が使用されている。本章では，FRF for SMEsとFRF for SMEs会計フレームワークは，同義で用いている。

⑵　OCBOAの詳細については，Madray（2006）を参照されたい。2013年12月2日に米国公認会計士協会を訪問し，FRF for SMEsの設定に関わったRobert Durak氏と会計基準のディレクターのDaniel Noll氏から当該フレームワークについて聞き取り調査を行った。Noll 氏によると，米国では，40年以上前から一般に認められた会計原則ではない会計実務として，非上場の中小企業に対して，その他の包括的会計基準（OCBOA）が適用されてきたということである。40年以上という歴史的経緯から推測すると，OCBOAの「その他」は，FASBが創設された1973年以降，FASBが設定する強制力を有する会計基準以外の基準という意味であることが理解できる。

⑶　U.S. GAAPの意味は，時代によって変化している。元来，U.S. GAAPは実務において広く利用さ

れている会計原則と手続きを意味していた。基準設定機関の関与が強まるにつれて，その用語は特定の団体が公表した意見書を意味するようになってきた。U.S. GAAPの唯一の源泉は存在しない。U.S. GAAPは多くの源泉から導き出される。その源泉にはFASB，AICPA，EITF，その他のグループがある。U.S. GAAPが関わるのは，経済活動の測定，測定と記録の時点，それらに関連する開示，経済活動の要約と財務諸表の作成および表示である。それらの原則はそれらが開発された経済環境の産物である（Madray 2006, par.1.14）。

⑷　コンベンションであるという場合のU.S. GAAPは，一組の公準または基礎概念から派生したものではなく，合意により一般に認められたものである。それを戦術的合意と呼ぶ。今日用いられている原則は，経験，道理，慣習，風習，そしてかなりの割合で実務上の必要性に基づいて開発されてきた。OCBOAはその種の範疇に属するものと解される。これに対して，本文で述べたように，財務報告は外部のステークホルダーのニーズを満たすという一般目的によって行われるものである。そこでいう外部のステークホルダーは必要な情報を定めることができないものであり，それゆえに会社が提供する情報に依存しなければならない。さらに，一般目的財務報告は，投資意思決定や与信意思決定を行うときの多様な潜在的利用者に共通する利害に向けられている（Madray 2006, par.1.15）。

⑸　会計原則は，通常，客観的で，保守的で，検証可能な解決策に向けられている。会計原則は，大きく次の2つの範疇に分類される。それは，測定と開示である。測定原則は，会計サイクルに入る項目の期間帰属と金額を決定し，財務諸表に影響を及ぼす時期と金額を決定する。それらは不確実性の条件下における問題と活動に数字の上で正確な解答を要求する量的基準である。開示の原則は，必ずしも数字で表現することを求める要素を扱うものではない。そのような開示は，完全なひとまとまりの財務諸表の本質的な構成要素である質的特徴を扱うものである。それらの開示がないような財務諸表は，測定原則で作成される財務諸表をミスリーディングなものとする。開示原則は測定原則を補完するものであり，会計方針，偶発事象，不確実性等について情報を提供することによりそれを実現する。それらは会計の分析プロセスにおいて必須の構成要素となるものである（Madray 2006, par.1.15）。

⑹　2013年12月2日に米国公認会計士協会を訪問し，FRF for SMEsの設定に関わったRobert Durak氏と会計基準のディレクターのDaniel Noll氏から当該フレームワークの普及について聞き取り調査を行った。Noll 氏によると，米国公認会計士協会に所属する会計士が，金融機関を訪問し，中小企業の顧客に融資する際には，FRF for SMEsを採用するように働きかけているということであった。

参考文献

AICPA（2013a）*Financial Reporting Framework for Small and Medium-Sized Entities*, developed by AICPA FRF for SMEs Task Force（2012-2013）and AICPA Staff.

AICPA（2013b）*Evolution of a New Non-GAAP Reporting Option*.

AICPA（2013c）Illustrative Financial Statements Prepared Using the Financial Reporting Framework for Small- and Medium-Entities.

ASB（1989）SAS No. 62（AU Section 623），*Special Report*, AICPA.

ASB（2005）AU Section 9623, *Special Reports: Auditing Interpretations of Section 623*, AICPA.

FASB（2013）*Private Company Decision-Making Framework*, A Guide for Evaluating Financial Accounting and Reporting for Private Companies, April 15.

IAASB（2009）ISA 800, *SPECIAL CONSIDERATIONS - AUDITS OF FINANCIAL STATEMENTS PREPARED IN ACCORDANCE WITH SPECIAL PURPOSE FRAMEWORKS*, IFAC.（国際監査基準第800号「特別な考慮事項－特別目的の枠組みに準拠して作成された財務諸表の監査」日本公認会計士協会国際委員会訳。）

Madray, J.L.（2006）*OCBOA Guide*, 2007 edition, CCH.

浦崎直浩（2013a）「特別目的の財務報告フレームワークと中小企業会計—AICPAのFRF for SMEsを中心として—」『會計』第184巻第3号, 42-56頁。

浦崎直浩（2013b）「アメリカにおける中小企業の財務諸表の表示」『商経学叢』（経営学部開設10周年記念論文集）45-56頁。

浦崎直浩（2014a）「特別目的の財務報告と監査の図式」『経理研究』（中央大学経理研究所）第57号, 493-502頁。

浦崎直浩（2014b）「特別目的の財務諸表に対する監査の意義と課題」『税経通信』第69巻第13号, 30-38頁。

浦崎直浩（2015）「米国中小企業会計におけるその他の包括的会計基準」『会計・監査ジャーナル』第27巻第2号, 68-74頁。

河﨑照行（2013a）「米国における中小企業会計の新展開」（甲南大学大学院社会科学研究科会計専門職専攻・教員によるリレーガイダンス資料, 2013年6月8日）。

河﨑照行（2013b）「米国における中小企業会計の新たな動向」『税経通信』第68巻第10号, 17-23頁。

河﨑照行（2014）「会計制度の二分化と会計基準の複線化」『會計』第186巻第5号, 1-13頁。

企業会計審議会（2014）『監査基準の改定に関する意見書』2月18日。

国際会計研究学会（2011）『各国の中小企業版IFRSの導入実態と課題』（「研究グループ報告」最終報告, 委員長・河﨑照行）。

日本会計研究学会特別委員会（2012）『会計基準の国際統合と財務報告の基礎概念』（最終報告書, 委員長・藤井秀樹）。

日本公認会計士協会監査基準委員会（2014）『特別目的の財務報告の枠組みに準拠して作成された財務諸表に対する監査』（監査基準委員会報告書800, 4月4日）。

（追記）本章は, 拙稿（浦崎 2015）に加筆修正を行い収録したものである

（浦崎直浩）

第13章

特別目的の財務諸表に対する保証業務の構図

I　特別目的の財務諸表に関する監査手続

1　特別目的の財務諸表の意義

　国際監査基準第800号「特別な考慮事項―特別目的の枠組みに準拠して作成された財務諸表の監査」（IAASB 2009）によれば，特別目的の財務諸表とは特別目的の枠組みに準拠して作成された財務諸表を意味し，また特別目的の枠組みとは特定の利用者の財務情報ニーズを満たすために策定された財務報告の枠組みをいうものとされ，そしてその特別目的の財務報告の枠組みは適正表示の枠組みまたは準拠性の枠組みとして利用することができると指摘されている（IAASB 2009, par.6）。たとえば，特別目的の財務諸表は，規制当局や契約当事者等からの求めに応じて作成される。資金借入れに際しては，銀行は借り手の中小企業に契約内容に基づいた連結財務諸表の作成を求めることがある（ASB 2012, par.A1）。本章では，米国公認会計士協会（AICPA）が指摘しているように（AICPA 2013a, pp.v, vi, vii, 12），FRF for SMEsが特別目的の枠組みをなすものであり，FRF for SMEsに準拠して作成された財務諸表を特別目的の財務諸表として解釈している。

　国際監査基準書第800号では，財務諸表は関連する注記を含む完全な一組の特別目的の財務諸表と定義されている（IAASB 2009, par.7）。FRF for SMEsにおいても，財務諸表は，通常，財政状態計算書，事業活動計算書，持分変動計算書，キャッシュ・フロー計算書ならびに財務諸表の注記および附属明細書で構成されるものであるが，単一の財務表，たとえば財政状態計算書のみの作成を妨げるものではない。しかしながら，財政状態計算書と事業活動計算書の双方を作成する場合には，同時にキャッシュ・フロー計算書をも作成しなければならないと述べられている（AICPA 2013a, par.1.04.）。したがって，FRF

209

for SMEsに準拠して財務諸表を作成する場合には，それを構成する財務表は常に完全な一組のもので構成されているとは限らない。

　上述のように，これまでOCBOAに基づいた特別目的の財務諸表の監査は，AU623に基づいて行われてきたが，ここではAICPAのAU-C800「特別な考慮事項—特別目的の枠組みに準拠して作成された財務諸表の監査」（ASB 2012，以下，「AU-C800」という）をも考慮に入れながら，特別目的の財務諸表に対する監査の手続きについてみていきたい。AU623およびAU-C800は，次の財務諸表等に関連して公表する監査報告書（auditors' report）に適用される（ASB 1989, par.01）。

① U.S. GAAP以外の包括的会計基準に準拠して作成された財務諸表
② 財務諸表の特定の要素，勘定，または項目
③ 監査済み財務諸表に関連する契約条項または規制上の要求への準拠性
④ 契約条項または規制条項に準拠した財務上の表示
⑤ 決められた監査報告書の形式が要求している決められた様式または細則で表示された財務情報

　本章で関連する事項は上記の①U.S. GAAP以外のその他の包括的会計基準[1]に準拠して作成された財務諸表であり，具体的にはFRF for SMEsに準拠して作成された財務諸表について，その信頼性を保証する手続きはどのようになっているかを検討することである。

　米国において一般に認められた監査基準（以下，「GAAS」という）が適用されるのは，監査人が財務諸表の監査を実施しその報告書を作成するときである。財務諸表とは，前記の事項を含め，たとえば，会社の財務諸表，会社の連結グループの財務諸表，関係会社の結合グループの財務諸表，非営利組織の財務諸表，政府組織の財務諸表，不動産または信託の財務諸表，パートナーシップの財務諸表，個人会社の財務諸表，それらのセグメントの財務諸表，個人事業者の財務諸表などである。財務諸表という用語は，財務データの表示のことをいう。それには，財務諸表の注記も含まれている。財務諸表は，会計記録から作成され，ある時点の企業の経済的資源または債務，あるいは，一定期間のそれらの変動について，包括的な会計基準に準拠して伝達することを意図した

ものである。報告目的に照らすならば，監査人は，財務諸表となるべき以下の
タイプの財務的表示のそれぞれについて監査を実施することが求められている
（ASB 1989, par.02）。

① 貸借対照表

② 損益計算書または事業活動計算書

③ 留保利益計算書

④ キャッシュ・フロー計算書

⑤ 所有者持分変動計算書

⑥ 所有者持分勘定に計上されない資産および負債の計算書

⑦ 収益と費用の計算書

⑧ 事業活動の要約

⑨ 生産ライン毎の事業活動計算書

⑩ 現金収支の計算書

AU-C800によれば，それらの監査対象について特別に考慮すべき点は，①
監査契約の受嘱，②監査契約に基づく監査計画の立案と監査の実施，③監査
意見の形成と報告である。中小企業の財務諸表の監査においては，当該企業の
経営状態やその環境を分析し，効率的な内部統制システムが運用されているか
どうかを把握することにある。出資と経営が分離していない中小企業の場合に
は，内部統制システムが不十分なケースが多く内部統制に依存した監査手続を
実施することができないことがあるからである。その場合には，実証性監査手
続を中心とした監査計画が組まれることになることは周知のところである。

2 監査における特別考慮事項

（1） 監査契約受嘱時の考慮事項

監査人は，特別目的の財務諸表を作成するために準拠した財務報告の枠組み
の妥当性を確認するために，①財務諸表の作成目的，②財務諸表の意図され
る利用者，③採用した財務報告の枠組みが状況に適合しているかどうかを決
定するために，経営者が行った手続きについて理解することが求められている
（ASB 2012, par.10）。また，監査の前提条件として，監査人は，自社の財務諸

表を作成するために採用した特別目的の枠組みに関連して，経営者には必要となるすべての情報を開示する責任があることを自覚し理解していることについて，経営者から合意を得なければならない。それ以外に留意すべき事項は次の4点である（ASB 2012, par.11）。

① 重要な会計方針を含めた特別目的の枠組みの説明，当該枠組みとU.S. GAAPの差異，その際が及ぼす影響。

② U.S. GAAPに準拠して作成される財務諸表の項目と同一もしくは類似の項目を記載する特別目的財務諸表についてU.S. GAAPで要求される事項と同等のすべての情報を開示していること。

③ 特定の当事者との契約に基づいて特別目的の財務諸表を作成している場合の当該契約に関する重要事項についての解釈。

④ 特別目的の財務諸表の適正な表示を得るために必要とされる追加的な情報を開示すること。

（2） 監査計画の立案と監査実施時の考慮事項

特別目的の財務諸表の監査計画の立案と当該監査の実施に際して，監査人は監査契約の状況を斟酌し，会計方針の選択と適用について理解することが求められている。また，企業と財務諸表の提供先との契約に基づいて特別目的の財務諸表を作成する場合には，監査人は当該契約についての十分な理解が求められる。契約内容について十分な理解が求められるのは，契約内容について別の合理的な解釈が生じ財務諸表に表示されている情報に重要な変更が生じないようにするためである（ASB 2012, par.12, 13）。

（3） 監査意見形成時の考慮事項

財務諸表全体の表示に関する監査人の判断は，明確な枠組みに基づいて行われなければならない。通常，その枠組みは一般に認められた会計原則によって提供される。そして，監査意見を形成するときの監査人の判断は，U.S. GAAPの枠組みに従って行われる。しかしながら，状況によっては，U.S. GAAP以外の包括的な会計基準が，監査人の判断の枠組みとして用いられる（ASB 1989, par.03）。すなわち，本章ではFRF for SMEsが監査人の判断の準拠枠となるも

のとして捉えている。

　U.S. GAAP以外の包括的会計基準に準拠して作成された財務諸表を報告するときには，監査人は監査報告書において次の事項を記載しなければならない（ASB 1989, par.05）。

(a)　独立という用語を含めて記載する表題。監査人でない場合はその限りではない。

(b)　次の事項を含むパラグラフ

　1．監査報告書に明示される財務諸表は監査済みであるということを記載する。

　2．財務諸表は会社の経営者の責任であること，そして，監査人は監査に基づいて表明した監査意見に対して責任を有していることを記載する。

(c)　次の事項を含むパラグラフ

　1．監査は一般に認められた監査基準に準拠して実施されたこと，そして，その監査基準は米国合衆国の監査基準であることを記載する。

　2．当該監査基準は監査人が財務諸表には重要な虚偽表示がないことについての合理的な保証を獲得するために監査を計画し実施することを要求していることを記載する。

　3．監査には次の事項が含まれていることを記載する。

　　①　テストベースで財務諸表の金額と注記の根拠となる証拠を検証したこと

　　②　経営者が採用した会計原則と経営者が行った重要な見積について評価したこと

　　③　財務諸表全体の表示について評価したこと

　4．監査人は実施した監査が監査意見の合理的な証拠を提供するものであることを確信していることを記載する。

(d)　次の事項を含むパラグラフ

　1．表示基準を記載する。そして，表示基準に関する財務諸表の注記に言及する。

　2．表示基準はU.S. GAAP以外のその他の包括的会計基準であることを記載する。

(e) 財務諸表は，すべての重要な事項について，その他の包括的会計基準に準拠して，適正に表示されているかどうかに関する監査意見を表明する（あるいは監査意見を拒否する）パラグラフ。

(f) 財務諸表が政府規制当局の要求や財務報告に関する規則に準拠して作成されている場合，監査報告書の末尾に独立のパラグラフを設け，監査報告書は単に情報を提供することに目的が有り，監査報告書は企業内での利用を目的としたものであることを記載する。また，その企業が適用を受ける法律を作る規制当局に対するものであり，これらの特定の関係者以外の人によって利用されることを意図するものではないし，利用されてはならないことを記載する。監査人がこの様式の監査報告書を利用することができるのは，財務諸表と監査報告書が企業内の人々によって利用される場合のみであり，あるいは，規制当局が利用する場合である。

(g) 監査会社のマニュアルまたは印刷署名

(h) 日付

なお，財務諸表が「U.S. GAAP以外の包括的な会計基準」に準拠した表示の条件を満たしていないときは，監査人は，U.S. GAAPに準拠したものではないことを考慮して，適切に修正した標準様式の監査報告書を使用しなければならない（ASB 1989, par.06）。

Ⅲ　財務諸表の信頼性の保証に関する報告様式

すでに述べたように，AICPAは，2013年6月にFRF for SMEsを公表後，2013年7月にそのウェブサイトにおいてFRF for SMEsに関連する各種の情報を提供している[2]。ここでは，章末注(2)で示しているURLにおいて公開されているFRF for SMEsツールキットのなかから『中小企業の財務報告フレームワークを用いて作成した財務諸表の雛型』（AICPA 2013c）を取り上げ，そこで例示されている財務諸表の信頼性の保証に関する報告様式について検討することにしたい。

上掲の解説書では，アクメ製造株式会社（以下，「アクメ社」という）とアルファ建設株式会社（以下，「アルファ社」という）という名称の2つの仮想会社の連結財務諸表が例示として掲げられている。そのいずれの会社の場合においてもFRF for SMEsとU.S. GAAPの双方で作成された財務諸表がその違いを明確にする目的から提供されている。アクメ社の場合の構成は次のとおりである。

① FRF for SMEsのケース

　(a) 連結比較財務諸表の作成基準

　(b) レビュー報告書

　(c) 連結資産・負債および持分計算書

　(d) 連結収益および費用計算書

　(e) 連結キャッシュ・フロー計算書

　(f) 連結財務諸表の注記

② U.S. GAAPのケース

　(a) 連結比較財務諸表の作成基準

　(b) レビュー報告書

　(c) 連結貸借対照表

　(d) 連結損益計算書

　(e) 連結キャッシュ・フロー計算書

　(f) 連結財務諸表の注記

　次に，アルファ社の場合の構成は次のようになっている。

① FRF for SMEsのケース

　(a) 比較財務諸表の作成基準

　(b) 監査報告書

　(c) 連結資産・負債および持分計算書

　(d) 連結収益・費用および留保利益計算書

　(e) 連結キャッシュ・フロー計算書

　(f) 連結財務諸表の注記

② U.S. GAAPのケース

(a) 比較財務諸表の作成基準

(b) 監査報告書

(c) 連結貸借対照表

(d) 連結損益および留保利益計算書

(e) 連結キャッシュ・フロー計算書

(f) 連結財務諸表の注記

　アクメ社とアルファ社の相違の重要なポイントは，財務諸表の信頼性の保証の形態であり，前者がレビュー報告書で後者は監査報告書となっている。中小会社の財務諸表の信頼性に関する保証形態については，浦崎（2000）の「第7章　中小会社の財務報告書の監査」において詳細に論じているので参照されたい。本章では紙幅の関係もあり，FRF for SMEsに基づいて作成された財務諸表に対するアクメ社のレビュー報告書とアルファ社の監査報告書について管見したい。

図表13-1　特別目的の財務諸表の信頼性の保証（レビュー報告書）

独立監査人のレビュー報告書

アクメ製造株式会社および関連会社の株主の皆様へ

　我々は，2013年および2012年の12月31日現在のアクメ製造株式会社および関連会社の連結資産・負債および持分計算書ならびに同一会計期間の収益および費用計算書とキャッシュ・フロー計算書のレビューを行った。このレビューでは経営者が作成した財務データの分析的手続きと経営者に対する質問を中心に行った。事実上，レビューの範囲は監査の範囲よりも小さいものであるが，レビューの目的は財務諸表全体として意見を表明することには変わりはない。しがたって，われわれはそのような意見を表明するものである。
　経営者は米国公認会計士協会が公表した中小企業の財務報告フレームワークに準拠した財務諸表の作成とその適正表示に対して責任を有している。また，経営者は財務諸表の作成と適正表示に関連する内部統制の設計，実施，保持についても責任を有するものである。
　我々の責任は米国公認会計士協会が公表した会計およびレビュー業務に関する基準書に準拠してレビューを実施することである。それらの基準は我々に限定保証を行うための手続きの実施を求めている。限定保証とは財務諸表に重要な修正はなかったと表明することである。我々は実施した手続きの結果はこの報告書の合理的な基礎を提供するものと確信している。
　我々は実施したレビューの手続きの結果として注記1に既述されている中小企

業の財務報告フレームワークに準拠して作成された添付の財務諸表になんらかの重要な修正事項が存在していたと言うことは認識していない。

会計事務所の署名
2014年4月16日

　中小企業が財務報告を行う際，まず，上述のとおり財務諸表の作成基準について説明を行う（AICPA 2013c, p.3）。財務諸表の作成基準に関する説明区分では，AICPAが公表したFRF for SMEsに基づいて財務諸表を作成していること，U.S.GAAPに準拠した場合の財務諸表とどこが相違しているかということについて，財務諸表の利用者に注意喚起する。財務諸表の作成基準についての説明を行った後で，監査報告がなされる。アクメ社の場合は，レビュー報告書となっている。**図表13-1**はアクメ社および関連会社の株主に対する独立監査人のレビュー報告書の雛型（AICPA 2013c, p.4）となっている。

図表13-2　特別目的の財務諸表の信頼性の保証（監査報告書）

独立監査人の監査報告書

株主の皆様へ
アルファ建設会社および子会社

　我々はアルファ建設会社および子会社の連結財務諸表の監査を行った。連結財務諸表は，2013年および2012年の12月31日現在の連結資産，負債，および持分計算書，その会計期間の連結収益，費用および留保利益計算書，同会計期間のキャッシュ・フロー計算書，ならびに連結財務諸表の注記からなっている。
財務諸表に対する経営者の責任
　経営者は，米国公認会計士協会が公表した中小企業の財務報告フレームワークに準拠した財務諸表の作成と適正表示について責任を負っている。また，注記1に記載しているように中小企業の財務報告フレームワークはアルファ建設会社の経営状況における財務諸表の作成の基準として認められるものである。また，経営者は，不正行為または誤謬に起因する重要な虚偽表示のない財務諸表の作成と適正表示に関連する内部統制の設計，実施，保持についても責任を有している。
監査人の責任
　我々の責任は我々が実施した監査に基づいてそれらの財務諸表に関する意見を表明することである。我々は米国合衆国で一般に認められた監査基準に準拠して監査を実施した。その監査基準は財務諸表に重要な虚偽表示がないことについての合理的な保証を得るために監査を計画し実施することを義務づけている。
　監査には財務諸表の金額と開示に関する監査証拠を入手するための実施手続きが含まれている。その手続きの選択は，監査人の判断に依存しており，不正または誤謬のいずれかの理由による財務諸表の重要な虚偽表示のリスクの評価を含ん

でいる。それらのリスク評価を行うときは，監査人は状況に応じた適切な監査手続きを立案するために財務諸表の作成と適正な表示に関連する内部統制を検討する。それは，内部統制の有効性に関する意見表明することを目的とするものではない。したがって，内部統制の有効性に関する意見を表明することはない。また，監査には経営者が採用した会計方針の適切性および経営者が行った重要な会計的見積の合理性ならびに財務諸表の全体的な表示に関する評価が含まれている。

我々が入手した監査証拠は監査意見を表明するための基礎として十分かつ適切であると判断している。

監査意見

我々の監査意見として，上記の財務諸表が，注記1において説明されている中小企業の財務報告フレームワークに準拠して，2013年および2012年12月31日現在のアルファ建設株式会社および子会社の財政状態および2013年および2012年12月31日に終了する会計年度の経営成績ならびにキャッシュ・フローの状況を，すべての重要な点において適正に表示しているものと認める。

会計基準

我々は財務諸表の注記1の内容に留意した。注記1は，財務諸表を作成するための会計基準が説明されており，財務諸表は中小企業の財務報告フレームワークに準拠して作成されたことが記述されている。中小企業の財務報告フレームワークは，米国合衆国の一般に認められた会計原則をなすものではないが，この問題に関連して監査意見を修正することはなかった。

　　会計事務所の署名
　　グリーンビル，南カリフォルニア
　　2014年2月18日

　図表13-2はアルファ社および子会社の株主に対する独立監査人の監査報告書の雛型（AICPA 2013c, pp.26-27）である。監査報告書の様式から知られるように，「財務諸表に対する経営者の責任」，「監査人の責任」，「監査意見」は通常の記載区分であるが，財務諸表がFRF for SMEs会計フレームワークに準拠して作成されている旨を明示する「会計基準」の区分が特徴となっている。レビュー報告書においても同様の点が指摘されていることは図表13-1から理解できる。

Ⅳ　特別目的の財務諸表に対する保証業務の図式

　本章は，不特定多数の外部の投資者に定期的に財務報告を行うインセンティブのない非公開の中小企業が，特別目的のフレームワーク，すなわちFRF for SMEsに準拠して，個々の情報利用者のニーズに応じたテーラーメードの財務

図表13-3 特別目的の財務報告と保証業務の図式

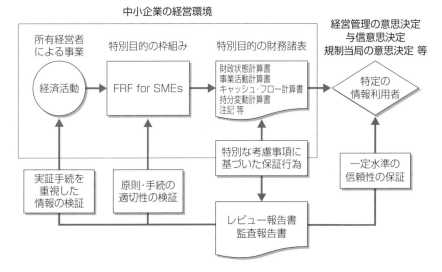

情報としての特別目的の財務諸表を作成する場合の当該財務諸表の信頼性の保証問題について検討したものである。本章で検討した内容を図式化したものが**図表13-3**である。

周知のように，**図表13-3**の中小企業の経営環境に関連して，中小企業には経営上次のような特徴があるために，上場大企業とは異なる監査手続きが取られると一般に指摘されている（AARF 1990, par.1.5）。

① 所有の集中，すなわち出資者と経営者が一致していること
② 事業活動が複雑でないということ
③ システムおよび権限の手続は，しばしば，公式の文書記録をもたないこと
④ 兼務すべきでない職務の分掌が制限されていること
⑤ 経営管理者が内部統制を無視する可能性（経営者の誠実性の問題）があること
⑥ 経営管理者が限られた会計の知識しかもっていないということ
⑦ 政策決定機関（たとえば，取締役会）が機能していないまたは有効でないこと

上記の特徴のうち，特に，③の公式のシステムおよび権限の手続の欠如や④の職務分掌の制限があるために，財務報告書の諸項目に具体化された網羅性の意思表示に関する監査保証を行うことが困難であり，さらに，上記の⑤に示すように内部統制やその手続が確立されていたとしても経営者がそれを無視して内部統制を無効にするリスクがあるために，実証監査手続を中心とした監査計画が組まれることになる（詳細は，浦崎（2000）の第7章を参照されたい）。

そのような経営環境の中で営まれる事業活動を記録・分類・集計する会計システムとしてFRF for SMEs[3]を措定している。当該フレームワークは，U.S. GAAPやOCBOAを採用せず，経営者が任意の選択で採用するものであり，AU-C800でいう特別目的の枠組みに該当するものである。したがって，FRF for SMEsに準拠して作成された財務諸表の信頼性について検証するためには，米国においてはAU623およびAU-C800の規程を考慮してレビューや監査が行われる。その際，FRF for SMEsの適切性の確認，当該フレームワークとU.S. GAAPの相違点の確認が行われ，会計処理の原則・手続きとしてFRF for SMEsに問題がないことについて意見表明が行われる。

そのような手続きを経て公表されるレビュー報告書や監査報告書は，特別目的の財務諸表の信頼性について一定の保証を提供し，特定の情報利用者は当該財務諸表をその経済的意思決定に役立てるという連関が示されている。

[注]───────────────────────────────

(1) その他の包括的会計基準には，現金基準，税法基準，規制当局基準，契約基準がある。現金基準は現金収支に基づいて取引を記録するものである。また，現金主義を原則としながら，有形固定資産の減価償却費を認識する会計処理を修正現金主義と読んでいる。税法基準は所得税の納税申告書の作成に利用される基準である。規制当局基準とは，特定の業界，たとえば規制当局が保険会社に義務づける会計処理基準である。契約基準とは，企業が監査人以外の複数の取引当事者との合意によって利用される会計処理基準である（ASB 2012, par.7）。

(2) そのURL.は次の通りである。
http://www.aicpa.org/InterestAreas/FRC/AccountingFinancialReporting/PCFR/Pages/Financial-Reporting-Framework.aspx

(3) FRF for SMEsの体系について特別目的の財務報告フレームワークという観点から拙稿（浦崎2013）において整理しているので参照されたい。

参考文献

AARF（1990）*The Audit of Small Business Financial Reports*, Audit Guide No.3.

AICPA（2012）*Proposed Financial Reporting Framework for Small-and Medium-Sized Entities*, Exposure Draft, November 1.

AICPA（2013a）*Financial Reporting Framework for Small and Medium-Sized Entities*, developed by AICPA FRF for SMEs Task Force（2012-2013）and AICPA Staff.

AICPA（2013b）*Evolution of a New Non-GAAP Reporting Option.*

AICPA（2013c）*Illustrative Financial Statements Prepared Using the Financial Reporting Framework for Small- and Medium-Entities.*

ASB（1989）SAS No.62（AU Section 623）, *Special Reports*, AICPA.

ASB（2005）AU Section 9623, *Special Reports: Auditing Interpretations of Section 623*, AICPA.

ASB（2012）AU-C Section 800, *Special Considerations? Audits of Financial Statements Prepared in Accordance With Special Purpose Frameworks*, Source: SAS No.122; SAS No. 125, Effective for audits of financial statements for periods ending on or after December 15, AICPA.

FASB（2010）Statement of Financial Accounting Concepts No. 8, Chapter 1, The Objective of General Purpose Financial Reporting, and Chapter 3, Qualitative Characteristics of Useful Financial Information, September.

FASB（2012）*Private Company Decision-Making Framework*, A Framework for Evaluating Financial Accounting and Reporting Guidance for Private Companies, Discussion Paper, July 31.

FASB（2013）*Private Company Decision-Making Framework*, A Guide for Evaluating Financial Accounting and Reporting for Private Companies, April 15.

IAASB（2009）ISA 800, *SPECIAL CONSIDERATIONS - AUDITS OF FINANCIAL STATEMENTS PREPARED IN ACCORDANCE WITH SPECIAL PURPOSE FRAMEWORKS*, IFAC.（国際監査基準第800号「特別な考慮事項－特別目的の枠組みに準拠して作成された財務諸表の監査」日本公認会計士協会国際委員会訳。）

Madray, J.R.（2006）*OCBOA Guide*, 2007 edition, CCH.

浦崎直浩（1989）「財務諸表の基礎概念―カナダ勅許会計士協会の「ハンドブック」・セクション1000を中心として―」『商経学叢』第36巻第1号, 53-69頁。

浦崎直浩（2000）『オーストラリアの会計制度に関する研究』近畿大学商経学会。

浦崎直浩（2013）「特別目的の財務報告フレームワークと中小企業会計―AICPAのFRF for SMEsを中心として―」『會計』第184巻第3号, 42-56頁。

浦崎直浩（2014）「特別目的の財務報告と監査の図式」『経理研究』（中央大学経理研究所）第57号, 493-502頁。

河﨑照行・万代勝信編著（2012）『中小会社の会計要領』中央経済社。

河﨑照行（2013a）「米国における中小企業会計の新展開」（甲南大学大学院社会科学研究科会計専門職専攻・教員によるリレーガイダンス資料，2013年 6 月 8 日）。

河﨑照行（2013b）「『中小企業の会計』と計算書類の信頼性保証」『税経通信』第68巻第 1 号，35-41頁。

河﨑照行（2013c）「米国における中小企業会計の新たな動向」『税経通信』第68巻第10号，17-23頁。

国際会計研究学会（2011）『各国の中小企業版IFRSの導入実態と課題』（「研究グループ報告」最終報告，委員長・河﨑照行）。

日本公認会計士協会（2013）「多様化する財務報告に対する監査ニーズ～適用される財務報告の枠組みと監査意見～」（企業会計審議会第35回監査部会資料，2013年 6 月24日）。

町田祥弘（2013）「わが国の『監査基準』における『監査の目的』の経緯と準拠性意見の位置づけ」（企業会計審議会第35回監査部会資料，2013年 6 月24日）。

　（追記）本章は，拙稿（浦崎 2014）に加筆修正を行って収録したものである。

（浦崎直浩）

第14章

米国における中小企業の財務諸表に対する信頼性付与
－SSARS第21号を題材として－

Ⅰ　本章の目的

　わが国の会計監査は，公認会計士法の制定後，金融商品取引法（旧証券取引法）監査を中心として発展した特異的なものといえる。これは，「わが国の監査法人の証券取引法監査は，アメリカにおける監査法人の行っているさまざまな業務のうちの1つだけが監査制度として定着した経緯がある。そのことが，監査にも積極的保証から消極的保証を経て，無保証の意見陳述に至るまで保証の内容がグラデーションをなして「保証の連続体」を構成しているという認識に直結しなかった。」（武田 2003, p.35）からであり，また，最近においては，わが国の公認会計士における「「監査業務を行う者こそが公認会計士」という理解は，歴史的な経緯をまったく無視した誤った理解といえ，監査業務以外の業務に重きを置かない，あるいは，できるかぎり独占業務として理解されるように，あらゆる類似業務を監査業務に取り込もうとする姿勢は，100年以上の歴史をもつ職業会計士の姿勢としてはきわめて消極的な姿勢と評することができる。」（那須・松本・町田 2015, p.21）との見解もある。

　そこで，本章では，わが国における監査以外の保証領域に対する公認会計士の業務領域の拡大の可能性に関し，米国における，最新の会計及びレビュー業務基準書（SSARS）第21号を題材として，レビュー，コンピレーション（調整）に加えて新たに示された，プレパレーション業務の内容を検討することにより，公認会計士が提供する会計関連業務をいかに展開していくべきか，その方向性に関し考えていきたい。

Ⅱ　米国における保証業務と非保証業務の区分

　日本の会計監査人を巡る法的枠組みについては，「アメリカ合衆国においては，会社法上，公認会計士による監査は要求されておらず，証券諸法により公認会計士による監査が要求されている一方で，ほとんどのヨーロッパ諸国では，従来のEC会社法第8号指令の下で，会社法上，法定監査人（外部監査人）による監査が要求され，それとは別に，証券取引法による監査が年度計算書類について要求されるあるいは規定されるということはなかったことと対照的である。」（弥永 2015, p.2）とされ，諸外国と比しても法的に特異なものである。との指摘がある。そこで，まずわが国と米国の監査・保証を巡る違いを理解するため，AICPAが発行する，最新の財務諸表業務ガイド（コンピレーション（調整），レビュー，および監査）（AICPA 2015b）を概観してみたい。米国における保証業務と非保証業務の区分は以下の，**図表14-1**のようになっている。

図表14-1　保証に関する理解 UNDERSTANDING ASSURANCE

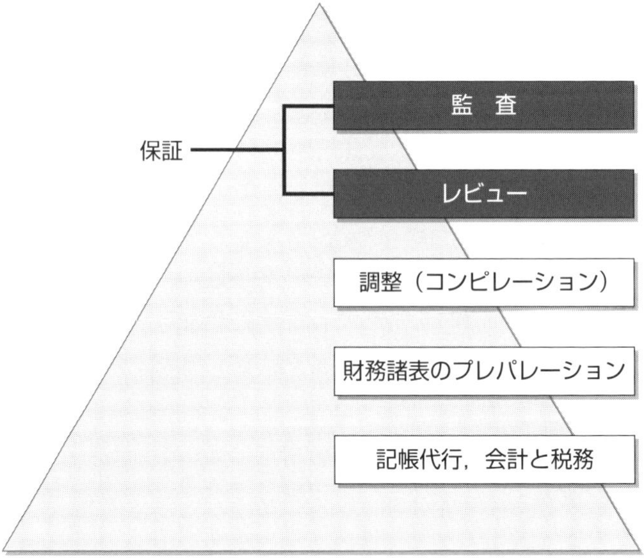

保証に関する理解

　会計士は，財務諸表が財務報告のフレームワークに従っているかどうか，「保証」のレベルを得ることができる。会計士は証拠を入手することにより，保証を得る。これは会計士が得ることができる，まったくの非保証から，最も高いレベルの保証である監査までの，異なったレベルの保証を示したものである。保証のレベルは，一般的に融資の金額，担保および全体的なリスクの決定をもとに，融資機関によって要求される。

　会計士の保証のレベルが要求される，良くある他の状況としては，（事業）結合やリースの実行が含まれる。特定の取引の債権者，外部の投資家，あるいは積極的にビジネスに関与していない家族オーナーも，あなたの財務諸表に保証のレベルを要求，あるいは必要とする場合がある。もしあなたが要求されている内容が不明確であるという，多くの場合，あなたの会計士は融資機関あるいはその他と，彼らの要求を満たす業務のレベルについて話すことができる。

出所：AICPA（2015b）p.4を筆者和訳。

　米国において，監査を頂点としたレベルに応じた保証業務が必要とされる最も大きな理由は，金融機関からの融資によるものであり，要求される保証のレベルは融資機関等の要求に伴って決定されるとしている。この点に関し，わが国の実務においては，融資の際に公認会計士や税理士の保証を求められるという実務は存在しないため，まず前提となる中小企業を取り巻く実務環境，とりわけ金融機関の融資慣行そのものが，米国と大きく異なるといえよう。

　次に，財務諸表のプレパレーション，コンピレーション（調整），レビュー，監査という会計士が財務諸表に対して行う業務の違いについては，以下の様にまとめられている。

図表14-2　業務の比較

	財務諸表の プレパレーション	コンピレーション （調整）	レビュー	監査
財務諸表に対して重要な虚偽表示を有しないことに関する保証水準	会計士は，財務諸表に対して重要な修正を必要としないことに関して，保証を提供する，あるいは入手した証拠でもって確証を得ることはない[1]。	会計士は，財務諸表に対して重要な修正を必要としないことに関して，保証を提供する，あるいは入手した証拠でもって確証を得ることはない[1]。	会計士は，財務諸表に対して重要な修正を必要としないことに関して，限定的な保証を得られる。	会計士は，財務諸表に重要な虚偽表示があるかどうかに関して，（完全ではないが，高い水準の）合理的な保証を得られる。

225

目的	財務諸表のプレパレーションは特別目的の財務報告のフレームワークに準拠する。	会計と財務報告に専門的知識を適用し，財務諸表の適正表示に関して経営者を支援する。	会計士が，報告するための基礎として，主として質問や分析的手続の実行を通じて，適用できる財務報告のフレームワークに従い，財務諸表に対して重要な修正を必要としないことについて限定的な保証を得ること。	全体としての財務諸表に重要な虚偽表示があるかどうかに関して，合理的な保証を得ること。それによって，会計士は，適用できる財務報告のフレームワークに従い，監査人の調査結果に基づき，財務諸表に報告を行うことで，財務諸表がすべての重要な点について適正に表示しているかどうかに関する意見を表明できる。
会計士の独立性の要求	要求されない。	要求されない。 －しかし，もし会計士が独立性を欠いている場合には，独立性を欠いている旨を調整（コンピレーション）報告書に示す必要がある。	要求される。	要求される。
会計士が事業体の内部統制の理解および不正リスクの評価を得る必要性				必要がある。
会計士が質問と分析的手続を実行する必要性			必要がある。	必要がある。
会計士が検証・実証手続を実行する必要性				必要がある。
会計士が財務諸表に公式な報告書を発行		発行する。	発行する。	発行する。

異なったレベルの業務が必要とされる状況	事業のオーナー自身が，事業の財政状態に関する最新の情報を知り，事業上の決定に利用するため。大会社における社内の管理者，あるいはCFOが経営者に提供するのと同じようなものである。財務諸表は第三者が利用する場合もある。	一般的には，初期または少額の金融あるいは信用供与が求められている場合，あるいは重要な担保が供されている場合に適合する。部外者は，公式な調整（コンピレーション）報告書により簡潔に明らかにされることで，会計士と事業との関連性を理解することができる。	一般的にふさわしいのは，ビジネスが成長し，より多額のあるいは複雑なレベルの金融，あるいは信用供与を求める場合。また，ビジネス・オーナー自身が，結果を評価し，重要な経営判断を行うために，より大きな信頼を財務諸表に求める場合に有用である。	監査が一般的にふさわしい，あるいはしばしば要求されるのは，複雑ないし高いレベルの金融あるいは信用供与が求められる場合である。また，外部の投資家を求める，あるいは事業売却や合併を検討している場合にもふさわしい。
それぞれの業務のレベルにおけるコストの違い	提供される財務記録によって異なる。	会計士が公式な報告書を作成する業務に費やした最小の時間。	コンピレーション（調整）以上に時間を費やすが，実質的には監査よりは少ない。	最も多い仕事の量が含まれる，従って，最も公認会計士の時間を使う。

出所：AICPA（2015b）pp.8-9を筆者和訳。

　SSARS第21号により追加された，財務諸表のプレパレーションの最大の効用は，アカウンティング業務とレポーティング業務の間に，明確な線引きが行われたことにある。すなわち，コンピレーション（調整），レビュー，監査はレポーティング業務として，会計士がそれぞれの保証のレベルに応じて，報告書を発行するのに対し，財務諸表のプレパレーションは，何らの報告書も発行しない。また，会計士の独立性についても求められないため，単一の事務所において業務の提供を完結させることが可能である。なお，SSARS第21号では，財務諸表のプレパレーションのさらに前段階のレベルとして，専門家判断が介在しているか否かを判断基準として，財務諸表のアシスタンス（AICPA 2014a, par.A19）を示している。つまり，財務諸表のプレパレーションは，何らの保証も行わない，非保証業務ではあるが，会計士による専門家判断が介在しているという点において，一定の信頼性が付与されているという点に留意が必要である。

Ⅲ 米国における会計及びレビュー業務基準書の構造

米国における会計及びレビュー業務基準書は，1978年12月の「財務諸表のコンピレーション（調整）とレビュー」の発行以降，AICPAの会計及びレビュー業務委員会（ARSC）により，時代に応じてさまざまな基準書が発行され，改廃・再編成を繰り返しており，2015年における最新の基準書は，以下の**図表14-3**のようになっている。

図表14-3　会計及びレビュー業務基準書　2015年

No.	発効日	タイトル	セクション
1	1978年12月	財務諸表のコンピレーション（調整）とレビュー [SSARS19号により，2010年12月に置換]	
2	1979年10月	比較財務諸表の報告書	200
3	1981年12月	特定の規定の書式に含まれる財務諸表のコンピレーション（調整）報告書*1	300
4	1981年12月	前任監査人と後任監査人のコミュニケーション*2	400
5	1982年7月	調整された財務諸表の報告書 [SSARS7号により，1992年11月に削除] *3	
6	1986年9月	個人の資金計画に含まれる個人の財務諸表の報告書	600
7	1992年11月	会計及びレビュー業務基準書のオムニバス・ステートメント-1992*4	
8	2000年10月	会計及びレビュー業務基準書に関する改正　第1号，財務諸表のコンピレーション（調整）とレビュー	
9	2002年11月	会計及びレビュー業務基準書のオムニバス・ステートメント-2002*5	
10	2004年5月	レビュー業務の実行	
11	2004年5月	会計及びレビュー業務基準書 [SSARS19号により，2010年12月に置換] *6	
12	2005年7月	会計及びレビュー業務基準書のオムニバス・ステートメント-2005*7	
13	2005年7月	財務諸表の特定の要素，勘定，あるいは項目のコンピレーション（調整）	110
14	2005年7月	見積財務情報のコンピレーション（調整）	120

15	2007年7月	監査基準の特定の参照の排除と，会計とレビュー業務への取り込みに関する適切なガイダンス[*8]	
16	2007年12月	会計及びレビュー業務基準書における専門家の必要条件の明確化[SSARS19号により,2010年12月に置換]	
17	2008年2月	会計及びレビュー業務基準書のオムニバス・ステートメント-2008[*9]	
18	2009年2月	会計及びレビュー業務の適用可能性	
19	2009年12月	コンピレーション（調整）とレビュー基準[*10]	60,80,90
20	2011年2月	改訂版　会計及びレビュー業務の適用可能性[*11]	

注：有効な見解は太字で示されている。
[*1]　SSARS第3号はセクション200.02で修正されている。
[*2]　SSARS第4号はセクション200.16で修正されている。
[*3]　SSARS第5号の条文はセクション300に取り込まれた。
[*4]　SSARS第7号はセクション200,300,400に修正の上，統合された。また，SSARS第7号は，SSARS第5号を削除した。
[*5]　SSARS第9号はセクション400.01-.06,400.08-.10を修正し,セクション400.07を削除し,セクション400.11-.12を追加した。
[*6]　SSARS第11号はセクション200.17を修正した。
[*7]　SSARS第12号はセクション200.25-.26を修正し，セクション200.25-.26追加した（したがって，この後のパラグラフと注記は番号を付け直した）。
[*8]　SSARS第15号はセクション200.05, セクション300.01,とセクション400.09,を修正した。
[*9]　SSARS第17号はセクション110.15; セクション120.18; セクション200.01,.29と.33; セクション300.01-.03;とセクション400.01.を修正した。
[*10]　SSARS第19号は，セクション20,50と100に取って替わられた。
[*11]　SSARS第20号はセクション90.01を修正した。
出所：AICPA（2015a）p.13を筆者和訳。

　米国における会計及びレビュー業務基準書は，大きく分けて，ARセクション，およびAR-Cセクション（CはClarified＝改訂を意味する）の2つで構成されている。この中で，SSARS第21号は，AR-Cセクションの60，70，80，90を構成しており，米国におけるレビュー，コンピレーション（調整），プレパレーションの実務に適用される最新の基準となっている。

図表14-4　現在のテキストのセクションの出典

AR-Cセクション	内容	出典
60	会計及びレビュー業務基準書によって行われる業務の一般原則	SSARS 第21号
70	財務諸表のプレパレーション	SSARS 第21号
80	コンピレーション（調整）業務	SSARS 第21号
90	財務諸表のレビュー	SSARS 第21号

出所：AICPA（2015a）p.346を筆者和訳。

Ⅳ　会計及びレビュー業務基準書第21号(SSARS21)の全容

　2014年10月に，ARSCによって作成された，SSARS第21号は，2015年12月15日以降に終了する期間のレビュー，コンピレーション（調整），および財務諸表のコンピレーション（調整）業務に有効となっており，2015年における早期適用が許可されている。SSARS第21号は，次の4つのセクションから構成されている。

① セクション60，SSARSに従って行われる業務の一般原則　*General Principles for Engagements Performed in Accordance With Statements on Standards for Accounting and Review Services*

② セクション70，財務諸表のプレパレーション　*Preparation of Financial Statements*

③ セクション80，コンピレーション（調整）業務　*Compilation Engagements*

④ セクション90，財務諸表のレビュー　*Review of Financial Statements*

　さらに，それぞれのセクションは，前述のとおり，米国における会計及びレビュー業務基準書，AR-Cセクションの同セクションを構成している。また，それぞれのセクションは，さらに，イントロダクション，目的，定義，適用業務と説明資料，付録，書式例で構成されている。このうち，セクション80と90については，既存の基準と大きな変更はなされておらず，セクション70において，新たな概念である財務諸表のプレパレーション業務が示されている。本基準がもたらした最大の意義は，会計事務所が実施するレポーティング業務とアカウンティング業務に明確な線引きが行われたという点にある。セクション70の目次は以下のようになっている。

イントロダクション

本セクションの対象（.01〜.02）

プレパレーション業務（.03〜04）

発効日（.05）

目的（.06）

定義（.07）

要件（.08〜.22）

適用業務と説明資料（.A1〜.A18）

付録－財務諸表のプレパレーションと財務諸表のアシスタンスの対比（.A19）

書式例－契約書の実例（.A20）

AICPAによる，SSARS第21号の要約は，以下のとおりである。

［和訳］

会計及びレビュー業務基準書第21号，会計及びレビュー業務基準書の明確化及び再編成

発行日：2014年10月

発効日：本会計及びレビュー業務基準書は，2015年12月15日以降に終了するレビュー，コンピレーション（調整），および財務諸表のプレパレーション業務から適用される。早期適用も可能である。

製品番号：ASSARSST21P（書籍）。ASSARSST21E（電子書籍）（または，www.cpa2biz.comにおいて，この製品番号を検索すること。）

要旨

　会計及びレビュー業務基準書（SSARS）第21号は，AICPAの会計及びレビュー業務委員会（ARSC）の努力により，ARSCクラリティ・プロジェクトの結果として，レビュー，コンピレーション（調整），および財務諸表のプレパレーションのための既存の基準を明確化し，再編成を明らかにしたものである。SSARS第21号は，会計士が公共目的でクライアントのために財務諸表を作成する基準に影響を与える，重要な改訂が含まれている。

　SSARS第21号は，ARセクション120，見積り財務情報のコンピレーション（調整）を除いて，AICPAのプロフェッショナル・スタンダードの，すべての既存のARセクションに優先するものである。2015年には，ARセクション120を明確化し，見積り財務情報のコンピレーション（調整）に関する新しい提案要求事項，およびガイダンスに沿って，パブリックコメントに付すことが予定されている。将来の財務情報のコンピレーション（調整）に関する既存の要件，および基準は証明業務基準に含まれている。

　SSARS第21号は，4つのセクションから成っている：
・セクション60，SSARSに従って行われる業務の一般原則　*General Principles for Engagements Performed in Accordance With Statements on Standards for Accounting and Review Services*
・セクション70，財務諸表のプレパレーション　*Preparation of Financial Statements*
・セクション80，コンピレーション（調整）業務　*Compilation Engagements*
・セクション90，財務諸表のレビュー　*Review of Financial Statements*

　これらのセクションは，既存のARセクションと区別するために，接頭

語「AR-C」を用いて，AICPAのプロフェッショナル・スタンダードに体系化されるものである。

　セクション60は，SSARSsに従って行う業務のための一般的な原則が含まれており，ARセクション60，コンピレーション（調整）およびレビュー業務の実行とレポーティングのフレームワークを置き換えることを目的としている。

　セクション70は，財務諸表のプレパレーション業務に関する要件とガイダンスが含まれており，

・会計士は，財務諸表の監査，レビューやコンピレーション（調整）業務に従事しないで，財務諸表のプレパレーション業務を実施しているときに適用され，
・会計士は，何らの保証も提供されていないことを示す記述を，財務諸表の各ページに含める必要があり，
・会計士は，会計士とクライアントの経営者双方によって署名された，契約書を入手する必要があり，
・他のすべての，非保証の記帳代行/会計業務の様に，会計士が独立しているかどうかを検討する必要はなく，
・財務諸表をディスクロージャーするかしないかにかかわらず，適用することができる。

　セクション80は，コンピレーション（調整）業務に関する要件とガイダンスが含まれており，
・既存のコンピレーション（調整）の要件を保持するものであり，ほぼ変更はなされておらず，
・会計士がコンピレーション（調整）業務に従事しているときに適用され，
・常に（セクション70は経営者が利用するための，レポーティング業務ではない業務にのみ適用される）レポーティングが必要とされ，

・標準的なレポートは，何らの見出しもない，たったひとつの段落を含む，保証（レビューと監査）と非保証のコンピレーション（調整）・レポートを区別するための報告がなされ，

・会計士の独立性が損なわれた場合，会計士は会計士のコンピレーション（調整）・レポートを変更する必要性を要し，

・会計士は，会計士とクライアントの経営者双方によって署名された，契約書を入手する必要があり，

・財務諸表をディスクロージャーするかしないかにかかわらず，適用することができる。

　セクション90には，レビュー業務，およびSSARS第19号，コンピレーション（調整）およびレビュー業務におけるレビューの記述について，本質的で明らかな見直しに関する要求事項とガイダンスが含まれており，いくつかの変更がなされている。

コンバージェンス

　AICPAの監査基準審議会は，どこに適用されるかという点に関し，対応する監査の国際基準（ISA）をベースに利用し，それぞれの明確な監査基準を起草し，ARSCはまた，AU-Cセクション930，中間財務情報（AIC-PA，プロフェッショナル・スタンダード），をベースに利用し，既存のレビューに関する記述を明確にした。AU-Cセクション930は，レビュー業務の国際基準，事業体から独立した監査人が実施する中間財務情報のレビュー，（ISRE）2410をベースとして利用し明確化されたものであり，AU-Cセクション930とISRE2410の間に実質的な差異はない。ARSCは，過去財務諸表に対するレビュー業務，ISRE 2400（改訂）よりも，米国の監査の記述に対応する，限定された保証業務をコンバージェンスする方が，より適切であると判断した。

　しかし，ARSCは，関連業務の国際基準である，財務諸表のコンピレー

ション（調整）業務（ISRS）4410については，特定の要件を採用することとし，セクション80は完全に調和したものとなっていないと考えた。なぜなら根本的な前提（たとえば，独立性の決定に関する要件）が米国と異なっているからである。

出所：AICPA（2014b）を筆者和訳。

Ｖ　保証関連業務の実務上の意義

　米国の中小会計事務所においては，レビュー，コンピレーション（調整），財務諸表のプレパレーションは広く実務として浸透しており，SSARS第21号についても，関心をもって迎えられている。たとえば，AICPAがWebで放映しているAICPATVにおいては，SSARS第21号の理解のためのセッションが無料で公開されている。

　このセッションでは，SSARS第21号がなぜ作成されたかに関し，財務諸表が会計士によって作成されているかの判断は，クラウドコンピューティングや，その他のアプリケーションにより，誰（あるいは何）が財務諸表を作成したのか，判断を難しくしているとしている。つまり，会計士・経営者・コンピューターアプリケーションのいずれが作成した財務諸表なのか，会計ソフトウェア技術の進展により判別が困難となっているという極めて実務的な事情があり，IT技術の進展への対応を行うためという理由が，SSARS第21号の発効の背景にあるものと思われる。より具体的には，「以前のコンピレーション（調整）基準である，SSARS第19号では，特に，会計士がすべての記帳を行なったが，顧客が『ボタンを押して』財務諸表を印刷した場合，会計士はガイダンスが適用できるか否か議論していた。この古いコンピレーション（調整）基準は，顧客に財務諸表を作成し提出した場合，会計士にコンピレーション（調整）報告書を発効することを求めていた。多くの会計士は，財務諸表を提出し（ボタンを押して印刷）していない場合，コンピレーション（調整）報告書を発行する必要はないと信じていた。

クラウド・ベースの会計ソフトウェアの利用が増加し，この議論はより混乱していた。会計士はオンライン上で（業務に）参加することがあり，すべての取引の鍵を握っているが，しかし，財務諸表を提出（印刷）はしていない。会計士は，いつコンピレーション（調整）基準が適用されるのかについて，より強力な明確化が必要となった。」（Hall 2015, p.1）ということである。

また，会計ソフトウェアに関連して，財務諸表のプレパレーションにおいて要請される，「これらの財務諸表には何らの保証も提供されていないこと。これらの財務諸表は，監査，レビュー，あるいはコンピレーション（調整）業務に供されているものではなく，また，何らの保証も提供されていないこと。」といった各ページの記述（AICPA 2014a, par.A12）については，ソフトウェア会社によりこういった記述が自動的に各ページに記載されることを期待する。といった内容まで及んでおり，今後，米国の会計事務所から提供される財務諸表には，コンピレーション（調整）やレビューといった業務の提供を受けない限り，通常，この記述が各ページに自動的にソフトウェアによって書き込まれ，財務諸表の利用者である経営者や金融機関等に提供されていくことになることが予想される。会計事務所の大きな業務である，会計業務の実務に関して，米国では大きな変化が起こっているといえよう。

［注］

⑴　原文は，"CPA does not obtain or provide any assurance that…"となっており，直訳すれば「…に関し，会計士は何らの保証を得る，あるいは与えることはない。」となるが，「「保証」（assurance）は，「与える保証」の意味で使われることが多いが，ここでは，「業務実施者が入手した証拠でもって確証を得る」という意味で使っている。」（山浦 2006, p.6）との見解に合わせ，和訳している。

参考文献

AICPA（2014a）SSARS No. 21, *Statements on Standards for Accounting and Review Services: Clarification and Recodification.*

AICPA（2014b）SSARS No. 21, *Statements on Standards for Accounting and Review Services: Clarification and Recodification Executive Summary.*

AICPA（2015a）*Codification of Statements on Standards for Accounting and Review Services.*

AICPA（2015b）*GUIDE TO FINANCIAL STATEMENT SERVICES: COMPILATION,*

REVIEW AND AUDIT.

Hall, C.（2015）*Preparation of Financial Statements & Compilation Engagements.*

神森智（2013）「中小企業会計と中小企業会計監査―その史的考察のうえに―」『松山大学創立90周年記念論文集』463-488頁。

河﨑照行（2016）「最新・中小会計論（21）計算書類の信頼性保証」『TKC会報』第516号, 32-36頁。

武田隆二（2000）『中小会社の計算公開と監査―各国制度と実践方法』清文社。

武田隆二（2003）『中小会社の会計』中央経済社。

那須伸裕・松本祥尚・町田祥弘（2015）『公認会計士の将来像』同文舘出版。

弥永真生（2015）『会計監査人論』同文舘出版。

山浦久司（2006）「「保証業務の概念的枠組み」の意義と論点」『会計論叢』（明治大学大学院会計専門職研究科）第1号, 3-15頁。

（松﨑堅太朗）

第3部

その他諸外国における
中小企業の会計監査制度

第15章

英国の中小企業の会計・監査制度

I　本章の目的

　英国[1]では，会社法[2]が会社計算の基本的な枠組みを定め，会計基準が詳細な取り扱いを規定している。従来，会計基準は財務報告基準書（FRS），小規模企業に対する財務報告基準書（FRSSE），標準会計実務書（SSAPs），緊急問題処理委員会（UITF）が発行する摘要書（Abstracts）および実務勧告書（Statements of Recommended Practice : SORPs）から構成されていた。

　ところが2005年以降，英国上場企業（EU域内の規制市場への上場企業）は，連結財務諸表作成に当たってEUの承認を受けた国際財務報告基準[3]（IFRS）の適用が義務付けられて以来，上記の会計基準とIFRSが共通の枠組みをもたないまま混在していた。

　そこで財務報告評議会（FRC）では，財務報告制度のあり方について長く議論がなされ，2015年1月1日以降に開始する事業年度より新たな会計基準が強制適用されるに至っている。

　一方，監査制度に関していえば，英国では原則として会計監査が免除される会社を除き，上場・非上場会社を問わず，すべての英国企業は会計監査人（auditor）[4]を選任し，会計監査を受けることが求められている（会社法第475条）。本章では，こうした英国の会計制度および監査制度について，主に非公開会社で中小規模の企業に焦点を当て検討する。そこでまず始めに英国の会社分類について取り上げる。

241

Ⅱ 英国の会社分類

英国では会社（有限責任会社）は，公開会社（public company）と非公開会社（private company）に分類される。ここで公開会社とは会社法上の地位であり，株式や社債を発行することにより一般投資家から資金調達を行うことができるが，非公開会社にはそれが認められていない。また公開会社と上場会社は別個の概念であり，公開会社であっても上場していなければ非上場会社となる[5]。

有限責任会社は，規模により大規模会社（large companies），中規模会社（medium-sized companies）および小規模会社（small companies）の3つに区分される。大規模会社は，小規模会社および中規模会社以外の会社となり，小規模会社および中規模会社は会社法によって**図表15-1**のような数値基準が設けてあり，いずれの基準も3つの基準のうち最低2つを2期連続で満たすこと（ただし，設立初年度は初年度のみでよい）が求められている。

図表15-1　英国の会社分類（数値基準）：個別企業の場合

	売上高	総資産	平均従業員数
中規模会社	3,600万£未満	1,800万£未満	250人未満
小規模会社	1,020万£未満	510万£未満	50人未満

図表15-1は個別企業としての分類であるが，当該企業が子会社を有し，企業グループを形成している親会社の場合には，**図表15-2**のような数値基準に基づき分類される。この場合の分類も3つの基準のうち最低2つを満たすことが求められている。これらの分類は，2014年のEU会計指令（EU Accounting Directive）を受けて2016年1月より適用されている[6]。

さて，上述のような規模による分類については公開会社には認められていない。したがって，中小規模の会社であっても公開会社の場合は，大規模会社と同様に決算書作成義務を負う。一方，非公開会社では，会社規模に応じて法定

図表15-2　グループ企業の会社分類（数値基準）：企業グループの場合

	連結売上高	連結総資産	連結平均従業員数
中規模 グループ	3,600万£未満(ネット) 4,320万£未満(グロス)	1,800万£未満(ネット) 2,160万£未満(グロス)	250人未満
小規模 グループ	1,020万£未満(ネット) 1,220万£未満(グロス)	510万£未満(ネット) 610万£未満(グロス)	50人未満

注：ネットは連結相殺消去後の数値であり，グロスとは連結相殺消去前の単純合算ベースを指す。

決算書の作成および監査の内容に差異が生じる。そこで，次節では法定決算書の作成に当たっての開示免除の規定について取り上げる。

Ⅲ　英国の中小企業の会計制度

　すでに述べたように，英国企業は2015年より会社法決算上，IFRSかUK GAAP（FRS第100号，第101号，第102号および第105号）いずれかの財務報告フレームワークを適用し，IFRSに基づいて作成される決算書（IAS individual accounts）あるいはUK GAAPに基づいて作成される決算書（Companies Act individuals accounts）を作成する（会社法第395条第1項）。ただし，会社法第407条では，英国親会社が会社法上連結財務諸表を作成している場合には，親会社の個別財務諸表と傘下にある英国内のすべての連結子会社の個別財務諸表は，原則として同一の財務報告フレームワークに準拠して作成されなければならない（これを首尾一貫性ルールと呼ぶ）と規定している[7]。以下では，このうちのUK GAAP（FRS第100号，第101号，第102号，第105号）について概説する。

1　FRS第100号

　FRS100号「財務報告規定の適用（Application of Financial Reporting Requirements）」は，財務報告フレームワークの骨子を取り決めた全体的ルールであり，個別具体的な会計処理に関する規定は含まれていない。これには，企

業が適用すべきまたは適用可能な会計基準，初度適用時の例外措置，新基準の適用時期や同等性に関するガイダンス等が規定されている[8]。

2　FRS第101号

次にFRS第101号「開示減免フレームワーク（Reduced Disclosure frame-work: Disclosure exemptions from EU-adopted IFRS for qualifying enti-ties)」は，IFRSに基づき会計処理（会計上の認識および測定）を行う適格企業（Qualifying entity)[9]が，当該企業に対して，反対株主が存在しないこと等の一定の条件の下で，個別財務諸表上の特定の項目について，財務報告の品質を維持しつつ財務諸表作成の負担軽減を図るという観点から，開示減免の内容を詳細に定めている。ここで適格企業とは，真実かつ公正な概観を提供することを目的として，公表されている連結財務諸表に含まれている企業をいう。

それとともに，会社法等の要請に準拠するために求められるIFRSに対する特定の修正も規定されている[10]。ただしこのような開示減免は個別財務諸表のみであって連結財務諸表に対しては認められていない。

3　FRS第102号

一方，FRS第102号「連合王国およびアイルランド共和国で適用される財務報告基準（The Financial Reporting Standard applicable in the UK and Re-public of Ireland)」は，中小企業向けIFRS（IFRS for SMEs）に会社法上の要請を加味するため，一部修正を加えて新しく作成された会計基準である。このFRS102の適用には企業規模の要件はない。

またFRS102では，適格企業の個別財務諸表に対する開示減免内容も併せて規定されている[11]。**図表15-3**は，篠原（2015, p.130）によって示されたFRS101とFRS102の開示減免項目である。

さらにFRS102は，2015年の改訂によりセクション1A「小規模事業体（small entities)」を新設している。弥永（2016, p.104）によれば，セクション1Aが定める小規模事業体制度においても，認識および測定についての規律は，FRS102の他のセクションが定める規律と同様であり，開示が減免されている。

図表15-3　FRS101とFRS102の開示減免項目（非金融機関のケース）[12]

FRS101による開示減免項目 IFRS選択後の開示減免を適用した場合（FRS101 par.8.）	全面開示 減免項目	キャッシュ・フロー計算書 金融商品（連結での開示が条件） 経営幹部の報酬
	部分開示 減免項目	株式報酬取引，継続企業，企業結合，資産の減損，公正価値評価，関連当事者取引等（連結での開示条件等あり）
FRS102による開示減免項目 UKGAAP(FRS102)選択後の開示減免を適用した場合 （FRS102 par.1.12）	全面開示 減免項目	キャッシュ・フロー計算書 金融商品（連結での開示条件） 経営幹部の報酬
	部分開示 減免項目	株式報酬取引（一部開示） 財務状態表・注記での開示のうち，期首・期末発行済株式数の調整額

出所：篠原（2015）p.130，表2を一部修正。

4　FRSSE（FRS105号）

FRSSE[13]の適用会社は，小規模企業（またはグループ）の要件を満たす場合であったが，2015年7月にFRCは，FRS第105号「零細事業体制度に適用される財務報告基準（The Financial Reporting Standard applicable to the Micro-entities Regime）を公表し，FRSSEを廃止した。それと同時にFRS100，FRS101，およびFRS102を改訂し，これらは2016年1月1日以降に開始する事業年度より適用されている。

ここでいう零細事業体（micro-entities）は，**図表15-4**に表す数値基準で区分され，中小規模の分類と同様に，下記の3つの基準のうち最低2つを満たすことが求められている[14]。

図表15-4　零細事業体の数値基準

	売上高	総資産	平均従業員数
零細事業体	632,000£未満	316,000£未満	10人未満

FRS105は，28のセクションから構成されており，大きな特徴として，FRS105に従った零細事業体の計算書類は，真実かつ公正な概観を示すものと推定され，取締役は当該計算書類が真実かつ公正な概観を示すための追加的開

示をしなければならないことがあり得るかを検討する必要がないとされる点が
挙げられる[15]。

　以上見てきたように，英国ではIFRSを基本としつつも，会社法との調整を
加味したものとなっている。また会社の規模に応じた会計基準が設定されてい
る。特に中小規模の会社に対しては，開示の減免や簡素化された基準が設定さ
れており，柔軟な対応がなされているといえる。

　図表15-5は，非公開会社の中規模・小規模・零細事業体のUK GAAPと次に
取り上げる会計監査の免除についてまとめたものである（もちろん，これらの
企業は，IFRSを適用することも可能である）。そこで，次節では主に非公開会
社の中小規模会社の監査制度について取り上げる。

図表15-5　非公開会社の中小企業に適用されるUKGAAPと会計監査の免除

	中規模会社	小規模会社	零細事業体
UK GAAP	FRS102	FRS102セクション1A	FRS105
会計監査の免除		○	○

Ⅳ　英国における会社法上の監査制度

1　会計監査の強制

　英国では，歴史的には1844年の会社登記法（An Act for the Registration,
Incorporation, and Regulation of Joint Stock Companies）の成立により監査
が制度化された。すなわち会社登記法では，世界で初めて準則主義による容易
な会社設立を認めるとともに，一般投資者および債権者の保護の観点から，取
締役に完全かつ真実な（full and true）貸借対照表の作成を義務付け，年次株
主総会で選任された監査人による貸借対照表監査を強制した。

　山浦（1981, pp.29-31）では，会計および監査規定導入の意図について，準
則主義に基づく会社設立の認可という趨勢とともに，1844年の英国議会下院の
会社法委員会報告書において，次のように述べられている点を指摘している。

すなわち,「詐欺を目的とする会社の設立を防止し,株主ならびに公衆の利益を守る」ためである。この背景には,南海泡沫事件[16]あるいは19世紀初頭の投機ブーム後の恐慌といった株主や投資家に多大な損害を与えるような事態があり,こうした事態を極力避けるために立法者が動いたものであるという。そして同報告書では,取締役に対し会計記録とその報告を義務付け,株主に代わってそれらを監査人が定期的に監査し,貸借対照表とともに監査報告書を株主の閲覧の対象とすることによって,経営執行者は常時株主の監視下におかれ,このことが泡沫会社への転落を未然に食い止める手段となることも述べられており,以上のことから監査制度は会社を巡る不正から株主を保護する目的のもと導入されたとしている。

またこのような目的から導入された監査制度では,業務監査が導入されず,会計監査が行われていた。それは業務監査が経営への干渉となりがちになることへの懸念があったといわれている。したがって,当時の監査はあくまでも会計監査に主体があり,その領域での不正や違法行為へのチェックが目指されていた[17]。

さらに山浦(1981, p.41)では,会社法への監査制度導入の目的は,上記のような経営執行者の会計責任の監査に加えて,財務内容の開示の信頼性を確保するための監査の意義が認識されたことも重要であると指摘されている。

2 職業会計人の存在

その後,1856年の会社法(Joint Stock Companies Act 1856)ならびに1862年会社法によって監査は強制規定でなくなり[18],1900年の会社法ないし1908年の総括会社法(Companies Consolidation Act)によって全面的に監査が強制されるようになった[19]。

ここで山浦(1981, p.34)では,1856年会社法が職業会計人の存在をはじめて認めている点が重要であると指摘している。すなわち,同法において監査人は監査を補助することができる会計士その他の人を会社の費用で雇うことができると規定したことにより,職業会計人が会計監査に有能な能力を有することを公に認めたのである。

現行の会社法においても前述の会計監査人として選任された者(個人または

事務所）は，法定監査人（statutory auditor）とされ，適格要件として認可監督団体（recognized supervisory body）の会員であること，当該団体の規制に基づき選任される適格性を有すること等が挙げられている（会社法第1212条第1項）。この認可監督団体は，実際には職業会計人団体である。したがって，法定監査人は職業会計人であることを資格要件とする[20]。

以上のことから，英国では伝統的に会社法において一般投資者および債権者保護の観点から，計算書類等の財務内容開示とそれに伴う監査の制度が根付いており，監査においては職業会計人が関与することなどによって，その実効性を高めているものと思われる。

しかしながら，すべての会社に監査を適用すべきかに関しては，非公開会社の小規模会社に対して監査免除規定を設けることによって，小規模会社の負担を軽減している。次項では監査免除規定が初めて導入された1948年会社法を取り上げる。

3　監査免除規定の嚆矢

非公開会社の中に「免除非公開会社（exempt private company）」を設けたのは，1948年会社法である。また同法では，監査制度も充実された。すなわち，監査人の資格を商務省認可の会計士団体の会員に限定し（ただし，例外や経過措置も設ける），職業監査人の監査を原則とすることで独立性の強化を図ったこと，監査人の選任手続や株主総会出席権の内容を改正するとともに，監査報告書の記載内容を大幅に変えたことなどである[21]。

それとともにLeigh（1968, pp.183–193）によれば，1948年会社法において，小規模で家族経営の企業のプライバシーを保護するために，決算書の提出が義務付けられない免除非公開会社の概念が導入された。そして当該企業は，非免除の企業で求められていたように，監査人に職業会計人としての資格要件を求めていなかった。したがって当該規定はすぐに非公開会社において支配的となり，制定当時の想定よりもはるかに多くの企業で導入された。

そこで，1967年会社法では，規模に基づく開示の免除を許可するが，すべての有限責任会社は毎年独立の有資格者に基づく監査を受けた計算書類（financial accounts）を提出するという要件に戻り，免除非公開会社のカテゴリーを廃止

するに至った。このような動向の背景には，プライバシーの保護よりも債権者および国民を保護するということが重視されたことによる。

上述のように，1967年の時点で会計・監査については公開会社も非公開会社も同一の規制を受けることとなったが，非公開会社あるいは中小規模の会社にとっては，大規模会社並みの開示および監査は不要との不満が根強く，常に議論の対象となっていた。

4　非公開会社の中小企業の現在の監査制度

さて，英国では後述する会計監査が免除される会社を除き，原則として上場・非上場会社を問わず，すべての英国企業は会計監査人を選任し，会計監査を受けることが求められている（会社法第475条）。したがって，非公開会社で中規模会社は以下のような会計監査を受けることになる。

会計監査人は会社の年次計算書類に関する会社の構成員（company's members）向けの報告書を作成しなければならず，当該報告書において，次の事項を含まなければならない（会社法第495条第2項(a), (b)）。

①　会計監査の対象となる年次計算書類を確認する序文と，作成にあたり適用された財務報告の枠組み

②　会計監査の範囲の説明および会計監査を実施するにあたり準拠する監査基準の確認

また会計監査人報告書では，会計監査人の意見として，次の各号に掲げる事項について明確に説明しなければならない（会社法第495条第3項(a)〜(c)）。

①　年次計算書類が，真実かつ公正な概観を与えるか否か

（ⅰ）個別貸借対照表の場合，当該会計年度の末日における会社の状況

（ⅱ）個別損益計算書の場合，当該会計年度の会社の損益

（ⅲ）グループ計算書類の場合，会社の社員に関する範囲で，連結全体として含まれる企業の当該会計年度末日における状況と当該会計年度の損益

②　年次計算書類が，関連する（relevant）会計報告の枠組みに従い，適切に作成されているか否か

③　年次計算書類が，本会社法の規定（および適用可能ならば，IFRS規則）に従って作成されているか否か

　そして会計監査人報告書は，無限定意見または限定付意見でなければならず，報告書に限定意見を付すことなく会計監査人が注意喚起したい事項についての言及を含まなければならない（会社法第495条第4項(a), (b)）。

　さらに会計監査人は，会社の年次計算書類に関する報告書の中で，会計監査人の意見として，計算書類が作成された会計年度についての取締役報告書で示されている情報が，年次計算書類と一致しているか否かについても説明しなければならない（会社法第496条）。

5　小規模会社の監査免除について

　2012年9月には英国政府は，英国企業の法定監査要件の簡素化，緩和等を目的として，会社法の改正方針を発表するとともに，「会社および有限責任パートナーシップ（決算書，監査免除および会計フレームワークの変更）規則2012（The Companies and Limited Liability Partnerships（Accounts and Audit Exemptions and Change of Accounting Framework）Regulations 2012）」：（SI 2012/2301）を公表し，2012年10月1日以降終了する事業年度より適用されている。

　上記Ⅱで述べた小規模会社の要件を満たしている場合には，法定監査の免除を受けることができる（会社法第477条，第476条）。しかしながら小規模会社の要件を具備していても，以下の会社は法定監査の免除を受けることができない（会社法第478条(a)～(c)）。

①　公開会社

②　（ⅰ）認可保険会社，銀行業務あるいは電子マネー発行に従事する会社，金融商品市場指令（Markets in Financial Instruments Directive; MiFID）投資事業者，あるいは譲渡可能証券集合投資スキーム（Undertakings for Collective Investment in Transferable Securities）運用会社

　（ⅱ）保険市場活動を行う会社

③　1992年労働組合および労使関係（総括）法（Trade Union and Labour Relations（Consolidation）Act 1992（c.52）第117条第1項に定める特別登録団体，または同法第122条に定める雇用関係，または1992年労使関係（北アイルランド）令第4条（Article 4 of the Industrial Relations（Northern Ireland）Order 1992（S.I.1992/807（N.I.5））。

また会社がグループ企業であった場合，会社法第477条で規定される小会社による監査免除を受けることができないが，次の場合はこの限りではない（会社法第479条第1項，第3項）。すなわち

①　当該グループが，

（i）上記の小規模グループの要件を満たし，かつ

（ii）当該年度を通じて，非適格グループ（ineligible group）[22]ではなく，

②　グループ会社であった期間全体を通して，または，グループ会社であった会計年度を通して，従属かつ休眠会社であった場合

上記に加えて，会社が休眠会社であった場合も計算書類の監査が免除される。この場合，監査が免除される休眠会社は，次のことが要求されている（会社法第480条第1項，第2項(a), (b)）。

①　設立以来，休眠会社である場合，または

②　前会計年度以来，休眠会社であり，かつ以下の条件を満たす場合，すなわち会社が当該会計年度の個別計算書類について，

（i）小会社制度に従い，計算書類を作成できること，または

（ii）公開会社または非適格グループの一員でないならば，個別計算書類を作成できること

③　当該年度のグループ計算書類作成を要求されないこと

ただし，認可保険会社，銀行業務あるいは電子マネー発行に従事する会社，金融商品市場指令投資事業者，あるいは譲渡可能証券集合投資スキーム運用会社，保険市場活動を行う会社は，当該会計年度内において休眠会社から除外される（会社法第481条(a), (b)）。

さて，監査を免除されるためには，取締役が貸借対照表に監査の免除を受ける旨の説明を記載しなければならず（会社法第475条第2項），会社が小規模会社，子会社および休眠会社（会社法第475条第1項(a)）であって，監査の免除を受けるためには，株主が計算書類の監査を受けることを要求しないこと，および取締役が会計記録および計算書類の作成について2006年会社法上の要件への遵守の責任を確認しているという旨の記述を貸借対照表に記載しなければならないとされる（第475条第3項）[23]。

一方，小規模会社，子会社および休眠会社の株主には，会社に対して計算書類の監査を要求する権利が与えられている（会社法第476条）。この場合の株主とは，発行済株式資本の額面額において合計10％以上を保有する株主，または種類株式が発行されている場合には，種類株式について発行済株式資本の額面額の合計10％以上を保有する種類株主である（第476条第2項(a)，(b)）。これは，少数株主が存在する場合，少数株主を保護する手段として機能しているものといわれている[24]。

Ⅴ　英国制度の特徴の検討

英国における非公開会社の中小企業にかんする会計基準は，基本的にはIFRSかUK GAAPの選択適用が認められている。UK GAAPのうちFRS102は，中小企業向けIFRSをもとに複数の修正を加えて開発されている。そしてFRS102では，新たにセクション1Aを設け，小規模会社向けの規定を設けている。さらに2015年には，FRSSEを廃止しFRS105が公表された。FRS105は，FRS102における開示規定をさらに簡素化した零細事業体向けの会計基準であり，開示の減免を設けている。ただしそれは非公開会社で小規模会社に限られている。

一方，監査に関して歴史的にみれば，1844年会社登記法で準則主義により，容易に会社が設立できることとなったことから，一般投資者および債権者を保護するべく会社の取締役に完全かつ真実な貸借対照表の作成を義務付け，年次株主総会で選任された監査人による貸借対照表監査が義務付けられていた。こ

のように，財務内容の開示とその監査が会社の規模を問わず法制度化されていた歴史的経緯がある。

　現在，小規模会社および休眠会社のうちいくつかの要件に該当しないものは，監査の免除を受けることができる。このような監査免除を設けたのは1948年会社法に始まる。同法では，監査人の資格を商務省認可の会計士団体の会員に限定し（ただし，例外や経過措置も設ける），職業監査人の監査を原則とすることで独立性の強化を図っていた。なぜならそれは，小規模で家族経営の企業のプライバシーを保護するためであったからである。その後1967年会社法では，規模に基づく開示の免除を許可するが，すべての有限責任会社は毎年独立の有資格者に基づく監査を受けた計算書類（financial accounts）を提出するという要件に戻り，免除非公開会社のカテゴリーを廃止するに至った。このような動向の背景には，プライバシーの保護よりも債権者および国民を保護するということが重視されたことによるといわれている。

　すでに述べたように，非公開会社の小規模会社のうち，一定の要件に該当しないものは開示の減免や監査が免除されている。ただし，監査が免除されるためには，取締役が貸借対照表において監査の免除を受ける旨を記載すること，株主が計算書類の監査を受けることを要求しないこと，および取締役が会計記録および計算書類の作成について2006年会社法上の要件を遵守する責任を有することを確認しているという旨を貸借対照表に記載することが求められている。その一方で，監査の免除が認められた会社のうち，一定の条件を満たす株主には，会社に対して計算書類の監査を要求する権利も与えられている。

　このように，英国会社法の会計監査に関する規定では，基本的には債権者および投資者保護を重視しつつ，規模による監査免除の規定を設けるとともに，少数株主の保護に関する規定も設けられている。

　上記に加えて原則としてすべての会社が，職業会計人による監査を受けた決算書を，会社登記所（Companies House）を通じて公示しなければならないことも特筆すべき点として挙げられる。つまり会社登記所に提出された書類は，PDFファイル形式で読み込まれ，そのまま同所のウェブサイトで閲覧可能となるため，事実上，非公開会社を含むすべての英国企業の法定決算書が，広く公衆の縦覧に供されることになっている。

［注］

(1) U.Kの訳語は正式には「グレートブリテンおよび北部アイルランド連合王国」であるが，本書では英国と記す。

(2) 現行の会社法は2006年会社法がベースであり，以下，「会社法」という。

(3) 英国を含むEU内で使用が認められているIFRSは，国際会計基準審議会（IASB）発行のIFRSではなく，EUが個別に適用の可否を採択したIFRSである。KPMG／あずさ監査法人編（2014）15-16頁。

(4) 英国では"auditor"は公認会計士であることが資格要件とされており，会社の役員であるとも解されることから「会計監査役」と訳す場合もあるが，本章では「会計監査人」と訳す。

(5) KPMG／あずさ監査法人編（2014）27頁。

(6) Mercia（2016）Big changes for small entities, p.1, http://www.mercia-group.co.uk/Downloads/1454057977_Big％20Changes％20for％20Small％20Entities.pdf（アクセス日：2017年2月10日）。

(7) KPMG／あずさ監査法人編（2014）98-100頁。

(8) KPMG／あずさ監査法人編（2014）83頁。

(9) 適格企業とは，真実かつ公正な概観を提供することを目的として，公表されている連結財務諸表に含まれている企業をいう。KPMG／あずさ監査法人編（2014）87頁。

(10) KPMG／あずさ監査法人編（2014）83-90頁。

(11) KPMG／あずさ監査法人編（2014）83頁。

(12) 篠原（2015）130頁。

(13) FRSSEについては，河﨑（2001a），（2001b），（2001c）を参照されたい。

(14) FRC（2015）AppendixⅢ, A3.3.

(15) 弥永（2016）104頁。

(16) 南海泡沫事件の詳細については，中野常男（1995）や杉浦正和（2011）を参照されたい。

(17) 山浦（1981）38頁。

(18) 監査制度が会社の任意となったことについては，必ずしも明確にされているわけではないが，一般的には当時のlaissez faire学派の思想の影響であると理解されているという。山浦（1981）32頁。

(19) 石田・林・岸（2008）30頁。

(20) 加藤（2011）7頁。

(21) 山浦（1993）288-289頁。

(22) 非適格グループ（ineligible group）とは，公開会社等がそのメンバー会社として含まれるグループをいう。（会社法第384条第2項，第3項）。

(23) 坂本（2015）66頁。

(24) 坂本（2015）66頁。

参考文献

Companies Act 2006, http://www.legislation.gov.uk/ukpga/2006/46/contents, （アクセス日：2016年8月2日）．

Dedman, E., A. Kausar and C. Lennox（2014）The Demand for Audit in Private Firms: Recent Large-Sample Evidence from the UK, *European Accounting Review*, Vol.23, No.1, pp.1-23.

FRC（2015）Amendments to FRS100, *Application of Financial Reporting Requirements*.

FRC（2015）Amendments to FRS101, *Reduced Disclosure framework.*

FRC（2015）Amendments to FRS102, *The Financial Reporting Standard applicable in the UK and Republic of Ireland.*

FRC（2015）FRS105, *The Financial Reporting Standard applicable to the Micro-entities Regime.*

Leigh, L.H.（1968）Companies Act 1967, *The Modern Law Review*, Vol.31, No.2, pp183-193.

石田三郎・林隆敏・岸牧人（2008）『監査論の基礎（第2版）』東京経済情報出版。

加藤正浩（2011）「イギリスにおける勅許会計士による財務諸表監査の制度」『社会科学研究年報』第42号, 1-13頁。

加藤正浩（2012）「イギリスにおける監査規制」『経営学論集』第52巻第1号, 31-43頁。

河﨑照行（2001a）「英国における中小会社の会計基準（FRSSE）―その全体像と簡素化のプロセス(1)」『税経通信』第56巻第8号, 34-44頁。

河﨑照行（2001b）「英国における中小会社の会計基準（FRSSE）―その全体像と簡素化のプロセス(2)」『税経通信』第56巻第10号, 17-30頁。

河﨑照行（2001c）「英国における中小会社の会計基準（FRSSE）―その全体像と簡素化のプロセス(3)」『税経通信』第56巻第11号, 35-42頁。

KPMG／あずさ監査法人編（2014）『英国の新会計制度』中央経済社。

坂本達也（2015）「イギリス会社法における監査役制度に関する考察―従属会社における少数株主保護の視点からの考察」『静岡大学法政研究』第20巻第1号, 42-68頁。

齋野純子（2014）「IFRSを基軸とするイギリス会計規制の概観」『関西大学商学論集』第59巻第3号, 41-55頁。

齋野純子（2015）「第7章 イギリス」河﨑照行編著『中小企業の会計制度―日本・欧米・アジア・オセアニアの分析』中央経済社, 93-104頁。

篠原繁（2015）「New UK GAAP設定とイギリスの会社法-会社法への準拠性を中心として」『産業経理』第75巻第2号, 127-136頁。

杉浦正和（2011）「大規模経済危機における『スキャンダル』の構成要素―南海泡沫事件とエンロン事件における『信』から『不信』への相転移」『早稲田国際経営研究』第42号, 9-29頁。

中野常男（1995）「チャールズ・ラムと南海会社―会計史からみた南海泡沫事件（1720）」『国民経済雑誌』第172巻第4号, 101-124頁。

本間美奈子・中村信男（2009）「イギリス2006年会社法（6）」『比較法学』第43巻第2号, 305-343頁。

本間美奈子・中村信男（2010）「イギリス2006年会社法（8）」『比較法学』第44巻第1号, 234-272頁。

弥永真生（2016）「連合王国（UK）の中小企業会計の動向」『企業会計』第68巻第2号, 246-250頁。

山浦久司（1981）「19世紀英国会社法の監査制度—その成立，構造，性格，意義 - 」『千葉商大論叢』第19巻第 3 号, 63-82頁。

山浦久司（1993）『英国株式会社会計制度論』白桃書房。

（髙原利栄子）

第16章

北欧諸国の小企業監査

Ⅰ　本章の目的と背景

　日本において会計制度の二分化の現象が観察されるように，北欧諸国においても，規模による会計基準の設定が行われている。たとえば，スウェーデンは，2004年から，K-プロジェクトを進めており，企業をK-1，K-2，K-3およびK-4という4つの分類に分けて，企業会計基準を設定している。ここで，K-1は個人商人や自然人のみが社員である人的企業，K-2は小規模な有限企業，K-3は規模がより大きな企業，K-4は上場企業として想定されている。財務省の下に設けられているスウェーデン会計基準審議会（Bokföringsnämnden: BFN）は，その中のK-1，K-2およびK-3に適用される会計基準，すなわち，非上場企業の会計基準の開発を担当している。そして，上場企業の会計基準は，財務報告委員会（Rådet för finansiell rapportering, 民間主体）が開発している。K-4に属する企業は，EUのIAS規則により，EUが採用した国際会計基準によって連結財務諸表を作成しなければならないが，単体の財務諸表は，スウェーデンの国内基準に従って作成される。ノルウェーでは，ノルウェー会計基準審議会（Norsk RegnskapsStiftelse）は，「ノルウェー会計基準第8号　小規模企業にとってのよい会計実務」（Norsk RegnskapsStandard 8-God regnskapsskikk for små foretak）（2000年11月公表，2014年1月最終改訂）を公表している（弥永 2013a, pp.151-152）。また，デンマークにおいては，財務諸表法によって，報告主体をA，B，C，Dのクラスに分けて，任意に年度報告書を作成する企業は報告主体クラスA，年度報告書の作成義務を負う小規模企業は報告主体クラスB，年度報告書の作成義務を負う中規模および大規模企業は報告主体クラスC，そして，国有株式会社およびその株式・持分，負債証券その他の有価証券がEU/EEAの加盟国の規制市場に上場している企業は報告主体クラスDに適用さ

れるルールに従うことが求められる（弥永 2014, pp.1-2）。

　規模による会計基準が適用される一方，小企業の財務諸表に対する保証業務について，北欧会計士連盟（NRF）は2015年7月に「北欧諸国の小企業監査基準」（諮問書）（Nordic Standard for Audits of Small Entities（June 2015-Consultation），以下，「SASE」という）を公表した。

　NRFは，監査が小規模の企業に対しても，価値のあるサービスであることを主張している。NRFによると，すべての監査業務に適用されている国際監査基準（ISAs）はより広範になったため，小企業のための効率的な監査の実施はますます困難になっている。このため，2014年に，NRFは，特に小企業に対して高品質な監査を行うために，独立した原則主義の監査基準を開発するためのプロジェクトを開始した。現在，SASEはノルウェー，スウェーデン，アイスランド，フィンランドおよびデンマークにおける公認会計士協会からの協議を得るために公開されている[1]。本章の目的は，SASEの内容とその特徴を明らかにすることである。

Ⅱ　北欧諸国の小企業監査基準の適用範囲とその構成

　SASEは，全6章で構成されている。NRFによれば，この基準は，ISAsと整合したものとなっており，現在適用されているほとんどの監査基準と同じ監査原則（監査を受ける企業に関する情報の獲得，内部統制等監査リスクに関する理解，重要性の判断，十分かつ適切な監査証拠の入手および合理的保証）に従って作成されている。また，SASE基準は，原則主義に基づいて，独立した監査基準であり，特に小企業の財務諸表の監査に合わせたものであるため，小企業に関連しないとみられる特別な要求を含まない（NRF 2015b, pp.6-7）。当該基準に従って行われた監査は，小企業の財務諸表に重要な虚偽表示があるかどうかについて，監査人に合理的保証を得る（NRF 2015a, p.1）。**図表16-1**は，SASEの構成を示したものである。また，各章の内容がISAsとの関連についても示されている。

図表16-1　SASEの構成

SASEの構成		ISAsとの関連
第1章 一般原則と 監査責任	1.1　全般的目的	ISA200
	1.2　監督と品質管理	ISA220
	1.3　監査の実施	ISA200
	1.4　監査証拠	ISA500, ISA600, ISA620
	1.5　業務の文書化	ISA230, ISA260
	1.6　経営者および監査役等とのコミュニケーション	ISA240, ISA250, ISA260, ISA265, ISA450, ISA705, ISA706
第2章 監査契約の 締結または 継続	2.1　目的	ISA210
	2.2　監査の前提条件	ISA210
	2.3　追加的な文書化要求	ISA220
第3章 監査計画	3.1　目的	ISA300
	3.2　範囲，時期および方向性	ISA300
	3.3　重要性の決定	
	3.4　追加的な文書化要求	ISA300, ISA320
第4章 リスク評価	4.1　目的	
	4.2　リスク評価手続および関連する活動	ISA240, ISA250, ISA315, ISA501, ISA540, ISA550, ISA570
	4.3　企業および企業環境の理解	ISA315, ISA540, ISA570
	4.4　重要な虚偽表示リスクの識別と評価	ISA315
	4.5　追加的な文書化要求	ISA240, ISA250, ISA315, ISA550
第5章 リスク評価 における監 査人の責任	5.1　目的	
	5.2　アサーションレベルで評価された重要な虚偽表示のリスクに対応する監査手続	ISA240, ISA505, ISA510, ISA520, ISA530, ISA540, ISA570, ISA700
	5.3　評価	ISA330, ISA450
	5.4　追加的な文書化要求	ISA330, ISA450, ISA540, ISA550, ISA570
第6章 結論と報告	6.1　目的	
	6.2　後発事象	ISA560
	6.3　総括的な結論の提出時間を評価するための分析手続	ISA520
	6.4　経営者確認書	ISA580
	6.5　財務諸表に対する意見の形成	ISA700
	6.6　意見の様式	ISA570, ISA700, ISA705, ISA706
	6.7　監査報告書	

出所：IAASB（2015）Appendix 2 に基づいて整理したものである。

なお，SASEの適用は，EU会計指令における小企業の規模基準値に属するものに限定されている。つまり，売上高が1千万ユーロ，資産総額が1千万ユーロ，従業員数が50人という3つの基準値のうち，2つの基準値を超えない企業に対して，SASEの適用が認められる[2]。

Ⅲ　北欧諸国の小企業監査基準の内容

1　監査全般にわたる基本的事項

　SASEの第1章には，小企業監査における全般的な目的および基本的な事項について，規定されている。その内容を要約したものが**図表16-2**に示される。

図表16-2　SASEにおける小企業監査の基本的事項

節	内　　容
1.1　全般的な目的	①　不正か誤謬かを問わず，財務諸表に重要な虚偽表示がないかどうかについて合理的保証を得ること ②　監査所見に従って，財務諸表やコミュニケーションについて報告すること
1.2　監督と品質管理	業務担当パートナーは以下の責任を負わなければならない。 ①　当該基準，国際品質管理基準，関連する倫理規則および適用される法令と規制上の要求に準拠して，監査業務の指導，監督および実施を行うこと ②　企業の方針および手続に従ってレビューを行うこと ③　監査報告書および結論を導くための十分かつ適切な監査証拠を入手すること ④　難解または論争のある事項について，または監査チームで異なる意見が生じる場合，企業の方針および手続に従って結果を出すこと ⑤　企業の方針および手続に従って，検証を行うこと ⑥　状況に応じて適切な監査報告書を提出すること
1.3　監査の実施	財務諸表の監査を行う際に監査人は以下のことを実施しなければならない。 ①　関連する職業倫理規則に従うこと ②　職業的懐疑心を用いて監査を計画し実施すること ③　職業的専門家としての判断を用いること ④　監査リスクを許容可能な低い水準に抑え，意見表明の基礎となる十分かつ適切な監査証拠を入手すること ⑤　当該基準に従って監査を行うこと

1.4　監査証拠	監査証拠として利用される情報を入手した場合，監査人は情報の関連性と信頼性を考慮しなければならない。事業体に作成された情報を利用する場合，監査人は情報の正確性と網羅性，また，この情報が監査人の目的にとって正確かつ詳細であるかどうかを評価しなければならない。経営専門家，外部専門家またはその他の監査人に作成された情報を利用する場合，監査人は必要な範囲で以下を実施しなければならない。 ① 　情報を作成した者の能力と客観性を評価すること ② 　当該専門家またはその他の監査人との直接の会話またはその他の適切な行動の必要性を考慮すること ③ 　監査人がこの情報を監査証拠として利用できるかどうかを評価すること 　監査の過程で，ある書類が真実なものではないことを監査人に信じさせる状況，また，ある書類が期間内に修正されたが監査人に報告されていないことが発生した場合，監査人はさらに調査を行わなければならない。
1.5　業務の文書化	監査人は以下のものを提供する監査調書を作成しなければならない。 ① 　監査報告書のための十分かつ適切な記録 ② 　当該基準，適切な法令および規則要求に従って計画し実施した監査証拠 　監査人は，経験豊富な監査人が以前に当該監査に関与しなくても以下の事項を理解できるように，監査調書を作成しなければならない。 ① 　監査において行われた特定の変更を含む，当該基準，適切な法令と規則要求に準拠して計画し実施した監査手続の種類，時期および範囲 ② 　特定事項の特質を含む，監査手続を実施した結果および入手した監査証拠 ③ 　監査の過程で生じる重要な事項とその結論，およびその結論に達する際の重要な職業的専門家としての判断 　経営者または監査役等とコミュニケーションするように当該基準に求められる事象が生じる場合，監査人は，これらの事象，また，どの時点で誰とコミュニケーションを行ったのかについて，監査調書に明記しなければならない。
1.6　経営者および監査役等とのコミュニケーション	監査人は適時に経営者および監査役等とコミュニケーションを行わなければならない。コミュニケーションが要求される事項は以下のことを含む。 ① 　監査業務からの重要な発見（会計方針，会計見積および財務諸表の開示等，監査人の企業の会計実務の質的側面に関する見解，識別された統制上の不備，虚偽表示，不正，または不正が存在する可能性があることを示す情報，監査に関連する法令や規則に遵守しないことを含む） ② 　強調事項および監査報告書におけるその他の事項に対する修正 ③ 　法令および規則におけるコミュニケーションの要求事項 ④ 　もしあれば，監査人の職業的専門家としての判断に基づいて，財務諸表や財務報告プロセスの監査から生じるその他の重要な事項 　監査人は，経営者および監査役等とのコミュニケーションを行うための適切な方式を決定するに当たって，職業的専門家としての判断を用いなければならない。

2　監査契約の締結または継続および監査計画

　第2章は，監査人が監査の前提条件が存在しているかどうかを検討するための評価事項を明記している（NRF 2015a, par.2.2）。

①　財務諸表の作成にあたって，適用される財務報告の枠組みが適切であるかどうか

②　経営者は監査人に以下の情報を提供しているかどうか

　㋐　経営者が関連すると認識しているすべての情報

　㋑　監査人が経営者に依頼する可能性のあるすべての追加的な情報

　㋒　監査人が監査証拠を入手するために必要と判断した，従業員への無制限のアクセス

③　監査業務の契約条件が許容できるかどうか

④　経営者または監査役等が監査人の職務範囲に制限を与えるかどうか

⑤　監査業務に影響を与えるその他の要素があるかどうか

　また，継続的監査において，監査人は，監査業務の契約条件の変更を必要とする状況が生じているかどうか，および監査業務の現行の契約条件の再確認を企業に求める必要性があるかどうかを評価しなければならない（NRF 2015a, par.2.2）。

　そして，第3章の「監査計画」においては，監査を効率的に実施するための監査計画について規定している。監査人は，以下の点を考慮し，監査業務の範囲，監査の実施時期およびその方向性を設定しなければならない（NRF 2015a, par.3.2）。

①　監査契約の特徴

②　想定される監査の実施時期，コミュニケーションおよび要求される報告の形式

③　監査人の職業的専門家としての判断に基づいて，監査戦略を決定する際に重要と判断される要素

④　予備的な活動の結果，適用される場所，また，企業に対して監査以外の業務を行っている場合にはその業務から情報を得られるかどうか

⑤　監査業務の実施に必要となる情報の種類，時期および範囲

また，監査人は，財務諸表全体の重要性を判断しなければならない。重要性の判断は，職業的専門家としての判断によって行われる。また，その判断は，財務諸表の利用者の財務情報に対するニーズに関する監査人の認識の影響を受けている。通常，個別にまたは集計した場合，脱漏を含む，虚偽表示が財務諸表の利用者の経済的意思決定に影響を与えることが合理的に想定される場合，これらの虚偽表示が重要性のあるものと考えられる（NRF 2015a, par.3.3）。

3　リスク評価

（1）　リスク評価手続とその関連活動

監査人は，企業および企業環境の理解を通じて，財務諸表全体レベルとアサーションレベルの重要な虚偽表示のリスクを識別し評価するために，リスク評価手続を実施しなければならない。リスク評価手続には以下のことを含まなければならない（NRF 2015a, par.4.2）。

①　監査人の判断によって，不正や誤謬による重要な虚偽表示のリスクを識別することで役立つ情報を有する経営者またはその他の者との話し合い

②　分析的手続

③　観察と検査

また，リスク評価手続に必要と認められる手続を含む，以下のために，職業的専門家としての判断を用いなければならない（NRF 2015a, par.4.2）。

①　不正リスクの要素が識別されないことにもかかわらず，経営者による内部統制の無視，収益認識に関連する不正を含む，潜在的な不正リスクを識別すること

②　企業は認識されない負債，将来のコミットメントまたは現在の資産評価の変更が生じる可能性のある契約または関係を締結しているかどうかを評価すること

③　財務諸表に認識されまたは報告される会計上の見積の必要性を生じさせる取引，事象または状況が存在しているかどうかを評価すること

④　企業が継続企業として事業を継続する能力を評価すること

⑤　法律や規則に準拠しないことで，財務諸表に重要な影響を与える可能性

のあるリスクを識別すること

⑥　もし適用できれば，企業の関連当事者を識別すること

　㋐　企業と企業の関連当事者との関係を理解すること

　㋑　関連当事者とのすべての取引の性質および目的を識別し理解すること

（2）　企業および企業環境の理解

　財務諸表全体レベルとアサーションレベルにおける重要な虚偽表示のリスクを識別し評価するために，監査人は以下に関する理解を得なければならない（NRF 2015a, par.4.3）。

① 企業の目標と戦略に影響を与える外部要因，および重要な虚偽表示のリスクを生じさせる可能性のある事業上のリスク

② 監査人が取引の種類，勘定残高，および期待される財務諸表の開示を理解するために，事業運営，所有と企業統治の構造，投資計画，組織構造および資金調達を含む企業の性質

③ 会計方針の変更理由を含む企業の会計方針の選択と適用

④ 企業の財務報告に関連する統制環境

⑤ 財務報告に関連する情報システム

⑥ 関連する統制活動，また，監査人は識別された統制活動に依存する計画がある場合，内部統制の設計を評価し，内部統制が実施されたかどうかを識別すること

（3）　重要な虚偽表示リスクの識別と評価

　監査人は，財務諸表レベルとアサーションレベルで重要な虚偽表示のリスクを識別し評価するために，以下を実施しなければならない（NRF 2015a, par.4.4.1）。

① 不正や誤謬にかかわらず，統制環境や情報システムを含む，企業と企業環境の理解を獲得するためのプロセス，また，取引の種類，勘定残高および財務諸表における開示に関する考慮を通じて，リスクを識別すること

② 識別されたリスクを評価し，また，これらのリスクが財務諸表全体に広く関連するか，または潜在的に多くのアサーションに影響を与えるかにつ

いて評価すること

③　識別されたリスクが，アサーションレベルでどのような虚偽表示になり得るのかを関連付け，監査人がテストを行う予定のあるリスクに関連する内部統制を考慮すること

④　複数の虚偽表示につながる可能性，また，潜在的な虚偽表示が重要な虚偽表示になるかどうかを含む，虚偽表示の発生可能性を検討すること

4　リスク評価における監査人の責任

監査人は，評価された重要な虚偽表示のリスクに対する適切な対応を通じて，十分かつ適切な監査証拠を入手しなければならない。リスク対応手続には，運用評価手続，実証手続がある。監査人は，識別し評価したリスクへの対応において，最も効率的な手続と考えられるリスク対応手続を立案し実施する際に，職業的専門家としての判断を用いなければならない（NRF 2015a, par.5.1）。

監査人は，アサーションレベルで評価された重要な虚偽表示のリスクに応じて，リスク対応手続の種類，時期および範囲を立案し実施しなければならない。リスク対応手続を立案するに当たって，監査人は以下を実施しなければならない（NRF 2015a, par.5.2）。

①　各取引の種類，勘定残高および開示について，アサーションレベルの重要な虚偽表示のリスクに対する評価の根拠を，以下の事項を含めて考慮すること

(ア)　関連する取引の種類，勘定残高または開示の特別な特徴に起因する重要な虚偽表示の発生可能性（固有リスク）

(イ)　リスク評価は関連する内部統制を考慮しているかどうか（統制リスク）。すなわち，監査人は，内部統制の運用状況が効率的であるかどうかを判断するための監査証拠を入手するように求められる（監査人が実証手続の種類，時期および範囲を決定する際に内部統制の有効性に依拠することを予定している場合）

②　リスクに対する監査人の評価が高ければ高いほど，より説得力のある監査証拠を入手すること

265

（1） 運用評価手続

　監査人は内部統制への依拠を予定する場合に，内部統制の有効性に関する十分かつ適切な監査証拠を入手するために，運用評価手続の立案と実施を行わなければならない。運用評価手続の立案と実施において，監査人は内部統制の有効性への依拠の程度が高ければ高いほど，より説得力のある監査証拠を得なければならない。運用評価手続を実施する際に，内部統制の種類，範囲と時期，および内部統制の運用上の有効性に関する評価を考慮すべきである（NRF 2015a, par.5.2.1）。

（2） 実証手続

　実証手続は，評価されたリスクへの対応において，アサーションレベルで十分かつ適切な監査証拠を獲得するために，立案され実施される手続である。監査人の判断に基づいて，取引，開示または勘定残高の詳細テスト，分析的実証手続またはこの両者によって，実証手続が行われる。実証手続はすべての重要な取引の種類，勘定残高および開示に対して実施されるべきである。実証手続は，以下のために行わなければならない（NRF 2015a, par.5.2.2）。

① 期首残高には当期の財務諸表に重要な影響を与える虚偽表示があるかどうかに関して，十分かつ適切な監査証拠を入手すること
② 経営者による内部統制の無視に関するリスクに対処すること
③ 企業が継続企業として事業を運営する能力に関する重大な疑義を生じさせるような事象または状況によるリスクに対処すること
④ 経営者判断の遡及的な検討，および前年度の財務諸表に反映された重要な会計上の見積に関連する推測
⑤ 財務諸表の決算手続

　分析的実証手続を立案し実施する時，監査人は以下を実施しなければならない（NRF 2015a, par.5.2.2.1）。

① 分析に利用される資料の信頼性を評価すること
② 記録された金額または比率に関する推定を行い，また，この推定が虚偽表示を識別するために十分かつ正確であるかどうかを判断すること

③ 記録された金額と推定された金額との差異に対して，要求される追加的な調査を行わず許容できる金額の差異を決定すること

④ 識別された許容可能なレベルを超えた差異に対して，この差異を調査し，また，状況によって，必要とする追加的な監査手続を実施する時に，職業的専門家としての判断を用いること

また，詳細テストを行う際に，監査人は職業的専門家としての判断を用いて，虚偽表示を識別し，監査リスクを許容可能なレベルまで抑えるために，手続の種類，時期および範囲を立案しなければならない（NRF 2015a, par.5.2.2.2）。

5 結論と報告

監査人は，財務諸表がすべての重要な点において適用される財務報告の枠組みに準拠して作成されているかどうかに関する意見を表明しなければならない。その意見を表明するために，監査人は，不正や誤謬にかかわらず，全体としての財務諸表に重要な虚偽表示がないかについて，合理的な保証を得たかどうかに関する結論を得なければならない（NRF 2015a, par.6.5）。監査人は，財務諸表がすべての重要な点において適用される財務報告の枠組みに準拠して作成されていると結論した場合，無限定意見を表明しなければならない（NRF 2015a, par.6.6）。

Ⅳ 北欧の小企業監査の特徴

1 職業的専門職としての判断への依存

SASEは，原則主義に基づいて作成されたため，監査業務を行う際に，監査人の職業的専門家としての判断に依存する程度が高いと見られている。SASEにおいて，職業的専門家としての判断への依存をより大きく強調するところは以下のように例示されている（NRF 2015b, p.6）。

① 実地棚卸の立会

SASEでは，実地棚卸の立会が強制されない。これは，識別されたリスクへの対応において，どの手続が最も効果的かつ効率的であるかを判断するための監査人の専門的判断に依存する。実地棚卸の立会を実施する可能性もあるが，これは，要求されることではなく，監査人の判断によるものである。

② 経営者確認書

経営者確認書を常に要請することなく，SASEは，特定の問題を確認し，また，財務諸表あるいは財務諸表における1つまたは1つ以上の特定のアサーションに関連するその他の監査証拠を支持するために，監査人に経営者確認書を獲得する必要性を評価するように求める。

③ 収益認識

収益認識は監査において必ずしもリスクとはならないため，リスクの推定を行う代わりに，監査人は，リスク評価の一部として，収益認識に関連する不正の存在を評価する。

2 実証手続を中心とするリスク対応手続の実施

小企業向け監査基準の整合性およびその特徴の一部として，ほとんどの場合では，内部統制があまり正式なものではないため，内部統制に依存することができない。このため，SASEは，実証手続が多くの場合において，識別されたリスクに関する監査人の対応として適用されることを前提で作成されている。一方，運用評価手続が制限されていない。運用評価手続または実証手続を行うかどうか，あるいは両者とも適用するかについての決定は，リスク評価および企業に対する理解に基づいて，監査人の職業的専門家としての判断によって行われる。監査は，識別されたリスクが許容可能なレベルまで低減したことを保証するために立案，計画かつ実施される（NRF 2015b, p.8）。

上述のように，SASE基準は，特に小企業の財務諸表の監査に合わせたものとして，監査人の職業的専門家としての判断に対する依存が高く，実証手続を中心とするリスク対応手続の実施が求められる。また，その内容は，ISAsと比べてかなり少ないことがわかった。その一方，NRFは，SASEが合理的保証を提供することを目的とする監査基準であり，SASEに準拠して監査業務を行うことによって，監査人は，ISAsと同じ保証レベルを得ることができると述べ

ている。

　しかし，国際監督・保証基準審議会（IAASB）のSASEに対するコメントに
おいては，SASEがISAsとはかなりの差異が存在しているため，SASEに準拠
して行われる監査の品質はISAsとは大幅に異なる可能性があると指摘している。
特にリスク評価や実証手続においては，SASEが職業的専門家の判断およびそ
の他の監査人の考慮事項に大きく依存しているため，業務実施者が最も重要な
虚偽表示のリスクを理解しない限り，実施された手続はこれらのリスクに対応
できない可能性がある。SASEは，経験豊富な実施者によって利用されること
を意図するとしても，実際には，SASEはすべての資格のある実施者に利用可
能であるため，IAASBは，経験の少ない実施者がSASEに準拠して監査を実施
する際に，実務指針のようなものがないと，監査品質が低下するおそれがある
と指摘している（IAASB 2015, pp.1-2）。

　IAASBだけではなく，イングランド・ウェールズ勅許会計士協会（ICAEW）
のSASEに対するコメントにおいても，SASEに準拠して実施される監査の品
質は，SASE基準だけではなく，当該基準を適用する実施者の経験，判断およ
び周囲の規制基盤の品質を前提としていることを指摘している（ICAEW 2015,
p.4）。

　SASEの今後の適用はどのようになるのかはまだわからないが，本章は中小
企業の財務諸表に対する信頼性保証の１つのあり方として，SASEを取り上げ，
その内容と特徴を解明しようとしたものである。

[注]

⑴　SASEが公表される背景は，以下のホームページから引用された。
　https://www.revisorforeningen.no/fag/nyheter/Nordic_standard/（アクセス日：2016年７月１日）
⑵　SASEの適用範囲は，以下のホームページから引用された。
　https://www.revisorforeningen.no/fag/nyheter/Nordic_standard/（アクセス日：2016年７月１日）
　　なお，EU会計指令によれば，中企業，小企業および極小企業は，以下の表に示したように，従業
員数，売上高，資産総額という３つの基準値のうち２つの基準値を超えないものをいう（NRF
2015b, p.4）。

規模	従業員数(人)	売上高(百万)	資産総額(百万)
中企業	＜250	≦€50	≦€43
小企業	＜50	≦€10	≦€10
極小企業	＜10	≦€ 2	≦€ 2

参考文献

弥永真生（2011）「商事法における会計基準の受容（15）スウェーデン」『筑波ロー・ジャーナル』第10号, 101-141頁。

弥永真生（2013a）「建設業と中小企業の会計」『青山経営論集』第48巻第2号, 148-160頁。

弥永真生（2013b）『会計基準と法』中央経済社。

弥永真生（2014）「中小会社の計算書類の信頼性の確保―デンマーク―」『會計』第186巻第2号, 1-12頁。

弥永真生（2015）「中小会社の計算書類の信頼性の確保―EUと南アフリカ」『筑波ロー・ジャーナル』第18号, 83-110頁。

IAASB（2015）*IAASB Comments on Nordic Federation of Public Accountants' Proposed Standards on Audits of Small Entities*, Comment Letters.

ICAEW（2015）*Nordic Standard for Audits of Small Entities*, ICAEW Representation.

NRF（2015a）Nordic Standard for Audits of Small Entities（June 2015-Consultation）.

NRF（2015b）*Public Consultation Standard for audits of small entities*, Issued by the Nordic Accounting Institutes.

（朱愷雯）

第17章

カナダ小企業の財務諸表に対する監査の基礎理論

Ⅰ　本章の目的と背景

　本章は，カナダが公表した『小企業監査』（Audit of a Small Entity, Trites 2006）を取りあげその内容を解明することによって，小企業監査の特徴を明らかにすることを目的としている。

1　カナダの監査制度

　カナダにおいて，『カナダ勅許会計士協会（CICA）[1]ハンドブック―保証』のセクションの「保証及び関連サービスの勧告書の序論」は，監査人は財務諸表の監査を行う際に，一般に認められた監査基準（GAAS）に準拠しなければならないことを指摘している。また，『CICAハンドブック―保証』におけるその他の監査勧告書においても，GAASは，営利企業と非営利企業を含めて，すべての企業に適用されることが明確に示されている。しかし，小企業に対して，『CICAハンドブック』に準拠して監査を行うことは困難であることが指摘されている（Trites 2006, Foreword）。困難となる理由には，小企業のための適用指針の欠如や，監査基準が主として，大企業を対象として作成され，小企業の特徴を考慮していないなどがある（Trites 2006, pars.1.1–1.2[2]）。

　このような状況に鑑み，CICAは，小企業監査に関する課題および発生し得る問題を検討し，効果的かつ効率的な監査の実施方法に関する実務指針を提供することを目的として，1988年2月に，監査技術研究『小会社の監査』（Audit of a Small Business, Trites 1988）を初めて公表した。そこでは，実証テストのアプローチが基礎となり，統制環境に対する理解は求められていなかった（Trites 2006, Foreword）。

　1992年3月に，監査基準審議会（Auditing Assurance Standards Board：

AuSB）はハンドブックのセクション5200から5220「監査における内部統制」を公表し，小企業の監査にかかる監査人も含めて，監査人に監査を受ける企業の統制環境に関する理解を得るように要求することとなった。それに応じて，『小会社の監査』に対する改訂が必要とされ，1994年に第2版（Trites 1994）が公表された（Trites 2006, Foreword）。

　さらに，監査・保証基準審議会（AASB）は，特に不正行為，監査リスク，企業に対する理解，内部統制および品質管理に関するいくつかの主要な新基準および改訂基準[3]を公表し，また，地方機関は独立した新たなルールを公表した。このように，監査計画および監査の実施における変更，また，これらの変更が小企業の監査にどのように影響するかについての重要な問題を引き起こした。AASB は，適用指針のための新たな基準の必要性を認識しているが，2006年の第3版『小企業の監査』の公表は，その問題を改善する成果の一部である。『小企業の監査』の目的は，初版と同じであり，小企業監査に関する問題を検討し，効果的かつ効率的な監査の実施方法に関する実務指針を提供することである（Trites 2006, Foreword）。

▎2　小企業の特徴と監査可能性

　カナダでは，中小企業の画一的な定義はなく，各企業・団体等より定められている[4]。『小企業の監査』は，ドルを基礎として小企業を定義するのは困難であると主張し，小企業の定義を企業規模または売上高に基づいて規定せず，小企業の特徴によって規定することが最も適切であるとしている。したがって，『小企業の監査』は，小企業の定義，すなわち，小企業の特徴を以下のように述べている（Trites 2006, pars.1.8–1.10）。しかし，企業は以下の特徴の一部のみしか満たさなくても，小企業としてみなす場合もある。（Trites 2006, par.1.11）。

① 　意思決定権限の集中

② 　複雑でない事業活動

③ 　公式のシステムと承認手続の欠如

④ 　限られた職務分掌

⑤ 　経営者が内部統制方針および手続を無視する可能性

⑥ 　従業員の会計および財務報告に関する限定的な知識

伝統的には，小企業の監査は債権者および将来の投資者のために行われる。株主は現在の投資者として，所有と経営を分離することなく，企業の日常の経営活動に精通しているため，彼らに対して監査は必要なものではない。銀行などの長期債権者は，小企業の財務諸表の最も重要な利用者であるが，以前から彼らは継続的クライアントに対して監査を要求せず，公認会計士によるレビュー契約に依存するようになっている。小企業が新たな投資者または債権者を求める場合，また，企業規模が拡大し事業活動が複雑になったことを理由として銀行が監査済み財務諸表の提供を要求する場合に，小企業は監査を受ける必要がある。債権者および将来の債権者以外に，小企業の監査済み財務諸表の主要な利用者は所有者である。所有経営者が監査済み財務諸表を利用する目的は，どのように企業を経営するのかを決定することではなく，企業業務およびその他の非公式の業績指標を理解することである。それに対して，企業の管理に積極的に参与していない所有者は，監査済み財務諸表を要求する可能性もある（Trites 2006, par.1.29）。

小企業監査への上記の要請に対して，小企業監査の実施が不可能という見解がある。その理由は以下のように述べられている（Trites 2006, par.1.34）。
① 会計記録は不適切であり，記録された取引は原始書類に基づいて作成されていない，また，原始書類は記録されていないこと
② 内部統制が存在しないこと
③ 健全な取引慣行を無視すること
④ マネジメントの誠実性が問題になること

しかし，これらの問題はどのような企業にも存在する可能性があるため，必ずしも小企業のみを監査不可能にするものではないが，小企業における公式のシステムと承認手続の欠如，および限られた職務分掌が，監査人が小企業監査を行う際に以下の問題をもたらす可能性がある（Trites 2006, par.1.36）。
① アサーション（経営者の主張ないし意思表示）の網羅性の判断に関する監査保証の獲得の困難性
② マネジメントが内部統制および手続を無視するリスク

図表17-1　小企業の監査プロセス

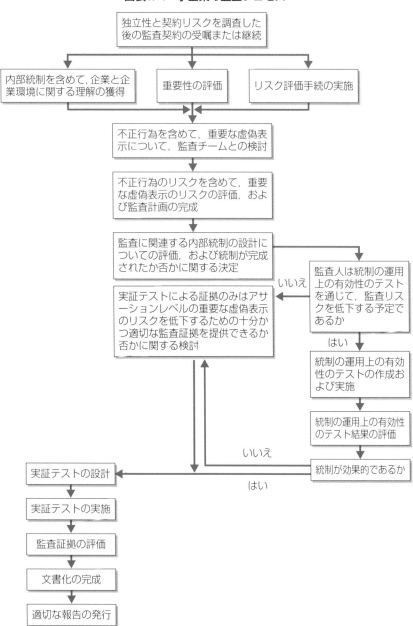

出所：Trites（2006）Illustration of Audit Process.

上述のように，小企業の多くの特徴として，監査を不可能にする問題は，大企業よりも小企業においてその発生の可能性が高いといえるが，監査基準の適用を通じて，これらの問題が効果的に解決され得るため，決して小企業において監査の実施が不可能とはいえない（Trites 2006, pars.1.44–1.45）。

以下では，『小企業の監査』の内容にしたがって，カナダにおける小企業監査の特徴を明らかにしたい。なお，小企業の監査プロセスの全体像が**図表17-1**のように示されている。

Ⅱ　企業に対する理解および監査計画

『CICAハンドブック―保証』によれば，監査人は全般的な監査戦略および監査計画を展開するように要求している。これは，監査人の監査範囲，時期および監査アプローチに関する戦略的な監査の意思決定，および監査戦略に関する詳細な業務計画を展開することの重要性を示している。監査計画は，監査リスク評価手続，監査リスク対応手続およびその他の『CICAハンドブック―保証』において要求される手続の性質，時期および範囲を表すものである（Trites 2006, par.3.2）。監査計画に当たって，監査人は，クライアントの事業活動，戦略および業界における立場についての理解を得なければならない（Trites 2006, pars.3.5）。

監査人は，企業に対する理解を獲得するとともに，適切な監査戦略を展開しなければならない。監査戦略に関する2つの基本的な種類は以下のように示されている（Trites 2006, par.3.29）。

① 統制の運用上の有効性（operating effectiveness of controls）に関する期待に基づいた監査戦略（実証テストと統制の運用上の有効性のテスト（以下，「統制テスト」という）を併用する結合アプローチ（combined approach）が用いられる）

② 統制の運用上の有効性に関する期待に基づかない監査戦略（実証テストが用いられる）

小企業の監査においては，監査人は，小企業の統制が一定の水準で効果的であると判断できたとしても，効率性またはその他の適切な理由に基づいて，実証テストのみを行うことで十分な証拠を入手することができるのであれば，統制テストを実施することなく実証テストに依存することができる（Trites 2006, par.3.32）。

Ⅲ　リスク評価および重要性の判断

1　リスクの種類

　『小企業の監査』では，リスクの種類について，契約リスクと監査リスクに分けられている。すべての監査はある程度のリスクを有するため，監査人の評判は訴訟や悪評によって毀損する可能性がある。このリスクは，契約リスクと呼ばれる（Trites 2006, par.4.1）。小企業の契約リスクは，しばしば大企業より低い（Trites 2006, par.4.3）が，条件によって大企業より高くなる場合もある。以下の**図表17-2**は，小企業の契約リスクが低くなる場合と高くなる場合をそれぞれ示すものである。

図表17-2　契約リスクに影響を与える要因

契約リスクが低くなる場合	契約リスクが高くなる場合
①　財務諸表の発行部数が限られている場合 ②　財務諸表の利害関係者は企業の１人または少数の所有者，メンバーならびに少数の債権者に限られている場合 ③　財務健全度および収益性が高い場合 ④　金額の絶対値が小さい場合 ⑤　企業は信託勘定のような公的資金を取り扱っていない場合 ⑥　マネジメントの誠実性が高い場合	①　不在所有者がいる場合 ②　マネジメントの誠実性が低い場合 ③　企業が売却または上場する可能性がある場合 ④　知名度の高い非営利組織である場合 ⑤　財務健全度および収益性が不足である場合 ⑥　予見可能な将来に重要な財務的再建の計画がある場合 ⑦　高いレバレッジにある場合 ⑧　最低限の運転資金の維持ができないために，融資契約上の技術的な返済不能に陥る場合（またはそれに近い場合） ⑨　環境問題が暴露される場合

出典：Trites（2006）pars.4.3-4.4によって作成したものである。

上記のいくつかの要因において，マネジメントの誠実性に関する評価が強調されている（Trites 2006, par.4.6）。その理由は，一部の小企業では，マネジメントは日々の事業活動に巻き込まれるため，企業のマネジメント以外の人に引き起される不正行為がほとんど存在しないからである（Trites 2006, par.4.8）。

　これに対して，『CICAハンドブック』は，監査リスクについて，「財務諸表に重要な虚偽表示が存在する場合に，監査人が不適切な監査意見を表明するリスクである」と定義している（Trites 2006, par.4.9）。小企業において，監査リスクは，主にマネジメントの誠実性や統制に対する態度とともに，財務諸表における虚偽表示を動機付ける要因として以下のものがある（Trites 2006, pars.4.12–4.13）。

① 収益を減らすことによって，税金を最小限にする欲求
② 私的費用を企業の負担とする意向
③ マネジメントの個人的な蓄財に対する強要
④ 有利な経営成績または財政状態の改善に対する外部の圧力
⑤ 財務上の義務の履行の困難性
⑥ マネジメントのリスクテイクの傾向
⑦ 資金調達が拒否され，または返済しなければならない可能性

　また，不在所有者がいる場合に，従業員経営者（employee/manager）に財務諸表の虚偽表示を動機付ける要因として，以下のものが含まれる（Trites 2006, par.4.14）。

① 不適切な報酬（または不適切と理解される報酬）
② マネジメントまたは従業員の賞与制度が業績に連動していること

2　監査リスクレベルおよび監査リスクモデル

　『CICAハンドブック―保証』によれば，「監査人は監査目的に関連する監査リスクを許容可能なレベルまで低減するために，監査を計画し実施する必要がある。」（Trites 2006, par.4.16）。ここでいわれる監査リスクのレベルは，専門的な判断によって決定される。リスクレベルを低いレベル（3％）で設定する強力な理由を提供する場合を除いて，通常，監査アプローチは，許容可能なリ

スクレベルを 5 ％以下に設定する（Trites 2006, par.4.17）。

監査リスクは，固有リスク，統制リスクおよび発見リスクから構成される。監査リスクモデルは，大企業と小企業とは区別していない（Trites 2006, par.4.19）。小企業の監査における固有リスクの評価は特に重要である。その理由は，小企業の内部統制が常に制約されているため，統制リスクが「高い」と評価され，固有リスクがリスク等式において発見リスクに影響を与える唯一の変数になっているからである。このように，監査人の固有リスクに対する評価は，直接に実証テストの性質，時期および範囲に影響を与える（Trites 2006, par.4.32）。

3 重要性

監査リスクとともに，重要性は監査手続の性質，時期および範囲を評価する際に重要な決定要素となる（Trites 2006, par.5.2）。効率的な実証テストを作成するために，重要性の決定は監査計画の初期段階で要求される。監査人が小企業の監査における重要性の基準値を決定する際に以下の要素を検討すべきである（Trites 2006, par.5.11）。

① 営利企業の重要性レベルは，多くの場合には調整後の税引後利益の割合によって計算される。

② 特定の状況において，調整後の税引後利益が重要性に対する適切な基準にならない場合，恐らく企業が損益分岐点，もしくは損益分岐点の近くで営業する場合に，監査人は代替的基準を決定しなければならない。通常，最も適切な代替的基準は売上高または総収益である。

Ⅳ 内部統制

1 内部統制の構成要素

『CICAハンドブック』は，内部統制について，「監査人は，特に，不正行為または誤謬から生じる財務諸表における重要な虚偽表示のリスクを識別し評価するために，また，追加的監査手続を設計し実施するために，内部統制を含め，

図表17-3 内部統制の構成要素

構成要素	内　容
統制環境	統制手続の有効性は，直接に統制環境によって決定される。特に小企業の監査に関連し，統制環境に影響を与える要因は，企業の組織構造，従業員の能力及びマネジメントの統制意識の3つがある（Trites 2006, pars.6.7-6.8）。
企業の リスク評価 プロセス	企業のリスク評価プロセスとは，財務報告目的に関連する事業上のリスクを識別し，これらのリスクに対応する方法を決定し，その結果を記録するプロセスをいう。小企業においては，その流れに沿って行われる正式のプロセスは存在しないこともある。『CICAハンドブック─保証』は，マネジメントがリスクをどのように識別し対応するか，また，その検討の結果をどのように記録するかについて，マネジメントとの検討が十分であることを提案している（Trites 2006, par.6.20）。
財務報告に 関連する情 報システム	財務報告に関連する情報システムは，取引の開始，記録，処理および報告を行うために作成された手続および記録である。有効な実証テストを作成するために，監査人は書類と記録の実在性および使用可能性に関する認識を獲得し，また，これらの記録が財務諸表の勘定との関係を理解しなければならない（Trites 2006, par.6.21）。
統制活動	統制活動は，マネジメントの指示が実行されることの保証を提供するのに役立つ方針および手続である。監査人は，すべての統制活動，さらに，重要な領域で行われるすべての統制活動を理解する必要はないが，重要な虚偽表示が発生する最もリスクの高い領域における統制活動を理解しなければならない。統制活動に関する理解を獲得する目的は，統制が効果的である場合，統制テストの設計に役立つことである（Trites 2006, par.6.22）。
監視活動	監視活動は，統制の運用状況，また，小企業の場合には，マネジメントの行動を含む是正処置を監視するために行われるプロセスである（Trites 2006, par.6.24）。

企業及び企業環境に関する理解を十分に得なければならない。」と規定し，すべての監査が行われる際に内部統制に関して理解することを要請している（Trites 2006, par.6.1）。

『CICAハンドブック』において，内部統制は，**図表17-3**に示したように，統制環境，企業のリスク評価プロセス，財務報告に関連する情報システム，統制活動，および監視活動（monitoring of controls）の5つの主要な要素から構成される。

小企業が大企業より，公式的でないアプローチを適用し内部統制を行う傾向があり，また，小企業にはこれらの構成要素を識別することは困難である。こ

図表17-4　内部統制の構成要素

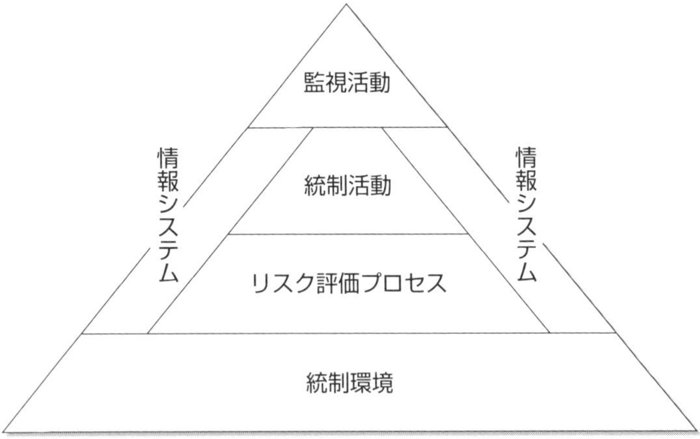

監視活動

情報システム

統制活動

リスク評価プロセス

情報システム

統制環境

出所：鳥羽・八田・高田（1996）p.25の「図1　内部統制の構成要素」を一部修正したものである。

のような状況にもかかわらず，『小企業の監査』は監査人に内部統制に関する理解を獲得し，内部統制の構成要素を識別することを要求している。（Trites 2006, par.6.4）。なお，トレッドウエイ委員会支援組織委員会（COSO）に公表された「内部統制の統合的枠組み」によれば，この5つの構成要素の関係を**図表17-4**のように理解することができる[5]。

2　統制テスト

前述したように，小企業監査では，実証テストのみを採用することが多い。その理由は，以下のように述べられている（Trites 2006, par.6.31）。

① 企業が繁忙時期または休暇時期に，従業員が少数であるため，内部統制が機能しない可能性が高まること

② 監査を受ける期間に，マネジメントが内部統制を無視するリスクは内部統制の信頼性を制限すること

③ 内部統制におけるマネジメント関与の有効性に関する評価は困難であること

④ 小企業のマネジメントに統制テストを実施することは常に困難であること

これらの理由に基づいて，実証テストは通常，小企業の監査人に大部分のアサーションに関する十分かつ適切な監査証拠を提供することについて，結合アプローチより効率的である（Trites 2006, par.6.32）。

しかし，特定の状況において，統制テストは効率的かつ効果的である場合もある。統制テストを行うかどうかに関する決定は，アサーションレベルで行われる。計画段階で得られた内部統制の理解は，統制がアサーションレベルで効果的であることを示した場合に，監査人は重要な虚偽表示のリスクを許容可能なレベルまで低減するために，これらの統制を利用すれば，特定のアサーションに対して統制テストを行わなければならない。また，特定のアサーションに対して，実証テストのみは十分ではない場合に，統制テストが必要となることもある（Trites 2006, par.6.26）。

V　監査証拠と文書化

1　監査証拠の主要な源泉

監査人は，財務諸表における特定のアサーションに対して，十分かつ適切な監査証拠を獲得するために，実証アプローチ（実証テストのみが用いられる）と結合アプローチを選択することがある（Trites 2006, par.8.3）。

小企業監査では，一般に実証アプローチを主要なアプローチとして採用されるため，監査証拠は次の方法によって収集される（Trites 2006, par.8.7）。

① 貸借対照表と損益計算書の勘定残高テスト
② 分析的手続
③ 取引の詳細性テスト

これらの監査証拠の主要な源泉をランク付けるものは**図表17-5**に示されている。**図表17-5**から明らかなように，小企業の監査では，勘定残高テストが最も重要な源泉とされている（Trites 2006, par.8.20）。

図表17-5　監査証拠の源泉のランキング

源泉	理由と解釈
勘定残高テスト（貸借対照表と損益計算書）	① 母集団が少ないため，最小時間で手続を実施できる。 ② 関連する貸借対照表項目と損益計算書項目のアサーション（網羅性を除く）についての保証も提供できる。 ③ 監査作業を年度末に集中させることに役立つ。 ④ 最善の証拠（外部確認書）を獲得することを容易にする。
分析的手続	① データは結果を予測できる限り，非常に効率的になる。 ② 小企業の場合，単純な関係は分析手続を有効にすることがある。 ③ 一般的に，利益項目に適用される。
取引の詳細性テスト	① 取引が多ければ多いほど必要とする時間が多くなる。 ② 統制レベルが低く，勘定残高が少ないから，取引の実証テストが監査保証を獲得する唯一の方法である場合のみ適用される。

出所：Trites（2006）par.8.20

2　網羅性と監査証拠

　限定される内部統制のため，小企業の監査では，網羅性に関する証拠を獲得することは，かなり困難な課題である。そのため，小企業の監査では網羅性について，監査報告書で意見差控を表明すべきであるという見解がある（Trites 2006, par.8.35）。しかし，網羅性に関する監査証拠を収集するために，いくつかの監査手続を利用することができる。これらの方法は，統制テストを用いる結合アプローチ，確認方法，取引のテスト，その他の監査手続がある（Trites 2006, pars.8.35–8.40）。また，直接的に網羅性を監査する方法ではないが，会計システムがすべての取引を適切に把握するという監査人の信頼性を高める手続として，分析的手続および立会いと質問の方法がある（Trites 2006, pars.8.41–8.46）。

3　文書化

　監査業務の証拠となるのは文書であるため，文書化の重要性はいうまでもない。監査人が直面する問題は，過度の文書化を回避することである（Trites 2006, par.9.2）。『小企業の監査』では，小企業の監査は少なくとも，信頼性と独立性，監査計画，企業の内部統制を含む企業の環境および企業活動に関する理解，リスク評価およびその他監査手続から収集した証拠の記録，レビューと

指導の証明，議論と結論の記録の6つの領域で文書化する必要があることを規定している（Trites 2006, par.9.4）。

Ⅵ　カナダ小企業監査の特徴

　本章は，カナダに公表された『小企業の監査』を取り上げ，カナダの小企業監査の基礎理論に関して検討してきた。その監査指針の特徴を以下のように要約することができる。

① 　小企業の公式システムと承認手続の欠如や，限られた職務分掌等の特徴が，監査人に監査を行う際に一定の問題を引き起こす可能性があるが，必ずしも小企業の監査を不可能にするものではない。

② 　小企業監査において，効率性またはその他の理由に基づいて，監査人は，実証テストのみを行うことで十分な証拠を入手することができれば，統制テストを実施することなく実証テストに依存することができる。

③ 　小企業監査には，リスクの種類について，契約リスクと監査リスクの2つに分けられている。マネジメントの誠実性が契約リスクに関する評価の1つの要因として強調されている。

④ 　小企業の内部統制が常に制約されているため，統制リスクを「高い」と評価する必要があり，固有リスクがリスク等式において発見リスクに影響を与える唯一の変数になり，直接的に実証テストの性質，時期および範囲に影響を与える。

⑤ 　小企業が大企業より，公式的でないアプローチを適用し内部統制を行う傾向があるが，小企業の監査には，内部統制に関する理解，および内部統制の構成要素に関する識別を要求している。

⑥ 　小企業の監査では，監査証拠の源泉として，勘定残高テストが最も重要なものである。

[注]

(1) カナダ勅許会計士協会（CICA）は2013年1月にカナダ管理会計士協会（Society of Management Accountants of Canada: CMA Canada）と合併し，カナダ勅許職業会計士協会（Chartered Professional Accountants of Canada: CPA Canada）が設立された。また，CPA Canadaは，2013年10月にカナダ公認一般会計士協会（Certified General Accountants of Canada: CGA-Canada）と合併に関する検討を行い，2014年10月1日にその統合が完了した。CPA Canadaは，その会員が19万人を超えている（CPA Canadaについての説明は，ホームページから引用された。URLは次を参照されたい。https://cpacanada.ca/en/the-cpa-profession/uniting-the-canadian-accounting-profession/unification-status）。したがって，現在，CICAという組織は存在しないことになるが，本章では表記は当時のままとなっている。なお，『CICAハンドブック』は，『CPA Canadaハンドブック』となっている。

(2) Trites（2006）では，パラグラフ番号は，章ごとに1から始まっている。本章では，Trites2006の第1章の第1パラグラフを1.1と表記している。したがって，par.2.1は，第2章の第1パラグラフを意味する。

(3) 小企業の監査に特に影響を与える新基準および改訂基準としては，2005年に公表された監査リスクに関する改訂基準，2004年に『CICAハンドブック—保証・セクション5135』として公表された「不正行為の検討に関する監査人の責任」，および品質管理に関する新基準である「企業経営の保証業務のための品質管理に関する一般的基準」，『CICAハンドブック—保証・セクション5150』「計画」および5370「経営者の陳述」における小企業に対する改訂基準がある（Trites 2006, par.1.3）。また，カナダの会計制度については，先行研究として向（1998）において詳細に紹介されている。中小企業の監査制度のあり方やその効果については，ホートン・フロンスキー・浦崎（1999）や神森（2013）において論じられているので併せて参照されたい。

(4) たとえば，産業省では従業員数を基準として，小企業を従業員100人未満，中企業を従業員100以上500未満と定義している。また，カナダ銀行協会は，融資の承認額が25万カナダドル未満の企業を小企業と定義し，輸出開発機構は，100万カナダドル以下の企業を小企業としている（中小企業庁事業環境部財務課 2010, p.19）。

(5) 「内部統制の統合的枠組み」によると，統制環境は，人々が自己の活動を実施し，自己の統制責任を遂行する環境を提供するものである。それは，内部統制の他の構成要素の基礎として機能するものである。統制環境の中で，経営者は，特定の統制目的の達成に伴うリスクを評価する。統制活動は，かかるリスクへの対応を求めた経営者の命令が実行されていることを保証するために実施される。一方，目的適合的な情報が捕捉され，組織全体を通じて伝達される。以上の全プロセスは監視され，状況に応じて変更される（鳥羽・八田・高田 1996, p.25）。『小企業の監査』には，内部統制の各構成要素の関係が明確に示されていないが，統制環境の基礎としての地位を明らかにしている。また，各構成要素の定義からみると，『小企業の監査』に示される内部統制の構成要素の関係は，「内部統制の統合的枠組み」に示される関係とは同じであると思われる。

参考文献

石田三郎・林隆敏・岸牧人編著（2011）『監査論の基礎（第3版）』東京経済情報出版。

浦崎直浩（2000）『オーストラリアの会計制度に関する研究』近畿大学商経学会。

神森智（2013）「中小企業会計と中小企業会計監査—その史的考察のうえに—」『松山大学創立90周年記念論文集』463-488頁。

河﨑照行（2000）「第Ⅱ部 各国における中小会社の『計算公開』と『監査』の制度と実践 第2編 カナダ」武田隆二編著『中小会社の計算公開と監査—各国制度と実践手法』清文社，170-264頁。

河﨑照行（2013）「『中小企業の会計』と計算書類の信頼性保証」『税経通信』第68巻第1号，35-41頁。

キース・ホートン，ジェーン・フロンスキー，浦崎直浩（1999）「外部監査の需要—日本の中小会社監査市場に対する含意」『商経学叢』第45巻第3号，19-31頁。

古賀智敏（1990）『情報監査論』同文舘出版。

中小企業庁事業環境部財務課（2010）「諸外国における会計制度の概要」。

鳥羽至英・八田進二・高田敏文共訳（1996）『内部統制の統合的枠組み 理論篇』白桃書房。

向伊知郎（1998）『カナダ会計制度研究—イギリスおよびアメリカの影響—』税務経理協会。

Trites, G.（1994）*Audit of a Small Business*, An Audit Technique Study, Canadian Institute of Chartered Accountants.

Trites, G.（2006）*Audit of a Small Entity*, An Audit Technique Study, Canadian Institute of Chartered Accountants.

（朱愷雯）

終章

研究の総括

　本書は，日本監査研究学会課題別研究部会「特別目的の財務諸表の保証業務に関する研究」の最終報告書を編集し出版したものである。本研究部会は，2014（平成26）年9月から2016（平成28）年8月までの2年間にわたり8名の研究者の共同研究として実施された。本書の目的は，会計基準の複線化（企業会計基準，米国基準，国際財務報告基準，修正国際基準）や「中小企業の会計に関する指針」（中小指針）・「中小企業の会計に関する基本要領」（中小会計要領）など目的・特徴を異にする会計慣行の多様化が進行する中で，金融資本市場における企業開示制度の最適設計（古賀 2011）という観点から，不特定多数の現在および潜在的な株主・債権者を想定した一般目的の財務報告とは異なる特別目的の財務報告の制度設計とその会計監査実務の有効性を検証することにあった。かかる研究の目的に関連して，本部会で設定している研究の課題は大きく次の4点にあった。①から③の研究課題の成果については，最終報告書の該当する部および章を参照されたい。

①　日本における特別目的の財務報告に対する監査制度の特徴を明らかにすること（第1部を参照されたい）。

②　アメリカを中心とした主要諸外国における当該制度の現状を調査し，特別目的の財務報告の枠組みを明らかにすること（第2部，第3部を参照されたい）。

③　ローカルな経済環境下での特別目的の財務諸表に対する保証業務の効果を実証的に究明すること（第1部を参照されたい）。

④　企業規模・資金調達・事業内容等の企業属性に合わせた段階的かつ重層的な会計監査制度を構築する意義とその会計実務および保証業務の実行可能性を検討すること。

　本研究は，日本をはじめ諸外国で観察される会計監査制度の改廃の底流には何が存在しているのかを理論的かつ実証的に探求するものであり，その学術的

成果を将来の制度設計に活かそうとするものである。会計実務における中小企業向け会計基準および中小企業の監査制度の有効性に関する学術的検証は日本においては緒に就いた研究領域であり，主要諸外国の当該制度の国際比較を通じた本研究の成果は，日本の既存の中小企業向け会計の基準および監査制度の妥当性の検証に役立つことが期待される。

　また，これまで等閑視されてきた特別目的の財務報告という観点から，企業規模・資金調達・事業内容等の企業属性に合わせた段階的かつ重層的な会計監査制度を構築する試みは，日本においては特色ある視点であり，不特定多数の現在および潜在的な投資家向けの一般目的財務報告を補完する財務報告モデルを導出することが期待される。終章では，各章の概要を再録することは避けて，上記の研究課題④を中心に検討することで，本書の総括とするものである。

　すでに指摘したように，特別の利用目的に適合した会計の基準に基づいた非公開会社の会計実務は，その存在が広く認められていたにもかかわらず，その実務実態の解明がこれまで不十分であったことが本書の動機となっている。その事実関係を前提として，本書を着想するに至った学術的背景は次の3点にあった。

① 　単一セットのグローバルに統一された国際財務報告基準（IFRS）の会計実務への適用には限界があり，上場大企業向けの会計基準と非公開の中小企業向けの会計基準の二分化ないし複線化の現象が日本のみならず主要諸外国においても観察されること（国際会計研究学会 2011, 日本会計研究学会 2012）。

② 　非公開の中小企業向けの会計基準の策定がアメリカにおいても進められており，その他の包括的会計基準と呼称される従来の会計実務に一定の権威付けを行い，さらに信頼性の保証（監査）を含めた中小企業に対する会計監査制度の整備がなされていること（浦崎 2013）。

③ 　日本においては中小指針および中小会計要領が公表されているが，会計実務における当該制度の有効性に関する学術的な検証はこれからであり，また改訂監査基準（2014）により特別目的の財務諸表に対する監査基準は公表されているが中小企業に固有の保証業務が十分に整備されていない部分があり（日本公認会計士協会 2013），特別目的の財務諸表の制度とその

保証業務の有効性に関する学術的な検証が喫緊の課題であること。

　繰り返すまでもなく，企業会計は企業の経済活動を適時かつ正確に記録し企業の経営管理に貢献することに本来の機能があり，企業の成長発展に即した経営者のニーズ（資金調達の方法等）に適った会計基準が会計実務において受容されるものである。かかる観点から規模別事業組織の会計監査制度の可能性について整理したものが**図表終-1**である。**図表終-1**では，事業主体の種別として，小規模個人事業者，小会社，中会社，大会社に区分している。それらの事業主体が採用する会計の基準等として，小規模個人事業者は所得税法基準，小会社は中小会計要領，中会社は中小指針，大会社は企業会計基準等を採用することが示されている。もちろん，小会社であっても中小指針を採用することが考えられるが，ここではそれぞれの事業主体がモデルとして採用する会計の基準等であることを意味している。財務報告の目的については，大会社のみが一般目的の財務報告を行うのに対して，それ以外の事業主体は銀行等からの資金借入

図表終-1　規模別事業組織の会計監査制度の可能性

事業主体の種別	小規模個人事業者	株式会社		
		小会社*	中会社*	大会社
会計の基準等	税法基準	中小会計要領	中小指針	企業会計基準 米国基準 国際財務報告基準 修正国際基準
財務報告の目的	特別目的			一般目的
会計思考	軽視 ⟸ ───── 経済的実質主義 ───── ⟹ 重視			
利益の質	ハード ⟸ ───────────────── ⟹ ソフト			
間接金融依存度	大 ⟸ ───────────────── ⟹ 小			
保証関連業務	プレパレーション	コンピレーション	レビュー	監査

注：会社法上は中小会社の規模別区分はないが，ここでは相対的な比較として小会社と中会社を区分している。仮に規模基準を当てはめるとすれば，旧「株式会社の監査等に関する商法の特例に関する法律」の規定を準用して小会社は負債総額200億円未満かつ資本金1億円以下で，中会社は負債総額200億円未満で資本金1億円超5億円未満という基準が参考となる。現行会社法によれば，大会社は，資本金5億円以上または負債200億円以上の会社ということになる。

出所：朱（2015）28–40頁。同論文の「図5 規模別による類型的保証モデル」を参考に，筆者の視点に基づいて幾つかの要素を追加し作成したものである。

のために特別目的の財務報告を行う関係にあることを示している。会計の基準
等に内在する会計思考を経済的実質主義という観点から整理すると，企業会計
基準等は経済的実質主義を重視するものであるのに対して，中会社，小会社，
小規模個人事業者に行くほど，経済的実質主義を軽視する傾向にある。最後に，
保証関連業務については，小規模個人事業者がプレパレーション，小会社がコ
ンピレーション，中会社がレビューといった各業務の契約を行うことが示され
ている。

　図表終-1のように事業組織の会計監査制度を規模別に整理する方法は，売上
高，資本金，従業員数等の基準に準拠して事業主体の範疇を決めることが可能
であるために，明確な分類が可能であるという利点がある。しかし，それぞれ
の範疇における事業主体が同一化され，一律に同質化された事業組織の経営者
は企業経営や資金調達について意思をもたない存在として描かれているという
難点がある。すなわち，小会社に分類される事業組織の経営者の中には，事業
拡張を考えない場合もあるであろうが，逆に積極的に事業拡張を行い資金調達
の意欲のある成長志向の経営者もいるはずである。また，中会社の分類には，
上場志向の経営者とそうでない経営者が混在しているのである。規模別分類に
は，会社経営に対して異なる意向をもった事業者が混在しているという欠点が
みられる。

　そのような問題を解決しようとする分類思考が事業モデルによる会計監査制
度の可能性を検討することである[1]。まず，図表終-2をみられたい。図表終-2
は，事業モデルと事業者の特性をまとめたものである。ここで事業モデルとは，
5つの種別の事業者を意味している。それらは，①小規模個人事業者，②成長
志向の小規模個人事業者，③法人事業者（成長途上企業），④上場志向の法人
事業者，⑤上場企業である。そして，それらの事業者にどのような特性がある
のかについて，特徴付けを行っている。その特性として，事業拡張・資金調達
の意欲，経営管理の意識，内部統制の状況，会計システム，適時正確な会計帳
簿の継続的記録，ステークホルダーとの関係におけるサステナビリティの意識
の6つの要素を掲げている。

　次に，上記の6つの特性で規定される事業者がどのような会計監査制度を採
用する可能性があるのかについて検討したものが図表終-3と図表終-4である。

図表終-2　事業モデルと事業者の特性

事業者の特性 / 事業者の種別	事業拡張・資金調達の意欲	経営管理の意識	内部統制の状況	会計システム	適時正確な会計帳簿の継続的記録	ステークホルダーとの関係におけるサステナビリティの意識
①小規模個人事業者	小	弱	不十分	単式簿記	無	低
②成長志向の小規模個人事業者	↕	↕	↕		↕	↕
③法人事業者（成長途上企業）				複式簿記		
④上場志向の法人事業者						
⑤上場企業	大	強	十分		有	高

図表終-3の事業モデルに適用される会計の基準等では，事業者がその成長と経営者の意向によって選択する会計制度が異なってくることを意味している。すなわち，事業の発展過程に即して，会計に対する経営者のニーズが変化し，それに呼応して採用する会計制度が変化する可能性があることがその表では示されている。小規模個人事業者は所得税法の基準に基づいて会計を行うことが考えられる。次に，成長志向の小規模個人事業者は，株式会社化（法人成り）を目指して，税法基準から中小会計要領へと会計制度を変更する。法人成りした事業者は，成長途上企業として特徴付けることができ，採用する会計制度は中小会計要領から中小指針までさまざまである。もちろん，法人税法の基準で会計を行うことが考えられるが，その点は明示していない。さらに，法人事業者が大きく発展し，事業拡張するために上場を検討する経営者がいる。上場志向の法人事業者は，中小指針から企業会計基準へ会計制度を変更する動機をもっているであろう。最後に，上場した企業は，企業会計基準・米国基準・国際財務報告基準・修正国際基準の中から会計制度を選択することができる。そのように，本来，会計制度は，事業者のニーズに適ったものでなければならず，ニーズに適った会計の基準等が実務において受容されるものである。

　図表終-4は，事業モデルに適用される保証関連業務を整理したものである。

図表終-3　事業モデルに適用される会計の基準等

事業者の種別	会計の基準等
①小規模個人事業者	税法基準
②成長志向の小規模個人事業者	税法基準　　⇒　中小会計要領
③法人事業者(成長途上企業)	中小会計要領　⇒　中小指針
④上場志向の法人事業者	中小指針　⇒　企業会計基準
⑤上場企業	企業会計基準・米国基準・国際財務報告基準・修正国際基準

注：表中で税法基準と表記しているのは所得税法の基準を意味している。

図表終-4　事業モデルに適用される保証関連業務

事業者の種別	保証関連業務	業務実施者
①小規模個人事業者	プレパレーション	税理士・公認会計士
②成長志向の小規模個人事業者	プレパレーション　⇒　コンピレーション	税理士・公認会計士
③法人事業者(成長途上企業)	コンピレーション　⇒　レビュー	税理士・公認会計士
④上場志向の法人事業者	レビュー　　　　⇒　監査	公認会計士
⑤上場企業	監査	公認会計士

図表終-3と同様に5つの事業者の種別毎に，そこに提供される保証関連業務と当該業務の実施者の可能性を整理したものである。小規模個人事業者は，事業活動の記録については，単式簿記であって，会計帳簿は現金出納の記録のみであることが考えられる。場合によっては，証憑書類のみを残しているだけかもしれない。そのような状況の中で，経理の知識が十分でないときには，銀行からの資金借入を目的に公認会計士・税理士といった会計専門職に財務諸表の作成（プレパレーション）を依頼することが考えられる。プレパレーションでは会計専門職の独立性は求められない（AICPA 2014, section70, para.03）。成長志向の小規模個人事業者は，財務諸表の作成（コンピレーション）を依頼するという点では同様であるが，その作成は複式簿記の帳簿記録に基づいて行われるという点が異なる。また，コンピレーションの場合には，会計専門職に独立

性が求められることになる（AICPA 2014, section80, para.07）。次に，個人事業者が法人成りをした場合の法人事業者（成長途上企業）については，複式簿記に基づいた会計制度が相当程度に整備されていることが考えられ，保証関連業務としてはコンピレーションからレビューまでを想定することができる。また，上場志向の法人事業者は，財務諸表に対する保証業務としてはレビューから監査へと制度の変更を行うであろう。上場企業については，財務諸表に対する保証業務は監査となることは指摘するまでもない。

先に述べたように，本研究は，企業規模・資金調達・事業内容等の企業属性に合わせた段階的かつ重層的な会計監査制度の可能性について検討することを最終的な課題としていた。この問題に対する試みの解答が**図表終-1**から**図表終-4**までの概念的整理である。企業の成長過程に即して会計監査制度を検討することの底流には何があるのであろうか。小規模個人事業者の経済活動は，比較的に単純な取引が多く，現金主義による記録が基本であると考えられる。週次や月次で収支の状況を確認する場合であっても，証憑書類等に基づいて収入余剰があればそれでよしとする管理方式であり，銀行借入など他人資本がある場合には利息や元本の返済のための資金管理が必要になる程度であろう。十分な売上高があり，内部留保も一定程度あれば，企業外部からの直接投資がないため，厳格な資金管理の意識が緩んでいく可能性がある。ここでは，純粋なキャッシュ・フロー計算が行われていると考えることができる。

それに対して成長志向の小規模個人事業者になってくると資本維持による収入余剰計算の意識が強くなってくる。すなわち，複式簿記を導入することにより，損益管理，財産管理をより厳格に行い，投下資本の回収余剰について，その正確な算定を求めるようになってくる。さらに，経済活動も複雑になり，事業拡張を行うためにはさらなる銀行借入れが必要であり，経理の健全性，財務諸表の信頼性を証明するために，外部の第三者（会計専門職）による保証関連業務を求めることになる。銀行借入に限界がある場合には，株式会社化（法人成り）して相当の自己資本を調達する。法人成りした場合であっても，法人税法の税法基準で会計を行うという実務があることも事実であろうが，企業規模が拡大し，人事管理，在庫管理，固定資産管理，損益管理，債権債務管理，資金管理，財産管理等の重要度が上がってくると[2]，中小会計要領や中小指針を

採用して，事業規模に見合った会計を行う。この段階では，中小規模の企業であってもグローバル化の波に晒され，為替管理の問題も生じてくる。さらに，企業規模の拡大につれて社会的信用も増し，信用経済の恩恵を受けるようになってくる。そのようになると，現金主義に基づいた利益計算ではなく，収益と費用の計算を中心とした適正な期間損益計算を行い，貨幣資本維持に基づいた発生主義会計の真実な利益計算が課題となる[3]。

　企業をより発展させ，事業拡張や海外展開を志向するようになると，それまでとは異なったより大きな資金の調達が必要となる。上場志向の法人事業者は，会計制度として企業会計基準を採用し，公認会計士の監査を受けるようになるであろう。上場志向の法人事業者が，上場を果たした場合には，莫大な自己資本を調達できるとともに，投資家に対する受託責任が生じ，投資家保護という観点から財務諸表の公開義務が課されることになる。同時に，企業の社会的責任も想像以上に大きなものとなる。

　企業の成長過程は，上述のように説明することができる。企業の経営者の会計監査制度の選択の底流には何があるのかという前述の問い掛けであるが，そこには，成長志向の経営者マインド，環境に適応するために絶えずイノベーションを引き起こす起業家精神などがあり，それが制度選択の動機につながるものと考えられる。人間の成長と同様に，企業の成長には，その時々で必要とされるものが異なっている。成長の過程におけるその時々の経営者のニーズに適う会計監査制度が，企業の成長を支えるものである。その意味で，規模別の事業者に対する会計監査制度を検討することには，当てはめられた制度に適合しない例外が生じるという意味で難点があるのである。

　企業の成長過程に即した会計監査制度を構築する意義を会計的に考察すれば，次のようにまとめることができる。すなわち，小規模個人事業者は，現金主義に基づいたキャッシュ・フロー計算を重視した現金主義会計の利益を計算する。事業経営における主たる関心は所得税の納税ということになる。また，企業規模が小さいということから，経営者の目の届く範囲の会計が行われているということになる。単式簿記で経済活動の記録が十分に行える段階である。

　次の段階は，成長志向の小規模個人事業者や法人事業者（成長途上企業）の会計である。ここでは，複式簿記を導入し，それによって債権債務管理，在庫

管理，固定資産管理等が有効に実施され，その結果としての適正な期間損益計算が経営の課題となる。企業規模が相対的に大きくなるという意味で，経営者の目が行き届かなくなる会計である。ここでは，信用経済のもとで将来キャッシュ・フローの管理が必要となってくる。そのための会計制度が，中小会計要領や中小指針である。さらに，経済活動も複雑になり，事業拡張を行うためにはさらなる銀行借入れが必要であり，経理の健全性，財務諸表の信頼性を証明するために，外部の第三者（会計専門職）による保証関連業務を求めることになる。

　上場志向の事業者の場合，企業規模もある程度大規模化し，海外への事業展開を行い，子会社をもつようになると，経営者が日々直接目で確認することができない会計となる。このような状況になると，経営者個人が単独で判断することが困難となってくる。そのため，現場の担当者や中間管理職との連携のもとで，管理会計情報や財務諸表を利用した経営管理を行い，財務数値を活用した経営意思決定を行う。さらに，企業が行う経済活動の範囲が拡大し，金融商品会計，リース会計，退職給付会計など高度な見積もり計算が求められるようになる。すなわち，経済的実質主義会計が求められるようになる。かかる観点からすれば，資産負債アプローチに基づいた利益計算が行われる。上場志向の法人事業者は，会計制度として企業会計基準を採用し，公認会計士の監査を受けるようになるであろう。

　以上，検討してきたように，会計監査制度は，経営者のニーズに適うように構築する必要があるということが理解できた。企業組織の発展は経営者の起業家精神に支えられたものであり，企業の成長過程に即した制度設計が求められるという点が研究課題の結論の1つである。換言すれば，国民経済の基盤を担う中小企業が経済の活性化に資することができるようするためには，中小企業が制度選択のコストを積極的に負担するような制度設計が求められるということであり，そのコストを超えるベネフィットを可視化するような制度上の工夫が実務の定着を促進するものであろう。

［注］

(1)　事業モデルによる会計監査制度の可能性を検討するという視点は，戸田（2014）の学説によるも

のである。戸田（2014）によれば，農業者は，モデル1・小規模兼業農家，モデル2・自立志向を
有する農家，モデル3・農業法人，モデル4・六次産業体・農商工連携事業体，モデル5・農業関
連上場企業に分類されている。モデル1の農業者は，国の補助金等に依存し，経営管理の意識も低く，
事業活動の帳簿記録に対しても意欲のないグループである。そこからはじまってモデル2からそれ
以降のモデルに発展するにつれて，経営管理意識，損益管理意識が高まり，継続的な帳簿記録，複
式簿記の導入を行うニーズが高まっていくことが実証されている。

⑵　武田監修（2007）によれば，中小企業の経営管理システムを有効に機能させるために内部統制制
度の確立について検討されている。そこでは，中小企業の内部統制を構成する要素として経営理念，
業務管理（人事管理，営業および製造の業務管理等），会計管理（予算制度，月次決算体制等），資産・
負債等の管理（金銭出納の管理，有価証券・営業債権の管理，棚卸資産・固定資産の管理，営業債
務の管理等），資産購入・設備投資等について体系的な解説がなされているので，その詳細について
同書を参照されたい。

⑶　本文における事業者の発展過程のアイデアについては，浦崎（2011）によるものである。詳細は，
浦崎（2011）を参照されたい。

参考文献

AICPA（2014）Statement on Standards for Accounting and Review Services No. 21, *Statements on Standards for Accounting and Review Services: Clarification and Recodification.*

浦崎直浩編著（2011）『これから学ぶ会計学』中央経済社。

浦崎直浩（2013）「特別目的の財務報告フレームワークと中小企業会計—AICPAのFRF for SMEsを中心として—」『會計』第184巻第3号, 42-56頁。

古賀智敏編著（2011）『IFRS時代の最適開示制度——日本の国際的競争力と持続的成長に資する情報開示制度とは—』千倉書房。

国際会計研究学会（2011）『各国の中小企業版 IFRS の導入実態と課題』（「研究グループ報告」最終報告, 委員長・河﨑照行）。

朱愷雯（2015）「中小企業の計算書類に対する保証モデルの類型的検討」『中小企業会計研究』創刊号, 28-40頁。

武田隆二監修, TKC全国会巡回監査・書面添付推進委員会編著（2007）『中小企業のための「内部統制」制度の確立（改訂新版）』TKC出版。

戸田龍介（2014）『農業発展に向けた簿記の役割—農業者のモデル別分析と提言—』中央経済社。

日本会計研究学会（2012）『会計基準の国際統合と財務報告の基礎概念』（特別委員会最終報告書, 委員長・藤井秀樹）。

日本公認会計士協会（2013）「多様化する財務報告に対する監査ニーズ〜適用される財務報告の枠組みと監査意見〜」（企業会計審議会第35回監査部会資料, 2013年6月24日）。

松本祥尚（2016）「監査・証明対象の多様化に伴う保証水準の多層性」『会計監査ジャーナル』第28巻第9号, 94-102頁。

（浦崎直浩）

索　引

〔英数〕

AUP ……………………………………47
CAPM ………………………………… 143
CSR ………………………………… 156
FRF for SMEs ……………………… 24,175
FRS 第 105 号（〔英国〕財務基準書）…… 245
IFRS for SMEs …………………… 9,30,63
ISO 認証 ………………………………60
OCBOA …………………………173,197,205
SSARS 第 19 号 …………………… 235
TKC ……………………………………57,75

〔あ〕

アウトカム ………………………… 157

一般に公正妥当と認められる企業会計の基準
　………………………………………58
一般に認められた監査基準 ……………… 210
一般目的の財務諸表 …………24,32,58,287
一般目的の財務報告の枠組み ………………32
イノベーション …………………… 294
インターネット法 ………………………89

売掛金の評価 …………………………60

営業キャッシュ・フロー………………95
営業循環日数 ……………………… 147,151

〔か〕

会計及びレビュー業務委員会（ASRC）… 228
会計及びレビュー業務基準書（SSARS）… 51
会計及びレビュー業務基準書第 21 号…… 223
会計慣行 ………………………………72,85
会計監査制度 ………………………… 295
会計監査人設置会社 ………………25,72
会計監査人非設置会社 ………………33,36
会計基準の二分化 …………………101,288
会計基準の複合化 ………………………86
会計基準の複線化 ………………… 287

会計参与 ……………………………47
会計参与制度 ………………………72
会計参与設置会社 ……………… 69,77
会計参与設置会社を対象とした融資商品 …73
会計発生高 …………………………… 142
開示原則 …………………………… 206
会社計算規則 …………………………58
会社標本調査 …………………………62
会社法 ……………………………57,75,141
会社法大会社 ……………………………5
乖離現象 ………………………………96
格付けに即応した信用コスト ……………62
格付けに即応した適正金利……………62
確定決算主義 …………………………87
過去財務情報全般の監査のための基準 ……78
過去財務情報の保証業務……………………78
過去財務諸表のレビュー業務基準
　（ISRE2400）……………………………78
株式公開 …………………………… 101
株式公開仮説 ……………………… 103
貨幣資本の維持 …………………… 194
監基報 805 ………………………………79
環境報告書 ………………………… 156
簡潔な開示規程 …………………… 199
監査・保証実務委員会研究報告第 20 号「公
　認会計士等が行う保証業務等に関する研究
　報告」………………………………80
監査基準 ……………………… 69,82
監査基準が委任している日本公認会計士協会
　の実務指針等 ………………………82
監査コスト ………………………………63
監査証明 ………………………………60
監査の構図 ………………………………37
監査の質 …………………………… 141
監査報告書 ………………………… 217
監査報酬 …………………………147,151
監査免除規定 ……………………… 248
間接金融 …………………………88,205
間接法 …………………………………92

297

企業会計基準委員会 ……………… 72
企業開示制度の最適設計 ……………… 23,287
企業規模 …………………………… 102
企業属性 …………………………… 85,293
企業の成長過程 ……………………… 294
疑似エクイティ的な融資形態 ……… 65
基準の簡素化 ………………………… 199
規制当局の意思決定 ………………… 37
記帳適時性証明書 ………………… 57,70
規模仮説 …………………………… 102
基本財務諸表 …………………… 85,175
キャッシュ・フロー ………………… 184
キャッシュ・フロー計算書 …… 61,85,209
キャッシュ・フロー計算書だけを対象とした
　監査 ……………………………… 59
キャッシュ・フロー計算書適用モデル … 103
キャッシュ・フロー・マネジメント … 85
キャピタル会社 ……………………… 92
共生価値 …………………………… 159
金商法開示企業 …………………… 5
金融機関等の利益構造の改善 ……… 62
金融検査 ……………………… 65,66,161
金融商品会計 ………………………… 295
金融商品取引法適用会社 …………… 72,77
金融庁検査マニュアル ……………… 64
金利減免等貸出条件緩和 …………… 57
金利減免等融資条件緩和商品 ……… 70
金利優遇 …………………………… 75

クロス集計 …………………………… 102

経営意思決定 ………………………… 91
経営革新等支援機関 ………………… 163
経営管理の意思決定 ………………… 37
経営者のニーズ …………………… 291
経営者保証 …………………………… 76
経営者保証に関するガイドライン
　…………………… 43,67,76,77,82,71
経営成績 …………………………… 184
経営力向上計画 …………… 158,163,164
経済的実質主義 ………………… 290,295
継続企業の基準 …………………… 185
経理の健全性 ………………………… 295
結合財務諸表 ………………………… 63
決算書の信頼性 ……………………… 76

現金収入支出計算書 ………………… 200
現金主義 ………………………… 174,201
現在価値 …………………………… 180
限定的保証業務 …………………… 71,78

合意された手続業務 ………………… 80
合意された手続実施結果報告書 …… 80
公告 …………………………… 11,26
公正な不動産担保評価 ……………… 60
公認会計士監査 ……………………… 58
公認会計士の支援（4ステージ）…… 59
公認会計士の独占業務 ……………… 71
合理的保証 …………………………… 71,78
ゴーイング・コンサーン …………… 180
コーポレート・アカウンタビリティ … 160
コーポレート・ガバナンス ………… 61
国際会計基準とのコンバージェンス … 72
コスト・ベネフィット比較上の課題 … 63
個別訪問面接聴取法 ………………… 89
コンピレーション ………… 18,51,223,292
コンベンション ……………………… 206

〔さ〕

債権担保力 …………………………… 193
再生・廃業 …………………………… 59
財政状態 …………………………… 184
財政状態計算書 …………………… 97,209
財務キャッシュ・フロー …………… 95
財務三表 …………………………… 103
財務情報と非財務情報の総合的評価 … 67
財務情報の適時適切な開示 ………… 76
財務情報への信頼性の担保 ………… 71
財務諸表の一部に対する監査 ……… 57
財務諸表の構成要素 ………………… 179
財務諸表の主要な利用者 ……… 175,183
財務諸表の諸概念 …………………… 173
財務諸表の信頼性 …………………… 295
財務諸表の注記 …………………… 209
財務諸表の目的 …………………… 176
財務デューデリジェンス …………… 65
財務内容 …………………………… 76
財務表 …………………………… 67
財務報告の枠組み …………………… 31
裁量の発生高 ……………………… 142
裁量的発生高の絶対値 …………… 149,150

作成者仮説 ……………………………… 103
サステナビリティ情報 ……………… 155,156
サステナビリティ報告書……………… 157

事業活動計算書 …………………………97,209
事業再生の局面にある中小企業 …………67
事業性評価 ……………… 56,66,67,158,161
事業モデル ………………………………… 290
事業モデルによる会計監査制度 ………… 290
資金繰り応援ローン ……………………76
資金繰表 …………………………………80,93
資金調達 …………………………………87,193
自己査定 ……………………………………61
資産 ……………………………………… 179
市場価値 ………………………………… 180
実現可能価値 …………………………… 180
実証手続 ……………………………………37
実態的な財務情報 …………………… 66,67
質的特性 ………………………………… 177
四半期レビューの基準 ……………………78
資本的劣後ローンの取り扱い ……… 65,66
収益性が下落した固定資産の減損 ………60
収益力表示 ……………………………… 194
修正 Jones モデル ……………………… 143
修正現金主義 ……………………… 174,201
従属変数 ………………………………… 119
巡回監査 ……………………………………76
準拠性に関する意見の表明 ………28,58,59
準拠性の監査意見の拡大 …………………57
準拠性の枠組み …………………………34,209
小会社 …………………………………… 289
小企業の監査プロセス ………………… 274
小規模企業者 ………………………………6
小規模個人事業者 …………………… 289,290
上場・M&A・事業承継 …………………59
上場意向 …………………………111,113,120
上場企業 ………………………………… 290
上場志向の法人事業者 ………………… 290
将来のキャッシュ・フロー情報等 …… 67,96
職業的専門家としての判断 …………… 260
所有構造 ………………………………… 193
所有と経営の非分離 …………………… 131
新 COSO 報告書 ………………………… 127
申告調整主義 ………………………………87
申告法人数 …………………………………7

人的私企業 ……………………………… 157
信用保証制度 ………………………………74
信用保証率割引制度 ………………70,73,74
信用リスク・コストの低減………………62
信用リスクの管理 …………………………62
信頼性 …………………………… 177,203
信頼性の担保 ………………………………69
信頼性の保証の形態 …………………… 187

スウェーデン会計基準審議会 ………… 257
ステークホルダー …………………… 155,158

正確な会計帳簿 ……………………………10
成長志向の小規模個人事業者 ………… 290
制度選択のコスト ……………………… 295
制度の安定性 …………………………… 199
精度判別 ………………………………… 123
政府系金融機関 ……………………………75
税法基準 ………………………………… 174
税務会計基準 …………………………… 202
税務申告用の決算書 ………………………58
税理士法第 33 条の 2 第 1 項 …… 47,57,74,82
説明変数 ………………………………… 119
全国信用保証協会連合会 ……… 57,70,73,74
全国信用保証協会連合会作成のチェックリスト
……………………………………70,73,74
戦術的合意 ……………………………… 206
専門業務実務指針 4400「合意された手続業
　務に関する実務指針」（専業実 4400）…80

創業……………………………………………59
その他の包括的会計基準…………… 173,205

〔た〕

大会社 ……………………………………8,289
大企業 ………………………………………85
大企業会計基準 ……………………………86
大規模監査法人 ………………………… 151
第三者保証 …………………………………76
退職給付会計 …………………………… 295
代表者等からの借入金の自己資本(株主資本)
　への組み替え …………………………65
代表者等との一体性 ……………… 65,66
棚卸資産の内訳表を対象とした監査 ………59
ダブルスタンダード……………………………94

299

担保 …………………………………… 60,62

知的財産 ………………………………… 66
知的資産経営報告書 ……………… 164,165
地方創生 ………………………………… 68
中会社 ………………………………… 289
中小会計指針チェックリスト ………… 48
中小会計要領チェックリスト ……… 47,81
中小会社 ………………………………… 8
中小企業基本法 ………………… 124,151
中小企業経営力強化融資制度 …… 74,76
中小企業信用保険法 ………………… 62
中小企業庁 …………………………… 73
中小企業等経営強化法 ………… 155,163
中小企業の連結財務諸表 …………… 63
中小企業の会計 ……………………… 69
中小企業の会計に関する基本要領
　………………………23,56,57,65,69,74
中小企業の会計に関する基本要領に基づいて
　策定した会計の基準 ……………… 58
中小企業の会計に関する検討会 …… 72
中小企業の会計に関する指針
　………………………23,56,57,65,69,74
中小企業の会計に関する指針等に準拠した財
　務情報の作成 ……………………… 67
中小企業の監査の質 ……………… 141
中小企業の規模基準 …………… 13,198
中小企業の経営環境 ………………… 37
中小企業の財務報告フレームワーク
　……………………………… 12,24,183
中小企業向けの要注意先債権 ……… 65
中小企業を巡る財務情報に対する保証制度
　…………………………………………… 69
直接金融 ………………………………… 88
直接法 …………………………………… 92

追加的な開示要請の規定 …………… 27

ディファレンシャル・リポーティング …… 14
適正金利（基準金利）………………… 62,67
適正性に関する意見表明 ……… 27,28,58
適正な計算書類等 …………………… 60
適正表示の枠組み …………… 34,61,209
電子申告 …………………………… 57,75

統合思考 …………………………… 160
統合的概念 …………………………… 68
統合的な監査・レビュー ……………… 67
統合報告書 ………………… 157,160,165
投資キャッシュ・フロー ……………… 95
特別目的の財務諸表 ……… 3,24,31,37,58,65,69,
　205,219
特別目的の財務諸表に対する監査
　……………………………… 55,59,64,77
特別目的の財務諸表に対する保証業務 …… 38
特別目的の財務報告 ……………… 199,287
特別目的の財務報告の枠組み ‥26,32,37,78,205
特別目的の財務報告の枠組みに基づいて作成
　された財務諸表 …………………… 78
特別目的の棚卸資産の内訳表 ……… 59
独立性に関する指針 ………………… 79
取替原価 …………………………… 180
取引先から指定された表示の取り決め …… 59

〔な〕

内部統制 ………………………………… 61
内部統制の構成要素 ……………… 279

日本公認会計士協会 ……………… 57,72
日本再興戦略 ………………………… 55
『日本再興戦略』改訂 2014 ……… 76,66
日本商工会議所 ……………………… 72
日本政策金融公庫 …………………… 75
日本税理士会連合会 ………… 56,70,72
日本税理士会連合会作成のチェックリスト
　…………………………………………… 73
認識 ………………………………… 203
認識規準 …………………………… 179

ノルウェー会計基準審議会 ………… 257

〔は〕

比較可能性 ………………………… 177
非財務情報（知的財産）
　…………………………………………… 67
被買収企業等の会社法上の計算書類 …… 61
品質管理基準委員会報告書第 1 号「監査事務
　所における品質管理」（品基報）……… 79

ファンド················92
複合的な企業グループ············63
付属明細書···············209
プッシュダウン············186
不動産鑑定評価書············60
不動産担保の物的担保··········76
フリー・キャッシュ・フロー·······95
プレパレーション······· 18,155,163,223,292
粉飾決算················61

米国中小企業会計···········205
米国中小企業庁············198

北欧会計士連盟（NRF）·········258
北欧諸国の小企業監査基準········258
保証関連業務··············291
保証業務実務指針 2400「財務諸表のレビュー業務（保証実 2400)··········70,78,79
保証業務の図式············219
保証業務の定義············80
保証料率の減免············57
ボトムアップアプローチ·········94
ボトムアップによる政策提言·······68
母比率の差の検定···········110

〔ま〕

マイナス金利政策············67
マッチドペア・サンプル·········147

無担保プロパー融資···········77
無担保融資商品等···········73

メインバンク制············88
目利き力················66

目的適合性············177,203
持分·················179
持分変動計算書············209

〔や〕

融資先の事業計画············60
融資条件・金利優遇·········71,75
融資判断············57,71,82
融資を円滑化する基本基盤·······61
有用性·················177

与信意思決定············37,193
与信管理················62
与信判断················96

〔ら〕

リース会計···············295
利益減少型············146,151
利益情報················102
リスクの種類··············276
リスクマネジメント··········157
利得·················179
流動資産················62
流動資産担保融資保証制度（ABL 保証)···62
利用者のニーズ············59
利用目的との関連性··········199
理論的な整合性············199

歴史的原価···············180
レビュー············18,51,223
レビュー報告書··········188,216
連結財務諸表··············62

ローカル・アベノミクス·········55
ローカルベンチマーク········158,162
ロジスティック回帰分析········102

301

〈編著者紹介〉

浦崎直浩【部会長】［まえがき・序・1・10～13・終章］

近畿大学教授　博士（経営学）神戸大学

　　1988年3月に神戸大学大学院経営学研究科博士課程後期課程単位取得退学後，近畿大学商経学部専任講師，助教授，教授を経て，2003年4月より経営学部教授となり現在に至る。主な著作に『公正価値会計』（森山書店，2002年。日本会計研究学会2003年度太田・黒澤賞受賞），『オーストラリアの会計制度に関する研究』（近畿大学商経学会，2000年），『これから学ぶ会計学』（中央経済社，2011年，編著），『会計職業倫理の基礎知識』（中央経済社，2016年，監訳）などがある。1995年9月～1996年8月，オーストラリア・メルボルン大学客員教授。

〈執筆者紹介〉【五十音順】

岡部　勝成［5・6章］　岡山理科大学経営学部教授　税理士　博士（マネジメント）広島大学

小西　範幸［9章］　青山学院大学大学院会計プロフェッション研究科教授　博士（経営学）南山大学

朱　　愷雯［16・17章］　近畿大学非常勤講師　博士（商学）近畿大学

仙場　胡丹［8章］　名古屋大学大学院経済学研究科准教授　博士（経営学）神戸大学

髙原利栄子［7・15章］　近畿大学経営学部准教授

橋上　　徹［3・4章］　県立広島大学経営情報学部准教授　公認会計士

松﨑堅太朗［序・2・14章］　税理士・公認会計士　博士（経営情報科学）愛知工業大学

（検印省略）

平成29年7月31日　　初版発行　　　　　　　略称：特別目的財務諸表

中小企業の会計監査制度の探究
―特別目的の財務諸表に対する保証業務―

編著者 ⓒ 浦　崎　直　浩

発行者　　中　島　治　久

発行所　**同 文 舘 出 版 株 式 会 社**
東京都千代田区神田神保町1-41　　〒101-0051
営業 (03) 3294-1801　　　編集 (03) 3294-1803
振替 00100-8-42935　　http://www.dobunkan.co.jp

Printed in Japan 2017　　　　　製版　一企画
印刷・製本　三美印刷

ISBN978-4-495-20601-7

JCOPY 〈出版者著作権管理機構 委託出版物〉
本書の無断複写は著作権法上での例外を除き禁じられています。複写される
場合は，そのつど事前に，出版者著作権管理機構（電話 03-3513-6969，FAX
03-3513-6979，e-mail: info@jcopy.or.jp）の許諾を得てください。

日本監査研究学会叢書

〔研究シリーズ叢書〕

第1号 『情報システム監査の課題と展開』第一法規出版，1988年6月。

第2号 『中小会社監査』第一法規出版，1989年7月。

第3号 『監査法人』第一法規出版，1990年6月。

第4号 『地方自治体監査』第一法規出版，1991年6月。

第5号 『新監査基準・準則』第一法規出版，1992年6月。

第6号 『サンプリング・テスト』第一法規出版，1992年6月。

第7号 『監査役監査』第一法規出版，1993年6月。

第8号 『公認会計士試験制度』第一法規出版，1993年6月。

第9号 『海外監査実務』第一法規出版，1994年2月。

第10号 『国際監査基準』第一法規出版，1996年10月。

第11号 『EUにおける会計・監査制度の調和化』中央経済社，1998年5月。

第12号 『コーポレートガバナンスと内部監査機能』中央経済社，1999年11月。

第13号 『会計士情報保証論』中央経済社，2000年11月。

第14号 『ゴーイング・コンサーン情報の開示と監査』中央経済社，2001年11月。

第15号 『監査問題と特記事項』中央経済社，2002年5月。

〔リサーチ・シリーズ〕

第Ⅰ号 『監査のコスト・パフォーマンス』同文舘出版，2003年10月。

第Ⅱ号 『現代監査への道』同文舘出版，2004年9月。

第Ⅲ号 『政府監査基準の構造』同文舘出版，2005年5月。

第Ⅳ号 『環境報告書の保証』同文舘出版，2006年5月。

第Ⅴ号 『将来予測情報の監査』同文舘出版，2007年4月。

第Ⅵ号 『会社法におけるコーポレート・ガバナンスと監査』同文舘出版，2008年4月。

第Ⅶ号 『ITのリスク・統制・監査』同文舘出版，2009年9月。

第Ⅷ号 『財務諸表外情報の開示と保証』同文舘出版，2010年10月。

第Ⅸ号 『実証的監査理論の構築』同文舘出版，2012年1月。

第Ⅹ号 『会計プロフェッションの職業倫理―教育・研修の充実を目指して―』同文舘出版，2012年4月。

第ⅩⅠ号 『アカウンティング・プロフェッション論』同文舘出版，2013年10月。

第ⅩⅡ号 『監査報告書の新展開』同文舘出版，2014年9月。

第ⅩⅢ号 『監査人の職業的懐疑心』同文舘出版，2015年4月。

第ⅩⅣ号 『監査役監査と公認会計士監査との連携のあり方』同文舘出版，2016年8月。

※バックナンバーをお求めの方は，各出版社へ直接お問い合わせ下さいますようお願い致します。

発行：日本監査研究学会
Ｂ５判
頒価：1,600円

※『現代監査』バックナンバーについて
本機関誌は書店ではお求めになれません。バックナンバーをお求めの方は，同文舘出版内 日本監査研究学会事務連絡所（FAX：03-3294-1806，E-mail：audit@dobunkan.co.jp　URL：http://www.dobunkan.co.jp/audit）までお問い合わせ下さい。